Gesellschaftskritische Literatur –
Texte, Autoren und Debatten


Band 18


Herausgegeben von
Monika Wolting und Paweł Piszczatowski

Daniel Meyer / Elisabeth Rothmund (Hg.)

# Der Dreißigjährige Krieg in Literatur und Kunst im 20. und 21. Jahrhundert

Mit 6 Abbildungen

V&R unipress

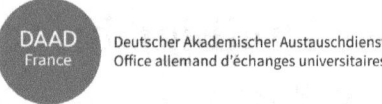

Bibliografische Information der Deutschen Nationalbibliothek
Die Deutsche Nationalbibliothek verzeichnet diese Publikation in der Deutschen
Nationalbibliografie; detaillierte bibliografische Daten sind im Internet über
https://dnb.de abrufbar.

Gedruckt mit freundlicher Unterstützung von UR 3958 IMAGER, Université Paris-Est Créteil,
UR 3556 Reigenn, Sorbonne Université, Faculté des Lettres, und dem Deutschen Akademischen
Austauschdienst, Frankreich.

© 2024 Brill | V&R unipress, Robert-Bosch-Breite 10, D-37079 Göttingen, ein Imprint der Brill-Gruppe
(Koninklijke Brill NV, Leiden, Niederlande; Brill USA Inc., Boston MA, USA; Brill Asia Pte Ltd,
Singapore; Brill Deutschland GmbH, Paderborn, Deutschland; Brill Österreich GmbH, Wien,
Österreich)
Koninklijke Brill NV umfasst die Imprints Brill, Brill Nijhoff, Brill Schöningh, Brill Fink, Brill mentis,
Brill Wageningen Academic, Vandenhoeck & Ruprecht, Böhlau und V&R unipress.
Alle Rechte vorbehalten. Das Werk und seine Teile sind urheberrechtlich geschützt.
Jede Verwertung in anderen als den gesetzlich zugelassenen Fällen bedarf der vorherigen
schriftlichen Einwilligung des Verlages.

Druck und Bindung: CPI books GmbH, Birkstraße 10, D-25917 Leck
Printed in the EU.

Vandenhoeck & Ruprecht Verlage | www.vandenhoeck-ruprecht-verlage.com

ISSN 2629-0510
ISBN 978-3-8471-1605-9

# Inhalt

Einleitung . . . . . . . . . . . . . . . . . . . . . . . . . . . . . . . . .  7

## Literarische Brechungen

Ursula Klingenböck
VOR_KRIEGS_ZEIT. Figurationen des Dreißigjährigen Krieges in
Monika Marons »Munin oder Chaos im Kopf« (2018) . . . . . . . . . . .  15

Marie Helen Klaiber
Zwischen Authentizität und Narration. Das Tradieren literarischer
Topoi . . . . . . . . . . . . . . . . . . . . . . . . . . . . . . . . . . . . .  33

Johannes Waßmer
Von Schelmen, Anarchen und dem Ende der Idee des Geschichtlichen.
Daniel Kehlmanns »Tyll« narrt den Dreißigjährigen Krieg . . . . . . . . .  47

Frédéric Teinturier
« Das Treffen in Telgte » de Günter Grass : la Guerre de Trente ans
comme objet littéraire . . . . . . . . . . . . . . . . . . . . . . . . . .  61

## Intermediale Öffnungen

Giulia Frare
Grimmelshausens »Courasche«, Bertolt Brechts »Courage« und Vincenzo
Jannuzzis »Coraggio«. Die Wandlung einer literarischen Figur vom
Dreißigjährigen Krieg zum 20. Jahrhundert . . . . . . . . . . . . . . . .  75

Małgorzata Kosacka
Der Dreißigjährige Krieg – »Die Belagerung von Breda« – »Friedenstag«.
Vom Drama zum Libretto . . . . . . . . . . . . . . . . . . . . . . . . .  87

Emily Sieg Barthold
»Daß die geschilderten Zeitverhältnisse und Zustände von damals
fast ganz unseren heutigen entsprachen.« August Reuleckes »Die
schwedischen Reitersignale« (1922) und der Dreißigjährige Krieg als
Sinnbild der frühen Weimarer Republik . . . . . . . . . . . . . . . . . . 99

## Reflexive Spiegelungen

Andreas Solbach
*Narratio magistra vitae:* Golo Manns Entschuldungsnarrativ in seinem
Geschichtsdenken . . . . . . . . . . . . . . . . . . . . . . . . . . . . . . . . 119

Christoph Schmitt-Maaß
Editionspraxis als Erinnerungskultur. Nach- und Neudrucke deutscher
Barockanthologien in der Zwischenkriegszeit . . . . . . . . . . . . . . 143

Kerstin Wiedemann
Ricarda Huchs Wallenstein-Figurationen im Diskursfeld der Moderne . . 161

Fiona McIntosh-Varjabédian
Wallenstein de Schiller ou les loyautés problématiques : réflexions
historiques, politiques et dramaturgiques . . . . . . . . . . . . . . . . . 175

Vitae . . . . . . . . . . . . . . . . . . . . . . . . . . . . . . . . . . . . . . . . 189

# Einleitung

Dass es sich bei Darstellungen des Dreißigjährigen Kriegs im 20. Jahrhundert – und bis in die heutige Zeit hinein – auch um Selbstdeutungsversuche handelt, ist ein wichtiger Ausgangspunkt.[1] Doch wie geschieht dies? Wie wird einem geschichtlichen Großereignis, dessen Versprachlichung mehrere Bände füllen muss, wenn sie den Anspruch erheben will, auch nur annähernd eine Gesamtübersicht zu bieten, wie wird einem solchen Ereignis zumindest ausschnitthaft eine symbolische Bedeutung zugestanden? Wie wird die in der Darstellung auch hervorzuhebende Distanz mit der Jetztzeit der Darstellung zugleich in einen Parallelisierungsprozess hineingegossen? Und welche spezifischen darstellerischen Mittel werden dafür benutzt? Natürlich kann der vorliegende Band nicht den Anspruch erheben, auf all diese prinzipiellen Fragen abschließende Antworten zu geben, doch soll er einen Beitrag dazu leisten.

Ein wichtiger Ausgangspunkt ist zunächst wohl die Frage nach den Quellen. Hier ist selbstverständlich zu unterscheiden zwischen den direkten Quellen (auf die z. B. in Sammlungen zurückgegriffen werden kann), den indirekten Quellen (insbesondere dem historiographischen Diskurs über diese Zeit bzw. seine Vulgarisierung), und den künstlerischen Verarbeitungen, wobei man hier noch zwischen den zeitgenössischen und den nachträglichen unterscheiden muss.[2] Man kann davon ausgehen, dass die meisten Auseinandersetzungen mit dem Dreißigjährigen Krieg während des 20. und 21. Jahrhunderts auf eine Mischung und Schichtung aus diesen verschiedenen Materialien zurückgreifen, was den Bezug zur Unmittelbarkeit des geschichtlichen Augenblicks (der durch die künstlerische Umsetzung mehr oder weniger gegeben ist) nur als Darstellungskonstrukt erscheinen lässt. Und in allen Modi besteht ja auch schon eine Präformierung des geschichtlichen Stoffes sowohl durch die Überlieferung und ihrer

---

[1] Vgl. dazu insb. Der Zweite Dreißigjährige Krieg. Deutungskämpfe in der Literatur der Moderne. Hrsg. von Fabian Lampart, Dieter Martin und Christoph Schmitt-Maaß. Würzburg: Ergon 2019.
[2] Zu den zeitgenössischen Quellen und künstlerischen Verarbeitungen, siehe insb. das Themenheft »Der Dreißigjährige Krieg: Ereignis und Narration«. In: Daphnis 47, 2019, H. 1–2.

allmählich stattfindenden Schichtung an jeweils zeitgebundenen Wertungen wie auch durch die unmittelbaren Originalquellen selbst, die ja keineswegs eine objektive Sicht auf die sich abspielenden Ereignisse liefern können. Umgekehrt besteht aber, trotz dieser offensichtlich unabwendbaren Mediatisierung der geschichtlichen Vergangenheit, so etwas wie ein auktorialer Wille, ein genuines Interesse am Stoff, den es darzustellen gilt, die beide das Bemühen antreiben, dem Geschichtlichen eine gewisse Ursprünglichkeit zurückzuverleihen, auch wenn man – selbst als Künstler – von der Unmöglichkeit eines solchen Unterfangens überzeugt sein mag.

Die produktive Faszinationskraft, die von den Wirren und Schrecken des Dreißigjährigen Kriegs ausgegangen ist und immer noch ausgeht, beruht wohl nicht nur auf den europäischen Verstrickungen und geopolitischen Konsequenzen des Konflikts, nicht nur auf der durch die Quellenlage gegebenen Verzahnung zwischen individueller Nahsicht und geschichtlicher Vogelperspektive, sondern liegt wohl auch an der Faszination des Geschichtlichen an sich, an der Eigendynamik der Ereignisse, deren Sinn ja nicht aus der Nachträglichkeit ihrer Rezeption abgeleitet werden kann, an der unumstößlichen Faktizität des Vergangenen. Dies wird in einer Selbstbeschreibung Alfred Döblins aus dem Jahre 1948 deutlich, in der er seine Arbeit am Roman »Wallenstein« reflektiert:

> »Ich planschte förmlich in Fakten. Ich war verliebt begeistert von den realen Fakten, von den Akten, den Berichten. Rohes wollte ich am liebsten verwenden, ich konnte und mochte sie am liebsten einfach so hinsetzen wie sie waren. So wie die Dinge in der Geschichte mitgeteilt wurden, waren sie gut, echt und vollkommen.«[3]

Doch gerade Döblins 1920 erschienener »Wallenstein« ist ja kein Beispiel für einen historistischen Roman im Sinne einer durchsichtigen Quellentreue. Datumsangaben oder Verweise auf in die Geschichtsbücher eingegangene Schlachtenbezeichnungen, zum Beispiel, fehlen darin. Döblin hat offensichtlich die ordnenden und kontextualisierenden Momente aus seinen verschiedenen Materialien systematisch getilgt. Den didaktisierenden Gestus der historischen Darstellung sucht man darin vergebens, wie auch den ordnenden Effekt der epischen Linearisierung. Dies liegt erzähltechnisch an Döblins Bruch mit einer teleologischen Romanästhetik, die er um diese Zeit propagiert. Das Chaos des Kriegszustands – der in heutiger Zeit wieder aktuell gewordene Nebel des Kriegs – wird dadurch besonders prägnant wiedergegeben, ähnlich wie zum

---

3 Döblin, Alfred: Schriften zu Leben und Werk. Hrsg. von Erich Kleinschmidt. Olten: Walter-Verlag 1986, S. 292. In der publizierten Endfassung (ebd., S. 309) ist das alles, durch gewisse Auslassungen, etwas nüchterner: »Ich planschte in Fakten. Ich war verliebt, begeistert von diesen Akten und Berichten. Am liebsten wollte ich sie roh verwenden. So wie die Dinge in der Geschichte vorkamen, waren sie echt und vollkommen.«

Beispiel in Stendhals Waterlooinszenierung am Anfang der »Kartause von Parma«. Bei Döblin beschränkt sich dies aber nicht auf eine mehr oder weniger kurze Sequenz bzw. auf eine einzelne Schlacht, auf die dann Klarheit folgt, sondern die Wirren einer Epoche übertragen sich auf den gesamten Erzählverlauf, wie auch Günter Grass anerkennend bemerkt.[4]

Es wurde aber unterstrichen, dass für das Verständnis dieses Romans der Rückgriff auf historisches Material unerlässlich ist, zumindest wenn man nicht über eine akribisch genaue Kenntnis der Abläufe verfügt.[5] Und dies kann durchaus als eine spezifische Charakteristik des Dreißigjährigen Kriegs gelten. Denn der langanhaltende Ausnamezustand fordert in extremem Maße eine geschichtliche Kontextualisierung heraus, die der Unmittelbarkeit der Darstellung zuwiderläuft, bzw. dem Projekt, seine transhistorische Aktualität zu behaupten. Dies lässt sich mit allen in diesem Band erwähnten künstlerischen Beispielen leicht verifizieren. Es erzeugt aber auch ein produktives Spannungsverhältnis, dass in jeder Darstellung des Dreißigjährigen Kriegs auf verschiedene Art und Weise angegangen wird. Eine Hypothese, der insbesondere im zweiten Teil des vorliegenden Bandes nachgegangen wird, ist, dass dieses Spannungsverhältnis, verbunden mit der hohen Komplexität des Darzustellenden, intermediale Konstellationen nahezu herausfordert. Die neuen technischen Möglichkeiten bieten eine multiperspektivische Projektionsfläche, in die das Spannungsverhältnis sich besonders produktiv einfügen lässt, wie auch – im surrealen Modus – in einem Traumprotokoll Adornos aus dem Jahr 1955 deutlich wird:

> »Ich sollte – wohl als Schauspieler – an einer Aufführung des Wallenstein mitwirken, nicht auf der Bühne, aber in einem Film- oder Fernsehprogramm. Meine Aufgabe war, mit Personen des Stücks zu telefonieren; etwa mit Max Piccolomini, Questenberg, Isolani.«[6]

Ein weiteres Merkmal, für das Döblins »Wallenstein« hier exemplarisch angeführt sein soll, ist das bewusste Abweichen von den historischen Fakten. Dies vollzieht sich am Ende des Romans mit einem völlig frei erfundenen Tod des

---

4 Grass, Günter: Was der Mann geleistet hat. Über Alfred Döblin. In: Sinn und Form 67, 2015, H. 4, S. 567f.
5 Vgl. Kobel, Erwin: Alfred Döblin. Erzählkunst im Umbruch. Berlin: de Gruyter 1985, S. 190, sowie Huguet, Louis: De l'histoire au mythe. Le roman d'Alfred Döblin »Wallenstein«. In: Le texte et l'idée 6, 1991, S. 137–173, hier S. 137. Dabei stellt Döblins »Wallenstein« wohl das Paradebeispiel der in Baßler, Moritz et al., Historismus und literarische Moderne, Tübingen: Niemeyer 1996, insb. S. 36–67, vertretenen Hypothese der Lexemautonomie als Grunddynamik der literarischen Moderne dar. Nuancierter dargelegt wird die Beziehung zwischen dem Historismus des 19. Jahrhunderts und der Erzähldynamik des 20. Jahrhunderts in Kittstein, Ulrich: »Mit Geschichte will man etwas.« Historisches Erzählen in der Weimarer Republik und im Exil (1918–1945). Würzburg: Verlag Königshausen & Neumann 2006, S. 63–83.
6 Adorno, Theodor W.: Gesammelte Schriften. Hrsg. von Rolf Tiedemann. Band 20: Vermischte Schriften I/II: Traumprotokolle. Frankfurt a. M. Suhrkamp 2003, S. 577.

Kaisers Ferdinand. Damit entfernt sich das Werk dezidiert von dem geschichtlich Verbürgten, kippt ebenso dezidiert ins Fiktive um und distanziert damit den gesamten Roman vom historischen Genre. Ein essentieller Anspruch der Darstellung als Fiktionalisierung wird dadurch mittels der Abweichung vom Belegten explizit behauptet: das Hinzufügen eines Sinnmoments. Im Falle des fiktiven Tods bzw. Todsmodus des Kaisers wird die doppelte Un-Ordnung der geschichtlichen Erzählbarkeit und der politischen Stabilität des Symbolischen in einer aus den Fugen geratenen Welt wieder in Einklang gebracht: Der Kaiser zieht sich als Einsiedler in die wilde Natur zurück und wird mit ihr eins. Der Gewalt des Kriegs – insbesondere dieses Kriegs – antwortet die Hoheit des künstlerischen Anspruchs. Die Prozesse des Kriegsablaufs oder der Pazifizierung gehen in Darstellungsdynamiken auf – so zumindest versuchen es die in den verschiedenen Beiträgen behandelten Autoren bzw. Künstler.

Somit soll deutlich werden, dass in der reflexiven Aneignung, im Deutungsversuch, in der semantischen Zuordnung der außerordentlichen Ereignisse des Dreißigjährigen Kriegs, die Perspektivierungen, die in dem 20. und 21. Jahrhundert angeboten werden, nicht als eine Verzerrung einer Faktualität der Jahre 1618–1648 verstanden werden sollten, einer Faktualität, die ohnehin rein aus der zunehmend größeren geschichtlichen Entfernung und Schichtung der Verständnisebenen postuliert werden kann. Das Großereignis ist in all seiner Komplexität nicht nur Anlass für Selbstdeutungen, sondern auch für Selbstdarstellungen, und gerade das Ineinandergreifen dieser beiden Aspekte wird in den verschiedenen Ansätzen, die in den Beiträgen des vorliegenden Bands untersucht werden, immer wieder deutlich. Durch diese Wandlungsfähigkeit der künstlerischen Mediatisierung ist die Erinnerung an den Dreißigjährigen Krieg eine lebendige geblieben.

\* \* \*

Die meisten in diesem Band gesammelten Beiträge sind aus einer Tagung hervorgegangen, die im Dezember 2019 in Créteil stattfinden sollte. Die Gelbwestenunruhen in Paris haben die Veranstalter veranlasst, die Tagung auf den Februar des darauffolgenden Jahrs zu verschieben. Sie danken allen Institutionen, namentlich den Forschungseinrichtungen IMAGER und REIGENN, der Universität Paris-Est Créteil sowie dem DAAD, dass sie nicht nur die Tagung mitfinanziert haben, sondern auch bereit waren, den aufwendigen Finanzierungsprozess im Kalenderjahr 2019 noch einmal neu zu beginnen. Die verschobene Tagung fand während der anrollenden Pandemiewelle statt; einigen Kolleginnen wurde die Anreise schon verwehrt, allen Anwesenden ist die etwas unheimliche Stimmung wohl noch im Gedächtnis. Trotz dieser widrigen Umstände ist aus der Tagung nun der Band entstanden. Die Herausgeber danken den großzügigen Finanzierern, Aleksandra Lévy-Lendzinska und Birte Gnaegy für ihre freundliche Unterstützung sowie den Beiträgerinnen und Beiträgern für ihre Geduld.

Literarische Brechungen

Ursula Klingenböck

## VOR_KRIEGS_ZEIT. Figurationen des Dreißigjährigen Krieges in Monika Marons »Munin oder Chaos im Kopf« (2018)

### 1. Vorbemerkungen und theoretische Grundlagen

»Munin oder Chaos im Kopf«, erschienen im Februar 2018 und damit in einem mehrfach besetzten Gedenkjahr, wurde aufgrund seines verstörenden Entwurfs von Gegenwart in der deutschsprachigen Literaturkritik intensiv und kontrovers rezipiert. In den Literaturwissenschaften hat Monika Marons jüngster Roman dagegen bislang wenig Resonanz gefunden. Neben Hansjürgen Benedicts Beitrag zur Gottesfrage[1] stellen zwei Arbeiten den Dreißigjährigen Krieg in Marons Roman zentral: Svitlana Machenka[2] greift in ihrem ausschließlich auf Ukrainisch verfügbaren Aufsatz auf Barthes' Poststrukturalismus zurück. Felix Thomas Werner[3] schließt in seinem Beitrag an Foucaults historische Diskursanalyse bzw. deren Rezeption durch Kittler an, insbesondere arbeitet er dessen Modellanalyse zu Kleist aus dem Jahr 1985 an »Munin oder Chaos im Kopf« ab. Erschienen in einem Sammelband, der die Idee der Analogiebildung in seinem Titel (»Der *Zweite* Dreißigjährige Krieg«) führt, ist er für die anschließenden Überlegungen von größerem Interesse.

Auch in der folgenden Untersuchung wird ein diskursives Moment eine Rolle spielen; allerdings setzt sie mit ›Narration‹ und ›Narrativ‹ nicht soziologische,

---

1 Benedict, Hans-Jürgen: Epilog: Letzte Eingänge 2018 zur Gottesfrage in der deutschen Literatur. In: Ders.: »Wär ich allmächtig, ich würde retten, retten.« Aufsätze zur Gottesfrage in der deutschen Literatur. Stuttgart: Kohlhammer 2019, S. 201 ff.
2 Machenka, Svitlana: Distant Mirror: 1618–2018 – The Echo of Thirty Years' War in New German Language Literature. In: Pytannia literaturoznavstva 98, 2018, S. 120–141; Volltext ausschließlich auf Ukrainisch, Abstract auf Englisch https://www.researchgate.net (Zugriff am 30.03.2020).
3 Werner, Felix Thomas: Im Diskurs: Monika Marons Roman Munin oder Chaos im Kopf (2018). In: Der Zweite Dreißigjährige Krieg. Deutungskämpfe in der Literatur der Moderne. Hrsg. von Fabian Lampart, Dieter Martin und Christoph Schmitt-Maaß. Würzburg: Ergon 2019, S. 243–261. Redaktionsschluss dieses Beitrags war Mai 2020. Seitdem ist erschienen: Gheri, Paola: »Wir haben jetzt die Demokratie, das ist kompliziert genug«. Zur Krise demokratischer Systeme und Auflösung des Politischen in »Munin oder Chaos im Kopf« von Monika Maron In: Studia theodisca 28, 2021, S. 43–61.

sondern kulturwissenschaftliche Schwerpunkte. ›Narration‹ wird unter Rückgriff auf Luhmann verstanden als »temporäre Form«[4] im Sinne eines medialisierten und materialisierten Narrativs; für Maron sind das verschriftlichte Narrationen des Dreißigjährigen Krieges. In ihrer Funktion dem Diskurselement bzw. -fragment vergleichbar, ist die (konkrete) Narration Teil des Narrativs; dieses kann als abstrakte Summe alles Erzählten beschrieben werden und ist insofern dem Diskurs im Sinne Foucaults[5] vergleichbar. Die Konzeption von Narration und Narrativ ist dynamisch und reziprok: Wird die Narration einerseits durch das Narrativ geprägt, so schreibt sie sich andererseits in dieses ein. Vor der These, dass Monika Maron ganz konkrete Narrationen vom Dreißigjährigen Krieg für die Erzählung von *Gegenwart* funktionalisiert, soll der Roman zunächst in seinen intertextuellen Bezügen zu faktualen und fiktionalen Texten[6] vom Dreißigjährigen Krieg vorgestellt werden. Der Krieg von 1618–48 interessiert dabei als Gegenstand, *von dem* erzählt wird, wie als Konstrukt, *mithilfe dessen* erzählt wird. In einem Erzählkonzept, das Vergangenheit und Gegenwart – wie sich zeigen wird, methodisch und politisch riskant – zueinander konstelliert, ist nicht nur danach zu fragen, was der Dreißigjährige Krieg und seine spezifische Narration bei Monika Maron für die Darstellung von Gegenwart ›bedeutet‹, sondern auch, was diese mit dem Narrativ des Dreißigjährigen Krieges ›macht‹.

## 2. Erzählen *über* den Dreißigjährigen Krieg I. Der Dreißigjährige Krieg als Gegenstand des Erzählens

### 2.1. Der erzählte Krieg und seine Quellen

Vermittelt durch die Ich-Erzählerin Mina Wolf, um die 50, Schriftstellerin, Zeitungsleserin und alleinlebend, entwickelt »Munin oder Chaos im Kopf« mehrere Erzählungen: vom konfliktreichen Zusammenleben der Bewohner_innen einer namenlosen Straße im Berlin der Jahre 2015+, von der Begegnung der Protagonistin mit der sprechenden Krähe Munin und von ihrer aktuellen Arbeit:

---

[4] Mit Referenz auf Luhmann, Niklas: Die Politik der Gesellschaft. Frankfurt a. M.: Suhrkamp 2000, S. 30, vgl. Schreiber, Dominik: Narrative der Globalisierung. Gerechtigkeit und Konkurrenz in faktualen und fiktionalen Erzählungen. Wiesbaden: VS 2015, S. 21.

[5] Siehe Foucault, Michel: Die Archäologie des Wissens. Frankfurt a.M.: Suhrkamp 1973. Zum Verhältnis von Diskurs und Narration vgl. Viehöver, Willy: Diskurse als Narrationen. In: Handbuch Sozialwissenschaftliche Diskursanalyse. Band 1: Theorien und Methoden. Hrsg. von Reiner Keller, Andreas Hirseland, Werner Schneider u. a. Wiesbaden: VS ³2011, S. 193–224, hier S. 183f.

[6] Zu Wissen und Narration bzw. epistemischen Narrativen vgl. Koschorke, Albrecht: Wahrheit und Erfindung. Grundzüge einer Allgemeinen Erzähltheorie. Frankfurt a. M.: S. Fischer 2012, S. 329–340.

einem Essay zum »düsteren Thema«[7] des Dreißigjährigen Krieges, dessen Abfassung an das 1000jährige Jubiläum einer westfälischen Kleinstadt gekoppelt ist. Als Gegenstand von Minas Schreiben und, durch die homodiegetische Erzählkonstruktion, auch ihres Erzählens in die Romanhandlung eingeführt, erhält der Krieg von 1618–48 Bedeutung für die beiden anderen Handlungsstränge: So wird die krisen- und konflikthafte Situation im Quartier als Krieg[8] inszeniert und über unterschiedliche narrative Verfahren an den Dreißigjährigen Krieg angebunden. Als Zeugin für einen Jahrhunderte zurückliegenden wie für einen gegenwärtigen Krieg figuriert als Vertreterin ihrer Gattung und unter Rückgriff auf das Mythologem vom Schlachtfeldvogel[9] die Krähe Munin. Durch wiederholte und abrupte Wechsel zwischen den Erzählsträngen wird die Darstellung des Dreißigjährigen Krieges fragmentiert, die Unmöglichkeit einer (vom Auftraggeber des Essays gewünschten) Erzählung vom »große[n] Ganze[n]«[10] damit auch auf der Textoberfläche angezeigt.

Der Krieg von 1618–48 erweist sich für die Erzählerin als weitgehend unbekanntes, aber intensiv beforschtes und kultiviertes Gebiet, das sie sich über Recherche- und Lektürepraktiken anzueignen versucht. Als direkte Quellen für das historische Ereignis fungieren Narrationen unterschiedlicher Genres. Mit dem seit seiner Auffindung 1988 viel beachteten, diaristischen Kriegs- und Reisebericht des Söldners Peter Hagendorf aus dem Jahr 1649 rekurriert der Roman auf ein Beispiel zeitgenössischen *life writings*, dem Mina Authentizität und Unmittelbarkeit zuschreibt.[11] Zum Schreiber-Protagonisten entwickelt sie eine empathische Beziehung, ihre beiden Familiengeschichten lässt sie in Magdeburg, dem Schauplatz eines der größten Massaker des Dreißigjährigen Krieges, zusammenlaufen.[12] Als fachspezifische Quellen ihrer Arbeit dienen das 1938 verfasste Sachbuch der Historikerin Cicely Veronica Wedgwood,[13] das – obwohl wissenschaftlich nicht mehr *state of the art* – Mina als Standardwerk zum Dreißigjährigen Krieg gilt, sowie nicht näher bezeichnete wissenschaftliche Aufsätze, ins-

---

7 Maron, Monika: Munin oder Chaos im Kopf. Roman. Frankfurt a. M.: Fischer 2018, S. 13.
8 Zum Begriffsfeld ›Krieg‹ vgl. Frank, Susi K.: Einleitung: Kriegsnarrative. In: Zwischen Apokalypse und Alltag. Kriegsnarrative des 20. und 21. Jahrhunderts. Hrsg. von Dies., Natalia Borissova und Andreas Kraft. Bielefeld: transcript 2009, S. 7–37, insbesondere S. 23 f.; sowie Pfetsch, Frank R.: Krieg und Frieden. In: Handbuch der Internationalen Politik. Hrsg. von Carlo Masala, Frank Sauer und Andreas Wilhelm. Wiesbaden: VS 2010, S. 368–382.
9 Vgl. Maron, Munin. 2018, S. 155 f.
10 Maron, Munin. 2018, S. 14.
11 Peter Hagendorf – Tagebuch eines Söldners aus dem Dreißigjährigen Krieg. Hrsg. von Jan Peters. Göttingen: V & R unipress 2012. Zum Problem der Authentizität von Selbstzeugnissen am Beispiel Hagendorfs vgl. Jörg Rogge: Kriegserfahrungen erzählen – Einleitung. In: Kriegserfahrungen Erzählen. Geschichts- und literaturwissenschaftliche Perspektiven. Hrsg. von Jörg Rogge. Bielefeld: transcript 2016, S. 15.
12 Vgl. Maron, Munin. 2018, S. 147 f.
13 Wedgwood, Cicely Veronica: Der Dreißigjährige Krieg. Hamburg: Nikol 2011.

besondere zum Söldnerwesen. Im Bereich der fiktionalen Literatur greift der Roman vor allem auf zwei Texte des 19. Jahrhunderts zurück: Annette von Droste-Hülshoffs Gedichte »Die Krähen« sowie »Die Schlacht im Loener Bruch«, beide 1844 gedruckt.[14] Dazu kommen journalistische Texte (v. a. Zeitungsberichte und -kommentare)[15] sowie populäre online-Quellen (u. a. Wikipedia und das Rezensionsforum des Anbieters Amazon). Nicht zuletzt beruft sich der Roman auf Monika Marons zwei Jahre zuvor erschienenen Essay »Krähengekrächz«,[16] den die Erzählerin kokett als »Büchlein der Autorin«, der sie »die Spur zu Droste-Hülshoff« verdanke,[17] einführt. Indem sich der Roman explizit auf Quellen beruft und diese zu ihrem größeren Teil auch bibliografisch ausweist, markiert er sie als dominierende wissens- und orientierungsstiftende Narrationen, in deren Tradition er sich stellt und deren Legitimation er auch für *seine* Erzählung beansprucht.

## 2.2. Der erzählte Krieg als Ereignis

Der Roman erzählt den Dreißigjährigen Krieg als unumkehrbares, Veränderung erzeugendes, individuell wie kollektiv folgenschweres historisches Geschehen und insoweit als Ereignis.[18] Allerdings wird dieses weder als einmalig noch als unvorhersehbar dargestellt. Der Krieg von 1618–48 erscheint bei Maron als erahntes, von »allen« erwartetes und durch außerordentliche und zeichenhafte kosmische Erscheinungen angezeigtes Geschehen.[19] »Munin oder Chaos im Kopf« führt damit eine Korrelierung von (Unheil bringendem) Komet und Krieg fort, wie sie ab 1630 für den Dreißigjährigen Krieg kursiert. Den Anfang des Krieges setzt der Roman (und für die Darstellungen *ex post* durchaus konventionell)[20] mit dem Prager Fenstersturz – also jenem Ereignis, das der Meistererzählung vom Dreißigjährigen Krieg als auslösendes Moment der militärischen Auseinandersetzung gilt. Der von der Erzählerin als Konglomerat wechselnder

---

14 Droste-Hülshoff, Annette von: Gedichte. Stuttgart/Tübingen: Cotta 1844. Weitere literarische Auseinandersetzungen mit dem Dreißigjährigen Krieg wie Grimmelshausens »Simplicius Simplicissimus« und Brechts »Leben des Galilei« werden zwar erwähnt, aber nicht für Minas Schreiben funktionalisiert.
15 Siehe Anm. 49.
16 Monika Maron: Krähengekrächz. Frankfurt a. M.: S. Fischer 2016.
17 Maron, Munin. 2018, S. 181.
18 Für eine narratologische Konzeption des Ereignisses vgl. u. a. Wolf Schmid: Elemente der Narratologie. Berlin: de Gruyter $^2$2008, S. 18–22.
19 Vgl. Maron, Munin. 2018, S. 11, 19, 53.
20 Zeitgenössische Berichte, auch Hagendorf, erzählen nicht davon, vgl. auch Seelbach, Sabine: Der Dreißigjährige Krieg: Ereignis und Narration. Einführung. In: Daphnis 47, 2019, S. 2–22.

Interessen und Allianzen wahrgenommene Krieg[21] wird kausal mit den leitenden demografischen, politischen, religiösen, ökonomischen und klimatologischen Merkmalen des 17. Jahrhunderts korreliert: mit Bevölkerungswachstum, Wirtschaftskrise und Klimaveränderung, mit Konflikten zwischen Ständen und Staat, zwischen dem Heiligen Römischen Reich Deutscher Nation und Frankreich, zwischen Habsburg und Bourbon, zwischen katholischer Liga und protestantischer Union. Erzählt wird er über seine ›großen‹ und ›kleinen‹ Akteure und deren unterschiedliche Rollen im sozialen und strukturellen Gefüge des Krieges: über Heerführer und vor allem über vertraglich verpflichtete, ›einfache‹ Soldaten und Söldner, über Sieger und Verlierer. Der Krieg von 1618–48 wird über Marschrouten, Belagerungs- und Kampfschauplätze – insbesondere aus der Spätphase des Böhmisch-Pfälzischen Krieges (z. B. die Schlacht bei Stadtlohn) und der Frühphase des Schwedischen Krieges (z. B. die Eroberung von Magdeburg 1631) – vermessen.

Besonderes Augenmerk liegt auf ›alltäglichen‹ und abseits der großen Militäroperationen stattfindenden Kriegshandlungen, hier wiederum auf den unter dem Begriff des Fouragierens[22] zusammengefassten Praktiken wie Diebstahl, Raub, Plünderung, Brandschatzung, Vergewaltigung, Mord und Massaker. Mit der Wahl seiner Quellen und der historischen Figuren im Text legt der Roman die Sehweise des Dreißigjährigen Krieges fest: Mit dem autobiografischen Text Peter Hagendorfs erzählt er von dem Söldner, der (wiewohl selbst Protestant) mit dem Tross Gottfried Heinrichs zu Pappenheim gegen die Protestanten zieht und von seinem Kriegsherrn und dessen militärischen Erfolgen lebt. Mit Droste-Hülshoff thematisiert er die Niederlage der Protestanten in der Schlacht bei Stadtlohn am 6. August 1623. Die Perspektivierung des Dreißigjährigen Krieges erfolgt damit überwiegend durch die Interessen des Heiligen Römischen Reiches Deutscher Nation, hier wiederum Habsburgs und der Katholischen Liga,[23] deren Vormachtstellung dadurch konsolidiert wird. Vielleicht geht der Roman auch deshalb den Weg zum Westfälischen Frieden nur bedingt mit: Sofern er ihn nicht

---

21 Vgl. Maron, Munin. 2018, S. 21.
22 Zuletzt Niefanger, Dirk: Krieg ohne Konfession. Fouragieren als Narrativ in autobiografischen Texten des Dreißigjährigen Krieges. In: Daphnis 47, 2019, S. 115–134.
23 Namentlich genannt werden Maximilian I. von Bayern, der Gründer der Katholischen Liga 1609; Albrecht von Wallenstein (Albrecht Wenzel Eusebius von Waldstein), der als Oberbefehlshaber die kaiserlichen Truppen zwischen 1625 und 1633 zu zahlreichen Erfolgen führt und dem – trotz seiner Absetzung wegen Hochverrats – der Nimbus des Unbesiegbaren anhaftet; Johann T'Serclaes Graf von Tilly, einer der wichtigsten Feldherren des Dreißigjährigen Krieges auf Seiten der Katholiken und wie Maximilian I. Befehlshaber in der Schlacht am weißen Berg, in der Friedrich V. von der Pfalz / I. von Böhmen und Vertreter der protestantischen Stände unterliegt und die insofern bedeutsam wird, als sie in den österreichischen und böhmischen Ländern den Weg zur Rekatholisierung und zur Durchsetzung des Absolutismus bereitet.

überhaupt ausspart, bewertet er ihn in Fortschreibung Wedgwoods kritisch: als willkürliche Neuordnung der Landkarte, als Übergang zu und als Grundlegung für neue/n Kriege/n.[24]

## 3. Erzählen *über* den Dreißigjährigen Krieg II. Der Dreißigjährige Krieg als Instrument des Erzählens

### 3.1. Prototyp und Reihe[25]

Mit dem Dreißigjährigen Krieg ruft Maron einen Krieg auf, der – ob historisch zu Recht oder zu Unrecht, sei dahingestellt – in der Menge von Kriegen an exponierter Stelle steht. Narrationen unterschiedlicher Domänen haben ihn zum Prototyp des Krieges gemacht. Einerseits figuriert er als Inbegriff des grausamen und verlustreichen Krieges, wie es auch die paronomastische Rede vom »Krieg der Kriege«[26] verdeutlicht: Bei Maron erscheint er als ein Krieg von »archaische[r] Grausamkeit«, der »innerhalb von drei Jahrzehnten einen halben Kontinent verwüstet und seine halbe Bevölkerung ausgerottet hatte«.[27]

Andererseits wird er in seiner Musterhaftigkeit für nachfolgende Kriege funktionalisiert. In der Kriegsgeschichte und -systematik markiert er über lange Jahre den Paradigmenwechsel vom Religions- zum Staatenkrieg.[28] Als solchen (und damit gegen die neuere Kriegsgeschichtsschreibung) erzählt ihn auch Maron, wenn sie für die Gegenwart eine neuerliche Umkehr – diesmal vom nationalen zum ideologischen Krieg, den sie als pseudoreligiösen Konflikt charakterisiert –[29] feststellt:

> »Religion hat sich wieder in unser alltägliches Leben zuerst geschlichen und dann darin breitgemacht, seit in ihrem Namen wieder Krieg geführt wurde«.[30]

---

24 Vgl. Maron, Munin. 2018, S. 188.
25 Sabine Mainberger: Ordnen – Aufzählen. In: Handbuch Literatur & Materielle Kultur. Hrsg. von Susanne Scholz und Ulrike Vedder. Berlin: de Gruyter 2018, S. 91–98.
26 Prominent bei Johannes Burkhard: Der Krieg der Kriege. Eine neue Geschichte des Dreißigjährigen Krieges. Stuttgart: Klett-Cotta 2018.
27 Vgl. Maron, Munin. 2018, S. 56 bzw. 73.
28 U.a. Münkler, Herfried: Der Dreißigjährige Krieg. Europäische Katastrophe, Deutsches Trauma 1618–1648. Berlin: Rowohlt 2017. Zu Begriff und Wesen des Krieges vgl. Meyers, Reinhard: Krieg und Frieden. In: Handbuch Frieden. Hrsg. von Hans J. Gießmann und Bernhard Rinke: Wiesbaden: VS 2019, S. 1–41.
29 Vgl. Maron, Munin. 2018, S. 73: »Jetzt kamen die nationalen Kriege im alten Gewand der Religionskriege daher.«
30 Vgl. Maron, Munin. 2018, S. 188.

Als epochales und weit über das 17. Jahrhundert hinaus wirkmächtiges Ereignis wird dem Dreißigjährigen Krieg auch nationale Bedeutung für das Heilige Römische Reich und seine Nachfolgestaaten zugeschrieben.[31] Für Deutschland wird diese über unterschiedliche Mythen auserzählt: Bemühen sie einerseits Vorstellungen von Untergang und Zerstörung, wie sie in den Bezeichnungen von der ›Urkatastrophe‹ und vom ›Trauma‹ der deutschen Geschichte deutlich werden, so operieren sie andererseits mit Ursprungs- und/oder Heldenmythen, zu denen auch die Erzählung vom deutschen Opfermut gehört.[32] Aspekte beider Narrationen finden sich auch bei Maron: Wird die Heroisierung am ehesten – und vermittelt durch Droste-Hülshoff – an der Darstellung von Herzog Christian deutlich, so klingen Untergang bzw. Aufopferung in der Erzählung von der Magdeburger Bluthochzeit bzw. in der Wahrnehmung der sich selbst feiernden Kleinstadt an.[33]

Monika Maron fokussiert auf den Dreißigjährigen Krieg als einzelnes Geschehen, sie erzählt ihn bzw. charakteristische Inhalts- und Strukturelemente, aber auch in seiner/ihrer Relation zu anderen, ebenfalls dem Handlungstyp ›Krieg‹ zugeschlagenen und durchwegs später datierten Ereignissen. Die Darstellung geht insofern über die bloße Akkumulation hinaus, als sie Korrespondenzen zwischen zeitlich, geografisch und individuell unterschiedlich konfigurierten Kriegsereignissen aufspürt bzw. durch Zuschreibung erst konstruiert und disparate Elemente mittels selektiver und kombinatorischer Verfahren in eine Ordnung überführt. Die Kontiguität der Reihe wird dabei weniger über linear-chronologische oder ursächlich-kausale Verknüpfungen erzeugt, als über inhaltliche Momente und die Kategorie der Ähnlichkeit, wie im folgenden Beispiel: Hagendorfs Eintrag über bei lebendigem Leib verbrannte Bauern wird mit Attentaten der Boko Haram gegen nigerianische Christen der 2010er Jahre, mit dem Pogrom von Jedwabne (Polen 1941), mit dem nationalsozialistischen Massenmord an Juden während des Zweiten Weltkriegs sowie mit einem gegen Christen gerichteten Brandanschlag von Muslims in Lahore (2016) in eine Reihe gestellt,[34] die einzelnen Elemente für ein durch die Aufzählung umrissenes ›Ganzes‹, hier: eine Geschichte des Brennens, funktionalisiert. Methodische Fragen des historischen Vergleichs und seiner Zulässigkeit[35] werden in Marons Roman – von

---

31 So firmiert er als Ausgangspunkt des ›Deutschen Sonderwegs‹ zur Demokratie – ein Aspekt, der bei Maron nicht angesprochen wird.
32 Vgl. Münkler, Der Dreißigjährige Krieg. 2017, S. 11–40; dazu vgl. kritisch Schmidt, Georg: Der Dreißigjährige Krieg. München: C. H. Beck 2018; sowie Repgen, Konrad: Dreißigjähriger Krieg und Westfälischer Friede. Studien und Quellen. Paderborn: Schoeningh ³2015.
33 Vgl. Maron, Munin. 2018, S. 148 bzw. S. 17.
34 Vgl. Maron, Munin. 2018, S. 50.
35 Zu historischen Analogien als methodische Herausforderung und ihrer Verortung in der Geschichtswissenschaft vgl. Münkler: Der Dreißigjährige Krieg. 2017, S. 821–825, sowie mit Blick auf die Literaturwissenschaft Schmitt-Maaß, Christoph: Lauter Dreißigjährige Kriege?

eingeräumter Unschärfe und »[G]rob[heit]«[36] der Vorlage einmal abgesehen – weitgehend außen vorgelassen. Unterschiede zwischen den Relata werden ebenso wenig benannt wie differenzierte Perspektivierungen angestellt werden. Besondere Bedeutung kommt, als maximal verkürzter Formation der Reihe, den beiden Exponenten zu: dem Dreißigjährigen Krieg als ›erstem‹ Krieg und den Kriegen der Gegenwart als vorläufig ›letzten‹ Kriegen.

3.2. Spiegelung und Präfiguration

Auch über die (zumindest ihrer Struktur nach progressive) Reihe und die Verweishaftigkeit ihrer Elemente für den jeweils vorausgehenden und nachfolgenden Eintrag hinaus funktionalisiert »Munin oder Chaos im Kopf« zeitlich und räumlich disparate Kriegserzählungen füreinander. Einzelne Kriegsereignisse werden, den virtuellen Bildern des Mehrfachspiegels[37] vergleichbar, über schnittartige Techniken auf- und ineinander projiziert, die dadurch erzeugten Bilder und Abbilder in komplexe Relationen gebracht. Marons Erzählen begibt sich damit in die Nähe typologischer und präfigurativer Verfahren, wie sie – wenn auch in anderem Kontext – Hans Blumenberg beschrieben hat.[38] Wie in seiner »Präfiguration« wird das vorausdeutende Verfahren auch bei Maron aus seinen heilsgeschichtlichen Zusammenhängen gelöst. Anthropologisch motiviert, wird es zu einem Instrument säkularer geschichtlicher Hermeneutik, hier: der Geschichtsdeutung durch den Dreißigjährigen Krieg. Indem die Präfiguration ein »Wirkliches« meint, das »etwas anderes, ebenfalls Wirkliches […] darstellt und

---

Zu einem (Selbst-)Deutungsmuster in Literatur und Geisteswissenschaften 1918–1948–2018. In: Der Zweite Dreißigjährige Krieg. 2019, S. 722.
36 Vgl. Maron, Munin. 2018, S. 30.
37 Zur Spiegelmetapher als Bezeichnung für die Selbstbeobachtung durch den Blick in die Vergangenheit, um die Gegenwart zu begreifen und die Zukunft zu deuten, vgl. im Anschluss an Tuchmann, Barbara: A Distant Mirror – The Calamitous 14th Century. New York: Kopf 1978, S. 9–16, Münkler: Der Dreißigjährige Krieg. 2017, S. 818.
38 Blumenberg, Hans: Präfiguration. Arbeit am politischen Mythos. Hrsg. von Angus Nicholls und Felix Heidenreich. Berlin: Suhrkamp 2014, insbes. S. 7–49. Zu einer kritischen Lektüre Blumenbergs vgl. Mayer, Tobias: Umstrittene Präfiguration. Politische und theologische Typologie in einem Nachlassfragment Hans Blumenbergs. In: Alles egal? Theologische Reflexionen zur Gleichgültigkeit. Hrsg. von Alexander Gaderer, Barbara Lumesberger-Loisl und Teresa Schweighofer. Freiburg: Herder 2015, S. 111-123, sowie Rohden, Jan: Konfigurationen krisenhafter Wahrnehmungen in der Literatur um 1900. Göttingen: Vandenhoeck & Ruprecht 2018.

ankündigt«,³⁹ erhält sie in einem von Wiederholung gekennzeichneten und auf die Gegenwart zulaufenden Geschichtsentwurf eine pragmatische Funktion.

Der Dreißigjährige Krieg fungiert als gemeinsamer historischer Bezugspunkt für (aus heutiger Sicht) vergangene wie für aktuelle Kriege und somit als Bild erster Ordnung (in anderer Terminologie: als Urbild oder auch als Typus). Als solches bekommt er auch Bedeutung für eine genealogische Dimension von Geschichte. Wie der Krieg von 1618–48 werden sowohl die zu einem abstrakten ›Ganzen‹ geklitterten Hybridkriege in »Asien und Afrika«⁴⁰ als auch der ›Krieg‹ im Berliner Quartier als dynamische Gefüge multipler Krisen- und Konfliktsituationen erzählt. Wenngleich außerhalb Europas lokalisiert, wird der ›große‹ Krieg durch die Befürchtung eines Übergreifens in eine bedrohliche räumliche und zeitliche Nähe gerückt.⁴¹ In einer zur Vorkriegszeit stilisierten (europäischen) Gegenwart bekommt er präfigurative Qualität für einen prognostizierten (großen) Krieg im Inneren Europas. Über die Verfahren der Konkretisierung, der Personalisierung und der Reduktion transformiert Maron die aktuellen außereuropäischen Kriege (ihrerseits Bilder zweiter Ordnung bzw. Abbilder bzw. Antitypen des Dreißigjährigen Krieges) in das räumlich und zeitlich fixierte Setting einer schmalen Berliner Straße mit überschaubarem Figurenarsenal, kurz: einen Mikrokosmos von geradezu »familiärer Intimität«.⁴²

In der klimatischen wie atmosphärischen Hitze eines Sommers – der Roman beschreibt die Stimmung als »nervös« und »explosiv«⁴³ – schaukelt sich eine Krise zu einem Konflikt hoch, der eine eigene Dynamik entwickelt. Eine »allgemeine« und über längere Zeit hin aufgestaute »Missstimmung«⁴⁴ entlädt sich, für die Figuren des Romans selbst unerklärbar, in Akten verbaler (Beschimpfungen, Drohungen), psychischer (Lärmbelastung durch die Sängerin, vor allem aber ein von diversen Akteuren betriebenes Spiel mit der Angst) und physischer (Vergewaltigungsversuche, Messerstechereien, Sachbeschädigungen) Gewalt. Der ferne und mit internationaler Bedeutsamkeit ausgestattete ›große‹ Krieg wird damit auf eine Austragung alltäglicher, innergesellschaftlicher Konflikte

---

39 Erich Auerbach: Figura. In: Erich Auerbach: Gesammelte Aufsätze zur romanischen Philologie. Bern: Francke 1967, S. 55–92, hier S. 65; zit. nach Tobias Mayer: Umstrittene Präfiguration. 2015, S. 111–123.
40 Maron, Munin. 2018, S.73. Zur (problematischen) Gleichsetzung von Dreißigjährigem Krieg und aktuellen Kriegen im Nahen Osten und in Afrika bzw. zur Diskussion eines Zweiten Westfälischen Friedens vgl. Christoph Schmitt-Maaß: Lauter Dreißigjährige Kriege? 2019, S. 20f.
41 Vgl. Maron, Munin. 2018, S. 11.
42 Maron, Munin. 2018, S. 5. Rainer Leschke: Krieg als schöne Medienübung. In: Kriegsdiskurse in Literatur und Medien nach 1989. Hrsg. von Carsten Gansel und Heinrich Kaulen: Göttingen: Vandenhoeck & Ruprecht 2011, S. 339–356.
43 Vgl. Maron, Munin. 2018, S. 11.
44 An anderer Stelle: »Misstrauen«, Maron, Munin. 2018, S. 103.

mitten in Deutschland herunter gebrochen,[45] für die kein Anfang und kein Ende festgemacht werden kann. Die Sängerin ist lediglich auslösendes Moment für eine in der sozialen Struktur des Quartiers bereits grundgelegte und als Stellvertreterkrieg[46] geführte Auseinandersetzung. Ihr Tod im finalen Treppensturz[47] bringt den Anwohner_innen demnach auch keinen Frieden, sondern setzt den Konflikt gleichsam wieder auf Anfang. Die Polizei hat ihre Ermittlungen eingestellt, neue Feindseligkeiten bleiben bestehen, alte flammen wieder auf. Friede erscheint in der literarischen Realität der Erzählgegenwart als etwas Abwesendes. In einem dynamischen und reziproken Verweissystem kann der Krieg im Quartier nicht nur als Nacherzählung des Dreißigjährigen Krieges, sondern wie dieser auch als Vorauserzählung des für Europa prognostizierten ›großen‹ Krieges gelesen werden.

Mit der Funktionalisierung des Dreißigjährigen Krieges für die Gegenwart stellt sich Monika Maron in den Kontext bereits etablierter Narrationen.[48] Insbesondere seit 2015 (und damit zeitnah zur Entstehung von »Munin oder Chaos im Kopf«) werden vermehrt Überlegungen zu einer zwar krisenhaften, zumindest in Europa aber nicht von bewaffneten zwischenstaatlichen Auseinandersetzungen bestimmten, zur Vorkriegszeit bzw. zur Vorkriegszeit eines Dreißigjährigen Krieges stilisierten Gegenwart angestellt. Rezente Beispiele sind die Texte des (Kriegs)Historikers Herfried Münkler und, zum Teil mit Bezug auf diesen, diverse Berichte und Kommentare in der deutschsprachigen Presse.[49] Auf sie bezieht sich Maron, wenn auch nicht namentlich, ebenso wie auf einen historischen

---

45 Iris Radisch spricht von »eine[r] Art Dreißigjährigem Krieg im Berliner Wasserglas«; Iris Radisch: Germanische Götterspeise. In: Die ZEIT, 11.04.2018, https://www.zeit.de/2018/16/munin-oder-chaos-im-kopf-monika-maron (Zugriff am 30.03.2020).
46 Vgl. Maron, Munin. 2018, S. 21, 215.
47 Auch hier ist die Allusion an den Prager Fenstersturz deutlich.
48 Für einen Überblick zu ›neuen‹ Dreißigjährigen Kriegen mit Fokus auf dem »Zweiten Dreißigjährigen Krieg« (als historisches Konstrukt einer Weltkriegsepoche von 1914–1945) und deren Figurationen in der deutschsprachigen Literatur vgl. den jüngst von Fabian Lampart, Dieter Martin und Christoph Schmitt-Maaß herausgegebenen Sammelband: Der Zweite Dreißigjährige Krieg. Zuvor u.a. Mannack, Eberhard: Barock in der Moderne. Deutsche Schriftsteller des 20. Jahrhunderts als Rezipienten deutscher Barockliteratur. Bern: Peter Lang 1991, sowie Schönemann, Bernd: Zur Rezeption des Dreißigjährigen Krieges in Literatur und Schule vom Kaiserreich bis zum Nationalsozialismus. Wolznach: Kastner 2000.
49 Z.B. in der »Neuen Zürcher Zeitung« (Thomas Maissen: Wir kommen von der Nachkriegszeit in eine Vorkriegszeit. In: NZZ, 03.06.2017, https://nzzas.nzz.ch/wissen/wir-kommen-von-der-nachkriegszeit-in-eine-vorkriegszeit-ld.1299033?reduced=true, Zugriff am 30.03.2020; kritisch Volker Reinhardt: Wie kritisch darf Geschichte sein? In: NZZ, 21.12.2017, https://www.nzz.ch/feuilleton/wie-historisch-darf-geschichte-sein-ld.1336793?reduced=true, Zugriff am 30.03.2020), im »Spiegel« (Joseph Vogl: Wir sind in einer Vorkriegszeit. In: Der Spiegel 10, 2015, S. 68–70) und in der »Welt« (Michael Stürmer: Das sind die Wurzeln unserer aktuellen Krise. In: Die Welt, 30.01.2016, https://www.welt.de/wirtschaft/article151668220/Das-sind-die-Wurzeln-unserer-aktuellen-Krisen.html, Zugriff am 30.03.2020).

literarischen Text: Annette von Droste-Hülshoffs »Die Schlacht im Loener Bruch«. Die wörtlich zitierten Schlussverse des Großgedichts,[50] in denen das Sprecher-Ich über einen Zeitsprung von knapp 200 Jahren »mitten im angstvollen Geraune der Gegenwart [i. e. des 19. Jahrhunderts, Anm. UK]«[51] landet, werden nicht nur zum Programm für Minas Aufsatz, sondern auch für den Roman: »Fast zwanghaft« werden die Gedanken »auf unsere Zeit«[52] gelenkt. Die Relation von Früherem und Späterem modelliert der Roman über ein klassisches Sender-Empfänger-Modell, in dem die Vergangenheit über eine »Botschaft«[53] für die Gegenwart wirksam werden soll. Als Veranschaulichung dient Maron die biologische Metapher des Nervensystems. Die zentrale Operation der Verknüpfung (hier: von vergangenen Situationen und Ereignissen mit gegenwärtigen) charakterisiert sie als »spontan[e] Kopplungen« zwischen »zarte[n] Nervenfaser[n]«[54] und damit als einen zwar durch äußerliche Faktoren hervorgerufenen, dabei aber unwillkürlichen, seinem Wesen nach assoziativen und emotionalen Vorgang.

Mit den geschichtstheoretischen Implikationen ihrer Referenztexte nimmt Maron auch deren Hypotheken auf sich.[55] Über die Zuschreibung von exemplarischer Qualität konstruiert sie eine ›zeitlose Nähe‹ zu früheren Ereignissen und Situationen und prädestiniert diese zur Wiederholbarkeit in anderen Zusammenhängen oder zur Übertragbarkeit auf neue Kontexte. Um in einer von Ungeordnetheit und Unsicherheit gekennzeichneten Gegenwart Übersichtlichkeit zu schaffen und sie für die Zukunft zu perspektivieren, stellt der Roman kausale Zusammenhänge zwischen historisch distanten Ereignissen und Situationen her. In einem solchen Entwurf von Geschichte hat Kontingenz[56] als *ein* Theorem neuerer Geschichtswissenschaften wenig Platz: Beliebigkeit und Zufälligkeit bzw. die Option einer anderen, nicht stattgefundenen Geschichte rücken in »Munin oder Chaos im Kopf« lediglich punktuell in den Blick, z. B. am Beispiel Peter Hagendorfs, des mutmaßlich nicht erbenden Müllerssohns, der dazu gezwungen sei, sich seine Existenz als Söldner zu verdienen. Indem sein Schicksal direkt mit einem namenlosen Kollektiv von »überzähligen Söhnen«[57] Afrikas – jungen Männern, die ihren Ausweg aus wirtschaftlicher und sozialer Depravation in den Angeboten moderner Warlords sehen – parallel

---

50 Mit denselben Worten lässt Mina ihren Aufsatz über den Dreißigjährigen Krieg enden.
51 Maron, Munin. 2018, S. 215.
52 Maron, Munin. 2018, S. 120.
53 Maron, Munin. 2018, S. 73.
54 Maron, Munin. 2018, S. 21 bzw. 13.
55 Eine grundlegende kritische Reflexion der Parallelisierung von geschichtlichen Ereignissen findet sich bei Schmitt-Maaß: Lauter Dreißigjährige Kriege? 2019, S. 2–15.
56 Vgl. z. B. Die Ungewissheit des Zukünftigen. Kontingenz in der Geschichte. Hrsg. von Frank Becker, Benjamin Scheller und Ute Schneider. Frankfurt a. M.: Campus 2016.
57 Vgl. Maron, Munin. 2018, S. 86 bzw. 87.

geschaltet wird, bleiben die veränderten Handlungsbedingungen des historischen und des aktuellen männlichen *youth-bulge* aber unbedacht. Der Rückgriff auf zyklische bzw. evolutionäre Geschichtsmodelle impliziert auch die Idee, aus Ereignissen der Vergangenheit einen (wie auch immer gearteten) ›Gewinn‹ für die Bewältigung der Gegenwart zu ziehen, wie sie ein ›aufklärerisches‹ Geschichtsverständnis propagiert. Die Möglichkeit von einer Gestaltbarkeit der Geschichte beurteilt der Roman ambivalent. Während ein Belehrungslernen in der Diegese durch Gegenstimmen subvertiert wird,[58] hält der Roman die Möglichkeit eines extratextuellen Lerneffekts offen – und zwar über das Konstrukt der Vorkriegszeit. Mit dem Handlungsmuster ›Krieg‹ (hier: in der Figuration des Dreißigjährigen Krieges) schreibt er die Gegenwart in eine ›Ordnung‹ ein, in der eine Krise in die Katastrophe einer militärischen Auseinandersetzung zu münden droht und erzählt insofern den Krieg herbei. Indem der Roman einen Krieg, den er als Fusion aller seiner Vorausbilder und damit auch als Überbietung seines Urbildes, des Dreißigjährigen Krieges, stilisiert, für die Zukunft postuliert und solchermaßen für ein Angstszenario funktionalisiert, erzählt er ihn – als zu Vermeidendes – aber auch weg.

## 4. Erzählkonzept und Kritik

Sowohl in der Relationierung von Vergangenheit und Gegenwart über die Denkfigur der Präfiguration als auch im Entwurf von Gegenwart als Vorkriegszeit referiert Monika Maron auf Bekanntes. Der Grund dafür, dass just die fiktionale Inszenierung so große Empörung ausgelöst hat, muss folglich anderswo zu suchen sein als in der narrativen Programmatik des Romans und deren zweifellos diskussionswürdigen geschichtstheoretischen Prämissen. Als problematisch an Marons »Echtzeit-Hermeneutik«[59] erweist sich weniger die Prognose von Zukunft als die Zeitgenossenschaft der Erzählerin und ihre »Befangenheit in aktuellen Parteiungen«:[60] Unter dem Schlagwort ›rechts‹ firmiert sie in zahlreichen Rezensionen als Merkmal von Text und, befördert durch dessen Fokalisierung und Diegese, Autorin.

---

58 Einerseits die progressiven Geschichtskonzepten kritisch gegenüberstehende Historikerin Wedgwood und andererseits die philosophische Krähe Munin, die dem Menschen Lernfähigkeit zwar nicht generell abspricht, diese aber auf das Falsche gerichtet sieht, vgl. Maron, Munin. 2018, S. 72, 189.
59 Begriff nach Seelbach, Sabine: Der Dreißigjährige Krieg. 2019, S. 10.
60 Meyer, Christian: Narrativität, Geschichte und die Sorgen des Historikers. In: Geschichte – Ereignis und Erzählung. Hrsg. von Reinhart Koselleck und Wolf-Dieter Stempel. München: Fink 1973, S. 571–585, hier S. 576, zit. nach Sabine Seelbach: Der Dreißigjährige Krieg, 2019, S. 10.

Ein dichotomisches, infolge der Homodiegese asymmetrisches und hegemonial gedeutetes Erzählen polarisiert zwischen Altbau- und Neubau-Bewohnern, zwischen Liberalen und Konservativen, zwischen den Anwohnern und der Sängerin, zwischen ›einheimischen‹ Deutschen und solchen mit Migrationshintergrund, zwischen BRD- und (ehemaligen) DDR-Bürgern, zwischen sozial höher und niedriger, zwischen wirtschaftlich besser und schlechter Gestellten, zwischen Christen und Muslimen, zwischen Hetero- und Homosexuellen etc. und operiert mit zentralen identitätsbegründenden und -aufrechterhaltenden Faktoren. Der Roman greift damit aktuelle gesellschaftliche, politische und soziale Problemlagen und Konfliktfelder auf, die auch im Interesse rechter und rechtspopulistischer Gruppierungen stehen.[61] Indem er Differenz und Ungleichwertigkeit postuliert und über biologistische, nativistische, nationalistische, eurozentristische, kulturessentialistische, homo- und xenophobe Einstellungen sowie deren multiple Verschränkungen konstruiert,[62] etabliert er unterschiedlich konfigurierte Wir- und Nicht-Wir- bzw. Sie-Gruppierungen, die als hermetisch und statisch beschrieben werden. Ein feindliches ›Anderes‹ wird sowohl über Bedrohungen von innen als auch von außen erzeugt; als seine Containerbegriffe fungieren die Sängerin sowie der junge, männliche Muslim.[63]

Deutschland erscheint (wie Europa insgesamt) als Zielland großer Migrationsbewegungen und einer sowohl militärisch als auch demografisch unternommenen Landnahme, die zu einer Benachteiligung der autochthonen Bevölkerung führe:

»[I]n diesem Land muss man verrückt, zu doof oder zu faul zum Arbeiten sein, nicht Deutsch können, drogenabhängig oder kriminell sein, damit sich jemand mit dir beschäftigt«.[64]

Mit den Einstellungen und Verhaltensweisen der politischen Rechten reproduziert Maron auch deren inszenatorische und agitatorische Strategien wie Radikalisierung, Essentialisierung, Polarisierung, Stereotypisierung, Stigmatisierung, Ressentiments, Bedrohungs- und Benachteiligungserzählungen, Gefühlshaftig-

---

61 Für eine Ausdifferenzierung des Phänomens ›rechts‹, zu rechten Themen, rechtsextremen Einstellungen und Aktionsformen sowie Rechtspopulismus siehe: Handbuch Rechtsextremismus. Hrsg. von Fabian Virchow, Martin Langebach und Alexander Häusler. Wiesbaden: VS 2016, zu Muslimenfeindlichkeit vgl. die Beiträge in: Islamophobie und Antisemitismus – ein umstrittener Vergleich. Hrsg. von Gideon Botsch. Berlin: de Gruyter 2012.
62 Beispielsweise tragen zum Feindbild der Sängerin nicht nur deren Gesang, sondern auch deren Erwerbslosigkeit und deren Androgynität bzw. deren Nicht-›Zuordnenbarkeit‹ zu einem der beiden biologischen Geschlechter bei, zur akustischen kommen also auch eine sozialökonomische und eine moralische ›Belästigung‹, vgl. Maron, Munin. 2018, S. 72.
63 Vgl. Maron, Munin. 2018, S. 88. Muslime werden in »Munin oder Chaos im Kopf« pauschal als gewaltbereit, partriarchalisch, frauenfeindlich, geburtenstark, kriminell und über das äußere Merkmal der Schwarzhaarigkeit beschrieben.
64 Maron, Munin. 2018, S. 95.

keit und Alarmismus. Ein wesentlicher Anteil an der Meinungsbildung wird Massenmedien zugeschrieben, die von zunehmenden Angriffen auf Eigentum und Leben berichten und diese – unreflektiert oder auch als bewusst gestreute und für Machtinteressen funktionalisierte Falschinformationen – den »aus fremden Kontinenten Eingewanderten, mit denen auch der Krieg eingewandert [ist], dem sie entflohen waren«[65] anlasten.

Dennoch ist die Markierung von »Munin oder Chaos im Kopf« als rechtspopulistischer Text, wie sie von Teilen der Literaturkritik unternommen wurde, einer Methodenreflexion zu unterziehen. Am schreibenden Subjekt und seiner Gefühlshaftigkeit entlang geführte Argumentationen heben die expressive Qualität von Literatur hervor und schließen Erzählerin und Autorin unreflektiert kurz;[66] quasi-biografistisch ausgerichtete Arbeiten beurteilen den fiktionalen Text über nicht-fiktionale Beiträge der Autorin, insbesondere den Zeitungsartikel »Links bin ich schon lange nicht mehr« der »Neuen Zürcher Zeitung«, die Parteinahme für Uwe Tellkamp und Marons Essay »Krähengekrächz«.[67] Mit der Kategorie faktischer Richtigkeit (wie sie etwa aus dem Vorwurf, verfälschte Geflüchteten-Zahlen zu präsentieren, deutlich wird) negieren sie die Suspendierung von Referenzialität und Überprüfbarkeit einer innertextuellen auf eine bzw. an einer außertextuellen Realität und gehen damit an einem Grundkonsens von fiktionaler Literatur vorbei.[68]

Nahezu alle Rezesent_innen lassen den literarischen Text selbst und seine spezifischen narrativen Verfahren außen vor. Es ist zwar richtig, dass Maron auf explizite Distanzierungsfiguren wie Kommentierungen, Reflexionen und (ohnehin weder zeitgemäße noch zweckmäßige) Moralisierungen verzichtet; stattdessen bedient sie sich impliziter Techniken der Distanzierung, insbesondere einer multiplen und mittelbaren (will heißen: des einen *über* das andere) Perspektivierung, wie sie u.a. in der Mehrsträngigkeit des Erzählens, in den Verfahren der Reihe sowie der mehrfachen Spiegelung bzw. der Präfiguration angelegt ist. Dazu kommt ein durch Arbeitsbelastung, Störung des Tag-Nacht-

---

65 Maron, Munin. 2018, S. 129.
66 Vgl. Iris Radisch: Germanische Götterspeise. In: Die ZEIT, 11.04.2018, https://www.zeit.de/2018/16/munin-oder-chaos-im-kopf-monika-maron (Zugriff am 30.03.2020), Rainer Moritz: Monika Maron erzählt von Berlin, als bräche hier gleich ein Krieg aus. In: NZZ, 23.02.2018, https://www.nzz.ch/feuilleton/monika-maron-erzaehlt-vom-vorkrieg-in-berlin-ld.1358755 (Zugriff am 30.03.2020), Janina Fleischer: Monika Maron polarisiert mit einem Roman über Krieg in den Köpfen. In: HAZ, 23.02.2018, https://www.haz.de/Nachrichten/Kultur/Uebersicht/Monika-Maron-polarisiert-mit-einem-Roman-ueber-Krieg-in-den-Koepfen (Zugriff am 30.03.2020).
67 Valeria Heintges: Trübe Gedanken einer Krähe. In: Luzerner Zeitung, 13.03.2018, https://www.luzernerzeitung.ch/kultur/buch-truebe-gedanken-einer-kraehe-ld.87242 (Zugriff am 30.03.2020).
68 Cornelia Geissler: Das In und andere Ängste. In: Frankfurter Rundschau, 07.03.2018, https://www.fr.de/kultur/literatur/andere-aergernisse-11109017.html (Zugriff am 30.03.2020).

Rhythmus, Alkoholkonsum und zunehmende psychopathologische Veränderungen der Schreiber-Erzählerin indiziertes unzuverlässiges Erzählen. Durch die Erfahrungen des Straßenkriegs, vor allem aber durch die wochenlange Beschäftigung mit dem Dreißigjährigen Krieg gerät die empathische Protagonistin immer tiefer in das Kriegsgeschehen: Sie kommt aus dem Krieg, der ihr zu einer parallelen (Schreib)Welt geworden ist, und beordert sich in diese/n zurück.[69] Zeit und Raum, reale und virtuelle Entwürfe von Welt verschwimmen ihr zu einem »große[n], dunkle[n] Rätsel«.[70] Ihre Veränderung ist für Mina wahrnehm-, aber nicht beeinflussbar: Sie wird sich selbst fremd, erkennt an sich »paranoi[de]«,[71] schizophrene und zwanghafte Symptome. Ihre komplexe psychische und emotionale Verfasstheit kumuliert im (auch titelgebenden) Bild vom »Chaos im Kopf«.[72] Darüber hinaus schaffen Techniken der Vereinfachung, der Überzeichnung und der Übertreibung sowie Verfahren der Uneigentlichkeit wie Ironie, Satire und Polemik notwendige Distanz.[73] Wenn also der Roman mit Versatzstücken rechter Ideologien operiert, dann nicht, um sie unreflektiert in das Narrativ von Gegenwart einzuspeisen und dort als gültig zu etablieren, wie es die populistische und demagogische Rechte tut, sondern um sie in ihren perfiden Mechanismen und gefährlichen Dynamiken vorzuführen und damit einer – idealiter kritischen – Reflexion auszusetzen. Mit Julia Encke[74] kann daher gesagt werden, dass der Roman rechte Einstellungen, rechtes Verhalten und rechte Dynamiken zeigt, diese aber nicht propagiert.

Die selektive Nutzung von Geschichte und insbesondere des Krieges von 1618–48 für die Darstellung von Gegenwart wirkt auf Marons Narration und in weiterer Folge auf das Narrativ des Dreißigjährigen Krieges zurück. So werden die für die Gegenwartserzählung bestimmenden Ungleichwertigkeitsideologien und

---

69 Vgl. Maron, Munin. 2018, S. 110 bzw. 255.
70 Maron, Munin. 2018, S. 91.
71 Maron, Munin. 2018, S. 74.
72 Maron, Munin. 2018, S. 194.
73 Ein Hinweis auf das Erzählen und damit auch auf die Lektüre des Romans findet sich nicht zuletzt in Minas Beschäftigung mit der antifaschistischen Autorin Natalia Ginzburg, namentlich den 1961 erschienenen »Stimmen des Abends«.
74 Julia Encke: Die Angst in Ihrem Kopf. In: FAZ, 21.03.2018, https://www.faz.net/aktuell/feuilleton/buecher/monika-marons-roman-munin-oder-chaos-im-kopf-von-julia-encke-15487662.html (Zugriff am 30.03.2020); ähnlich auch Miriam Seidler: Sehnsucht nach einem verlorenen Land, https://literaturkritik.de/maron-munin-chaos-kopf-sehnsucht-nach-einem-verlorenen-land-monika-maron-legt-mit-munin-chaos-kopf-ein-weiteres-nachtstueck-vor,24336.html (Zugriff am 30.03.2020); Stefan Kister: Rabenschwarze Nachtgedanken. In: Stuttgarter Nachrichten, 22.03.2018, https://www.stuttgarter-zeitung.de/inhalt.meinungsfreiheit-rabenschwarze-nachtgedanken.4f695f14-a877-459c-bad5-343c0f037bba.html (Zugriff am 30.03.2020); auf die doppelte Lesart und die Wahl der Rezipierenden verweist Carsten Otte: Nebelgekrähe. In: Freitag 9, 2018, https://www.freitag.de/autoren/der-freitag/nebelgekraehe (Zugriff am 30.03.2020).

deren rhetorische, narrative und strukturelle Inszenierung auch für die Erzählung des Dreißigjährigen Krieges wirksam. Indem Maron den zu einem europäisch-deutschen Phänomen stilisierten gegenwärtigen bzw. zu erwartenden Krieg als Verteidigungskrieg darstellt,[75] lanciert sie auch eine entsprechende (Re-)Lektüre des historischen Krieges. Als legitimer bzw. gebotener Krieg auf eigenem Boden habe er sich demnach gegen bestehende Bedrohungen gerichtet und darauf abgezielt, eine als ideal gesetzte und intakt geschilderte, absolutistische Ordnung gegen liberale Bestrebungen im Inneren und gegen Begehrlichkeiten von außen zu schützen.

## 5. Fazit

»Munin oder Chaos im Kopf« spricht *vom* Krieg und *durch* den Krieg. Vor der Folie des Dreißigjährigen Krieges erzählt der Roman unterschiedlich konfigurierte Kriegsereignisse, die er über die Verfahren von Prototyp und Reihe für eine ›Geschichte‹ des Krieges, über die Techniken der mehrfachen Spiegelung und der Präfiguration auch füreinander funktionalisiert. Im Vordergrund steht nicht die Erzählung des Dreißigjährigen Krieges, sondern – und für dessen Rezeption in der Literatur des 20. und 21. Jahrhunderts charakteristisch[76] – die Erzählung und Reflexion von Gegenwart. Seine »produktive Wirkkraft«[77] für gesellschaftliche Prozesse erhält der Krieg von 1618–48, und hier ist in der Grundaussage Häusler[78] zu folgen, durch die gesellschaftliche Brisanz der Themen und deren Verhältnis zu aktuellen (Macht)Konstellationen. Maron verhandelt in ihrer (Kriegs)Erzählung zentrale politische, wirtschaftliche, kulturelle und kommunikative Herausforderungen der Gegenwart, wie sie unter dem Schlagwort ›Globalisierung‹ firmieren, und führt sie in ihrer Prozesshaftigkeit und in ihren Effekten vor.

Ein wesentliches Moment des Erzählten wie auch des Schreibens der Protagonistin ist die Angst, die sich – gespeist von den Narrationen vergangener Kriege und einer selbst als (Vor)Kriegszeit erfahrenen bzw. als solcher vermittelten Gegenwart – im Bild des Dreißigjährigen Krieges und seinen Aktualisierungen visualisiert. Kollektiv, vor allem aber subjektiv (allen voran Mina) grundierte Ängste resultieren aus einer Vielzahl an realen und imaginierten, durch die Nachrichten(un)kultur mitkonstruierten, -inszenierten und potenzierten Bedrohungen. Sie erscheinen als konkrete Ängste, die auf ein bestimmtes

---

75 Vgl. Maron, Munin. 2018, S. 177.
76 vgl. Schmitt-Maaß: Lauter Dreißigjährige Kriege? 2019, S. 18.
77 Seelbach: Der Dreißigjährige Krieg. 2019, S. 3.
78 Häusler, Alexander: Themen der Rechten. In: Handbuch Rechtsextremismus. 2016, S. 135–180, hier S. 151.

›Objekt‹[79] gerichtet sind, aber auch als Kontingenzängste;[80] zum Teil werden sie auf Ersatzobjekte (insbesondere die Sängerin und Muslime) projiziert. Als ihre ursächlichen Faktoren werden, durchaus provokant, Mobilität und Migration und, als deren direkte Folge, nationale, kulturelle und religiöse Transgression sowie wirtschaftliche, soziale und moralische Ungleichgewichte in der Bevölkerung beschrieben. Eine Antwort hält der Roman nicht bereit: An die Stelle von (utopistischen) Entwürfen oder (toposhaften) Moralisierungen tritt, als Ausdruck ultimativer Hilflosigkeit und Überforderung, eine irrationale Hoffnung auf ›Erlösung‹: auf einen plötzlichen Frieden in den kriegsführenden Gebieten – mithin *von* einem –, oder aber auf den endgültigen Bruch aller Dämme, das (auch) befreiende Chaos[81] und somit *durch* einen ›neuen‹ Dreißigjährigen Krieg.

---

79 Ein materiell und ideell freies Leben, den eigenen Status in der Gesellschaft, Macht, psychische und physische Unversehrtheit.
80 Allgemeine und diffuse Ängste, Furcht vor Ungewissheit, Unsicherheit, Orientierungslosigkeit und Kontrollverlust angesichts einer pluralistischen Gesellschaft.
81 Vgl. Maron, Munin. 2018, S. 172f.

Marie Helen Klaiber

## Zwischen Authentizität und Narration. Das Tradieren literarischer Topoi

### 1. Der Eingang des Dreißigjährigen Krieges in die Populärliteratur

Vom »Großen Krieg« Bill Bos und seiner Bande aus der Augsburger Puppenkiste bis hin zur zeitlichen Versetzung der Schelmenfigur im »Tyll« – der Dreißigjährige Krieg als Ereignis sowie die daraus entstehenden Narrative haben sich nachdrücklich in das kulturelle Gedächtnis eingebrannt, soziohistorisch[1] sowie kulturell-literarisch. Letzteres lässt sich beobachten nicht nur anhand gehobener literarischer Romane,[2] sondern auch gehäuft in der Populärliteratur, in Erwachsenen- und Jugendromanen bis hinein in den Bereich der Kinderliteratur.[3]

Eine markierte Position haben hierbei historische Romane inne, die sich bereits durch die Gattungswahl auf besondere Weise im Spannungsfeld zwischen Fakt und Fiktion ausrichten.[4] Ein Vergleich 340 zufällig gewählter Romantitel etwa ergab eine hohe Konzentration der Schlagworte »Hexe«, »Liebe« und »Teufel« – aber auch »Krieg«, »Zeit« und »historisch«. Bereits mit der Bezeichnung »historischer Roman« selbst wird eine Erwartung von Authentizität bei der Leserschaft geweckt, mag diese Authentizität auch verschiedene Formen an-

---

1 Zur Wirkung des aus dem Dreißigjährigen Krieg konstruierten Opfernarrativs in der Geschichte bis hin zum Vorabend des Zweiten Weltkriegs, vgl. Münkler, Herfried: Der Dreißigjährige Krieg. Europäische Katastrophe, deutsches Trauma 1618–1648. Berlin: Rowohlt 2017, S. 12–15.
2 Schiller, Friedrich von: Wallensteins Lager. Ditzingen: Reclam 2017 bis hin zu Brecht, Bertolt: Mutter Courage und ihre Kinder: eine Chronik aus dem Dreißigjährigen Krieg. Frankfurt am Main: Suhrkamp, 1999.
3 Insbesondere an die breite Öffentlichkeit gelangte das Kinderbuch Göhlen, Josef: Bill Bo und seine sechs Kumpane. Düsseldorf: Hoch 1968; im selben Jahr über das Theater Augsburger Puppenkiste verfilmt.
4 Vgl. hierzu ausführlich Catani, Stephanie: Geschichte im Text. Geschichtsbegriff und Historisierungsverfahren in der deutschsprachigen Gegenwartsliteratur. Tübingen: Narr Francke Attempto 2016.

nehmen;[5] sei es die einer realitätsgetreu dargestellten Kulisse für fiktive Figuren und Handlungen, seien es fiktive Gedanken und Gespräche, die historischen Personen literarisch zugedacht werden. Verlags- und Verkaufswesen spiegeln diese Suche nach Authentizität besonders deutlich, indem die Klappen- und Werbetexte der Bücher den Fokus auf den historischen Bezug lenken. Um dem Werk Legitimität zu verleihen, werden lange Recherchearbeit, detailgetreue Darstellungen und ein Fundament akkurater Fakten zumindest behauptet.

Dieser Beitrag untersucht, inwiefern den möglichen Quellen der heutigen Autoren bereits Narrative inhärent sind und stellt die Formen heraus, welche verschiedene Autoren gefunden haben, mit diesen Narrativen umzugehen.

## 2. Zur Authentizität der Quellen

Von Gerhard Krug, Autor des historischen Romans »Die Söldnerin«, heißt es etwa lobend:

> »Am Ende, nach fünf Jahren des Lesens, standen dann die Originalquellen aus dem 17. Jahrhundert, rund 20 000 gelesene Seiten zum Thema und dieser Roman, der diese Zeit wieder aufleben lässt.«[6]

Welche Quellen und Werke zu Rate gezogen wurden, ist jedoch nicht aufgeführt. Zurückgreifen kann der Autor auf historische Urkunden, Chroniken, Flugblätter, mit Glück auch auf Briefe sowie schließlich auf die literarischen Werke der Zeit selbst. Im 17. Jahrhundert herrschte jedoch ein anderes Verhältnis zur Literarität als heute[7] – es waren die Gelehrten, der Adel sowie der Klerus, die historische Dokumente und literarische Werke verfassten. Dieser Umstand macht etwa das Tagebuch des Söldners Peter Hagendorf zu einer außergewöhnlichen Quelle; es sind sonst kaum schriftliche Zeugnisse seitens der Landsknechte überliefert, auch solche von Bauern sind selten.[8]

---

5 Vgl. zu diesem Themengebiet Catani, Geschichte im Text. 2016, insb. S. 24; vgl. auch Schabert, Ina: Der historische Roman in England und Amerika. Darmstadt: Wiss. Buchges. 1981, insb. S. 1; S. 31–34; siehe auch »Vormarsch des ›Echten‹« bei Noordervliet, Nelleke: Friktion mit Fiktion. Bis: Oldenburg 2008, S. 7.
6 Krug, Gerhard: Die Söldnerin. Historischer Roman. S.l. Nova MD 2017, S. 2 (»Über den Autor«).
7 Zum Verhältnis zur Literarität vgl. Mulsow, Martin: Die unartige Gelehrtenrepublik. Wissen, Libertinage und Kommunikation in der Frühen Neuzeit. Stuttgart: Metzler 2007.
8 Hagendorf, Peter: Tagebuch eines Söldners aus dem Dreißigjährigen Krieg. Hrsg. von Jan Peters. Göttingen: V&R unipress 2012. Siehe darüber hinaus auch Medick, Hans: Der Dreißigjährige Krieg. Zeugnisse vom Leben mit Gewalt. Göttingen: Wallstein Verlag 2018, S. 113–122; S. 134–141; S. 197–198; S. 219–222.

Eine zusätzliche Einschränkung des Quellmaterials ist, dass alles, was festgehalten werden sollte, auch zuerst dessen für würdig erachtet werden musste; eine Idealvorstellung von Schriftlichkeit, die sich nach antiken Vorbildern ausrichtet[9] und eine nicht unerhebliche Hürde darstellt zu einer Zeit, in der Martin Opitz mit seinem »Aristarch« 1624[10] noch dafür plädieren muss, dass die deutsche Sprache selbst überhaupt des Niederschreibens würdig ist. Der wohl berühmteste zeitgenössische Text, welcher den Dreißigjährigen Krieg schildert, ist der »Simplizissimus« Grimmelshausens.[11] Visuell erzählt Jaques Callots Bilderzyklus von den Schrecken des Krieges.[12] Unter den Chroniken bietet das zwischen 1633 und 1738 erschienene »Theatrum Europaeum« eine vielreferierte umfassende Darstellung.[13]

Über literarische Konventionen, rhetorische Mittel sowie über die zeitlich bedingte Verzerrung im Nachhinein fertiggestellter Chroniken wird zwischen dem unmittelbaren Erleben – der von den modernen Autoren und Lesern gesuchten Authentizität – und deren Quellen ein Filter geschoben: Der Filter der kulturell bedingten Wertung, beeinflusst von der literarischen Idealvorstellung, die sich zu dieser Zeit stark an der griechischen und römischen Antike orientiert.

Um diese verschiedenen Filter sichtbar zu machen, wird im Folgenden Beispielen für Narrative des Dreißigjährigen Krieges nachgegangen sowie der Umgang mit denselben in historischen Romanen der Gegenwartsliteratur dargestellt. Hierzu werden vier historische Romane aus einer Fülle diese Zeitperiode thematisierender Jugendbücher betrachtet. Die gewählten Werke stehen exemplarisch für dieses Streben nach historischer Akkuratesse – wobei jedes Werk andere Strategien anwendet, diese zu verdeutlichen und zu inkorporieren. In zweien fungieren reale historische Personen als Protagonisten: »Der Winterkönig« und »Der Fremdling«. Die beiden anderen Bücher, »Der Landsknecht« und »Die Söldnerin«, arbeiten mit komplett fiktiven Protagonisten, lassen diese jedoch einer dezidiert zeittypischen Gruppe angehören: den Soldaten. Alle vier Werke enthalten verschiedene Narrative und behandeln diese literarisch unterschiedlich.

---

9 Vgl. Mulsow, Gelehrtenrepublik. 2007, S. 67–86; S. 143–190.
10 Opitz, Martin: Aristarch sive De Contemptu Linguae Teutonicae. Bethaniae: Dörfer, 1617.
11 Grimmelshausen, Hans Jakob Christoffel von: Der Abentheuerliche Simplicissimus Teutsch. Mompelgart: Fillion 1669.
12 Callot, Jaques: Les misères et les malheurs de la guerre. Bilderzyklus. 1633. Siehe etwa Bilder wie Pillage d'un village; La pendaison; La maraude.
13 Abelinus, Johann Philipp: Theatrvm Europævm: Franckfurt: Merian; Franckfurt am Mayn: Fievet 1662.

## 3. Wenn der Löwe aus Mitternacht stolpert. Was ist ein Narrativ?

»Beim Sprung vom Boot aufs Land verletzte sich Gustav Adolf leicht, jedenfalls kam er nicht sicher auf, stolperte und stürzte zu Boden. Derlei galt als schlechtes Omen. Der König wusste das und versuchte, aus dem Sturz eine Demutsgeste gegenüber Gott zu machen, indem er niederkniete und betete. Dieses Ankunftsgebet auf Usedom ist in der protestantischen Mythologie breit ausgestaltet worden: Nicht um machtpolitischer Ziele willen habe Gustav Adolf in den Krieg eingegriffen; vielmehr sei er ein Instrument Gottes gewesen, damit der evangelische Glaube in Deutschland [...] nicht untergehe. Nicht als Eroberer, sondern als Retter und Beschützer kam Gustav Adolf demzufolge nach Deutschland [...].«[14]

Hier beschreibt der Politikwissenschaftler Herfried Münkler die absichtliche Narrativbildung und anschließende propagandistische Ausschlachtung der Landung des Schwedenkönigs Gustav Adolf auf Usedom, des so genannten »Löwen aus Mitternacht«. Dies demonstriert einerseits das politische Kalkül des schwedischen Königs, andererseits illustriert es die Entstehung und die Wirksamkeit eines Narrativs. Ein Narrativ stiftet Sinn für bereits vorgefallene Ereignisse.[15] Münkler benennt das Ereignis, Gustav Adolf »stolperte und stürzte zu Boden«; er führt eine mögliche negative Deutung an, die des »schlechten Omens«, um dann die vom König bewusst inszenierte Gegendeutung darzustellen, die »Demutsgeste gegenüber Gott«.[16] Ein Narrativ weckt Emotionen, vermittelt Werte – in diesem Falle insbesondere fromme Demut – und prägt die Wahrnehmung sowohl des betroffenen als auch möglicher nachfolgender Ereignisse.[17] Gustav Adolf wird noch Jahrhunderte später im Frömmigkeitsgestus dargestellt.[18]

In den Schilderungen des Dreißigjährigen Krieges findet sich ein vielfältiges Spektrum an Narrativen. Nicht alle davon beziehen sich direkt auf Ereignisse des Dreißigjährigen Krieges. Etwa das Narrativ des fern von menschlicher Zivilisation aufgewachsenen Wolfskindes wird verwendet in so unterschiedlichen Werken wie Stifters »Bunte Steine« sowie in Heucks »Der Fremdling«[19]. Während letzteres im Dreißigjährigen Krieg situiert ist, lässt sich das Narrativ zurück-

---
14 Münkler, Der Dreißigjährige Krieg. 2017, S. 415.
15 Hülk, Walburga: Narrative der Krise. In: Fenske, Uta: Die Krise als Erzählung. Transdisziplinäre Perspektiven auf ein Narrativ der Moderne. Bielefeld: transcript Verlag 2013, S. 113–132, hier S. 118.
16 Münkler, Der Dreißigjährige Krieg. 2017, S. 415.
17 Vgl. Weixler, Antonius: Authentisches Erzählen – authentisches Erzählen. Über Authentizität als Zuschreibungsphänomen und Pakt. In: Ders.: Authentisches Erzählen. Produktion, Narration, Rezeption. De Gruyter: Berlin 2012, S. 1–35; sowie Hülk, Narrative der Krise. 2013, S. 118.
18 S. etwa Lindhberg, Pehr: Gustav II Adolfs landstigning på Rügen. 1839.
19 Heuck, Sigrid: Der Fremdling. Thienemann: Stuttgart 2001.

verfolgen auf die von der Wölfin gesäugten Zwillinge Romulus und Remus und den Gründungsmythos Roms. Die narrative Struktur, entscheidende Erzählepisoden mit Reisen des Protagonisten zu verbinden, ist bereits von der sprichwörtlich gewordenen Odyssee bekannt; der Dreißigjährige Krieg, mit seinen umherirrenden, marodierenden Horden bietet eine geeignete Kulisse für diese narrative Strategie, die beispielsweise in der gesamten »Der Landsknecht«-Reihe[20] angewendet wird.

In diesem Beitrag werden sowohl die Narrativbildung zu einem herausragenden Einzelereignis betrachtet – wie etwa im obigen Beispiel – als auch diejenige zu immer wiederkehrenden Kriegsereignissen. Letztere sind unterteilt in die Konflikte zwischen Soldaten und Zivilbevölkerung sowie die zwischen unterschiedlichen Soldatengruppen. Sind jene militärischen Konfrontationen als Schlachten ausschlaggebend für jeden Krieg, haben die erstgenannten Auseinandersetzungen gerade im Dreißigjährigen Krieg eine bedeutende Rolle: Übergriffe auf die Zivilbevölkerung, das Ausrauben von Stadtschätzen[21] sowie das Niederbrennen der Felder waren bewusster und oft zentraler Teil der Kriegsstrategie.[22]

## 4. Umgang mit Narrativen: Narrativ als Erzählmotiv

»Der Winterkönig«[23] hat – entgegen der Titelwahl – nicht Friedrich von Böhmen zum Protagonisten, sondern Fabrizius, den aus dem Prager Fenstersturz bekannten Sekretär. Laut Klappentext »überzeugt [dieser Roman] mit historischen Fakten«; auch das Werk selbst lässt das Streben nach historischer Nähe erkennen. In den Text sind immer wieder Auszüge einer fingierten kaiserlichen Chronik

---

20 Wedhorn, Thomas: Der Landsknecht. Kriegstrommeln. S.l.: Indep. Publ. 2018.
21 Zum sog. Brandschatzen vgl. Münkler, Der Dreißigjährige Krieg. 2017, S. 31–36.
22 In den 50er und 60er Jahren gab es Bemühungen, das Ausmaß des Dreißigjährigen Krieges durch Zählen der unmittelbaren Opfer zu ermessen. Vgl. hierzu etwa Ergang, Robert: The Myth of the All-Destructive Fury of the Thirty Years War, Pocono Pines: The Craftsmen 1956; Steinberg, Sigfried: The Thirty Years War and the Conflict for European Hegemony. London: Norton and Company 1966; Wehler, Hans-Ulrich: Deutsche Gesellschaftsgeschichte, Bd. 1. München: C.H. Beck 1987; sowie Wedgwood, Cicely Veronica: Der Dreißigjährige Krieg (1938). München: Nikol ⁸1995. Diese scheinbar objektive Zählung verzerrt nach neuerem Forschungsstand jedoch das Ausmaß. Vgl. etwa Press, Volker: Soziale Folgen des Dreißigjährigen Krieges. In: Ständische Gesellschaft und soziale Mobilität. Hrsg. von Winfried Schulze. München: Oldenbourg 1988, S. 239–268; Haan, Heiner: Prosperität und der Dreißigjährige Krieg. In: Geschichte und Gesellschaft 7, 1981, H. 1, S. 91–118; Theibault, John: The Demography of the Thirty Years' War Re-revisited: Günter Franz and his critics. In: German History 16, 1997, H. 1, S. 1–21.
23 Olbrich, Jörg: Der Winterkönig. Geschichten des Dreißigjährigen Krieges 1. Historischer Roman. Hamburg: Acabus Verlag 2018.

eingelassen; im Anhang findet sich ein Namensregister, welches die historischen von den fiktiven Personen unterscheidet, weiterhin eine Liste historischer Eckdaten sowie eine historische Nachbemerkung.[24]

Das Werk hebt an mit der Inszenierung des Prager Fenstersturzes 1618; das Ereignis, das als auslösendes Moment für den Dreißigjährigen Krieg betrachtet wird. Historisch entwickelten sich zwei unterschiedliche Narrative, um das überraschende Überleben der aus dem Fenster gestürzten Statthalter sowie des Sekretärs zu erklären. Diese Narrative entspringen der ursprünglich konfessionellen Konfliktlinie. Von katholischer Seite her wird der Vorfall zu einem wahren Wunder erhoben: Die drei Gestürzten sind von der Jungfrau Maria persönlich gerettet worden, die behutsam die Mantelspitzen gepackt und die Männer sanft habe zu Boden gleiten lassen[25] – eine Deutung, welche die Gerechtigkeit Ihrer Sache propagieren und den katholischen als den rechten Glauben im Bewusstsein der Bevölkerung verankern soll. Entsprechend wurde der Vorfall propagandistisch ausgeschlachtet und als Instrument der Rekrutierung utilisiert.[26] Die protestantische, anti-kaiserliche Seite präsentiert als Gegenentwurf eine deutlich weltlichere Version: Unter besagtem Fenster habe auf Sekretär und Statthalter ein passender Abfallhaufen gewartet und sie aufgefangen.[27] Historiker stellen sich beiden Narrativen entgegen: Sie betrachten die abgeschrägte Wand unter besagtem Fenster und erklären, die Beamten seien weniger gestürzt als die Wand hinabgerollt, was ihr Überleben wenig verwunderlich werden lässt.[28]

Der Roman »Der Winterkönig« nun schildert dieses Ereignis als Handlungseinstieg, und beschreibt explizit, wie Fabricius »der Mauer entlang in die Tiefe«[29] rutscht. An dieser Stelle richtet sich das Werk also strikt nach der Ansicht der Historiker. Mithilfe der Wahl, diese Szene aus der Sicht des Sekretärs Fabricius darzustellen, gelingt es dieser Darstellung jedoch, das katholische Narrativ in seinen entscheidenden Elementen bereits anzulegen. Erzählt aus der Perspektive der Statthalter, werden zwei wichtige Punkte etabliert: Zum einen benötigen die beiden ein Wunder, um zu überleben, zum anderen wird die Jungfrau Maria von Statthalter Martiniz explizit angerufen.[30]

---

24 Siehe ebd. S. 453, Personenregister S. 460; historische Eckdaten S. 465; historische Nachbemerkung S. 469.
25 Vgl. Slavata, Wilhelm Graf von: Historischer Bericht vom Böhmischen Aufstand. In: Geschichtliche Bilder aus Österreich, Bd. 1. Hrsg. von Adam Wolf. Wien 1878, S. 324–348; sowie Medick, Der Dreißigjährige Krieg. 2018, S. 31.
26 Vgl. ebd., S. 30–33.
27 Vgl. ebd., S. 37–43.
28 Vgl. ebd., S. 32, sowie Münkler, Der Dreißigjährige Krieg. 2017, S. 49.
29 Olbrich, Winterkönig. 2018, S. 16.
30 Vgl. Ebd., S. 15; diese Anrufung findet ebenfalls Erwähnung in Slavatas eigenem Bericht, vgl. Wolf, Geschichtliche Bilder. 1878; vgl. auch Münkler, Der Dreißigjährige Krieg. 2017 S. 50 f.

Später im Buch findet sich entsprechend das nunmehr komplettierte Narrativ der Marienrettung. Statthalter Martiniz präsentiert, als sei es ein faktualer Bericht: »Die allergnädigste Jungfrau Maria hat uns mit ihrem Mantel in den Lüften gehalten und zur Erde getragen«.[31] Im Umgang mit den widersprüchlichen Narrativen geht der Text also sehr reflektiert vor: Die realistische Erklärung der Historiker ist abgebildet und für das perspektivisch sowie für Kriegsverlauf und Handlungsstrang wichtige Wundernarrativ wird eine folgerichtige Entstehung vermittelt.

In der gleichen Fenstersturz-Szene dieses Buches findet der aufmerksame Leser jedoch ein zweites Narrativ: »In diesem Moment brach der Tumult aus«.[32] Diese unscheinbaren Worte tragen etwas Entscheidendes zur Erzählung bei: Sie stellen den Fenstersturz als Affekthandlung dar, als bloße Folge erhitzter Gemüter; das Narrativ der Spontanität. Tatsächlich aber ist der Prager Fenstersturz von 1618 der zweite Prager Fenstersturz. Der erste fand 1419 statt, im Zuge der Befreiung von als Ketzern eingesperrten Glaubensgenossen der Reformierten und stand zu Beginn der Hussitenkriege.[33] Der zweite Prager Fenstersturz, fast genau 200 Jahre später, war im Vorhinein geplant, abgesprochen und deliberat als Referenz auf den ersten inszeniert.[34] Diese Verbindung ist kein unbedeutendes Detail: Dieses Moment der durch bewusste Inszenierung vermittelten politischen Botschaft geht in der Übermacht des unreflektiert übernommenen Spontanitätsnarrativs verloren.

## 5. Umgang mit Narrativen: Narrative als Erzählwerkzeug

Das Buch »Der Fremdling« ist im Gegensatz zum »Winterkönig« nicht auf bekannte Persönlichkeiten ausgerichtet. Ein Trommler wurde in der Schlacht verletzt, von einer Bauerstochter gefunden und gesundgepflegt; unter Verwicklungen verlieben sie sich. Beworben wird dieser Roman damit, dass er die reale Geschichte zweier Vorfahren der Autorin darstelle, deren Geschichte »in hessischen Archiven« recherchiert und belegt sei.[35] Beigegeben ist ein Verzeichnis mit historischen Worterklärungen.[36]

Der Roman fokussiert auf zeittypische Kriegssymptome wie Pestausbrüche, Hungersnöte, auf der Zerstörung von Höfen und Gütern sowie anderer Kriegsverwüstungen aus der Perspektive der Bewohner des Bauerndorfes. Hierbei

---

31 Olbrich, Winterkönig. 2018, S. 20.
32 Ebd., S. 15.
33 Vgl. Münkler, Der Dreißigjährige Krieg. 2017, S. 47–49.
34 Vgl. ebd., S. 47.
35 Vgl. Heuck, Fremdling. 2001, S. 2.
36 Vgl. ebd., S. 170.

taucht ein narrativer Topos immer wieder auf: der der unbeteiligten Bauern, die in Angst vor den Überfällen seitens der Soldaten leben. Die Überlappungen, die es historisch zwischen diesen Gruppen gab, sei es, dass Bauern angeworben werden und in den Krieg ziehen, sei es, dass kommende Soldaten durchaus selbst Söhne von Bauern sein können; all dies wird tendenziell ausgeblendet.

Ein Soldat jedoch kommt an prominenter Stelle vor: Der Protagonist ist ein Trommler und hat Schlachten miterlebt. Aus seiner Perspektive also ließen sich die Erfahrungen all derer einbringen, die im Dreißigjährigen Krieg kämpften; diese stellen schließlich einen nicht unerheblichen Anteil der zeitgenössischen Bevölkerung dar. Der Trommler aber hat in seiner letzten Schlacht eine Gehirnverletzung erlitten, wegen der er sich kaum und wenn, dann nur verschwommen, an Kampfesszenen erinnern kann.

## 6. Konfliktdarstellungen: Das Narrativ der Plünderungen

Der Roman »Die Söldnerin«[37] führt Aufmerksamkeit heischende Begriffe wie Hexe, Flucht und Söldnerin in Inhaltsangabe und Titel, legt jedoch bei näherer Betrachtung besonders deutlich Wert auf die eigene Historizität. Mittel hierzu sind das historische Vorwort, eine eigens für weitere historische Hintergründe zum Text angelegte Webpage, die auf den Sprachschatz des 17. Jahrhunderts zurückgreifende Wortwahl und insbesondere die den Text erläuternden Fußnoten zu Waffen, Heeresformationen, Architektur, historischen Personen und auch alten Beleidigungen.[38]

Die titelgebende Söldnerin nimmt interessanterweise die Position der Angreifer ein; und sie nimmt nicht nur an den berühmten Schlachten teil, sondern auch an den Plünderungen. Plündern nun war echte Kriegspraxis, sogar verbreiteter Teil der Kriegsstrategie fast aller Heerführer, um die Besoldung der Truppe zu ergänzen oder gar zu ersetzen.[39] Unser Bild dieser Plünderungen ist jedoch das im »Simplizissimus«[40] etablierte grausame Bild, bei dem nicht nur geplündert, sondern auch vergewaltigt und gefoltert wird. Diejenigen Soldaten, mit denen die Protagonistin aneinandergerät, gebärden sich durchaus derart. Während die Söldnerin selbst zu Beginn der Handlungssequenz harmonierend mit dem Narrativ als Teil der Bedrohung dargestellt wird, weicht der weitere Verlauf jedoch von dieser Portraitierung ab: Wie ihre Kameraden hat sie vor zu plündern, doch der Hausherr setzt sich erfolgreich zur Wehr und vertreibt sie

---

37 Krug, Söldnerin. 2017.
38 Webpage laut Vorwort 2017 speziell zu diesem Buch angelegt, siehe ebd., S. 3.
39 Münkler, Der Dreißigjährige Krieg. 2017, S. 31–36.
40 Vgl. Grimmelshausen, Simplicissimus. 1669, zitiert nach Ders.: Werke I.1. Hrsg. von Dieter Breuer. Frankfurt a. M.: Deutscher Klassiker Verlag 1989, S. 29f.

gewaltsam des Hauses.[41] In dieser Passage werden das Narrativ der angeblichen Geschwindigkeit solch gewalttätiger Konflikte und das des daraus resultierenden Chaos' zum Erzählinstrument: Die Protagonistin empfindet den Angriff als so chaotisch, dass ihr kaum klar wird, wer nun auf welcher Seite kämpft. Zu guter Letzt gerät sie statt mit den Verteidigern mit einem ihrer eigenen Söldnerkameraden aneinander.

In der Literatur des 17. Jahrhunderts finden sich im »Simplizissimus« (1699) gleich in den ersten Kapiteln die prominente Schilderung eines Überfalls von Landsknechten auf Bauern. Simplicius nimmt hierbei die Funktion des unzuverlässigen Erzählers ein; seine Unschuld und Naivität sind derart ausgeprägt, dass er das, was er sieht und beschreibt, nicht versteht und nicht zu deuten weiß:

»Allein mein Knan war meinem damaligen Bedüncken nach der glückseeligste / weil er mit lachedem Mund bekennete / was andere mit Schmertzen und jämmerlicher Weheklag sagen musten [...]
[...] durch welches Mittel ich zu unserer Magd in Stall kam / welche wunderwercklich zerstrobelt außsahe / ich kennete sie nicht / sie aber sprach zu mir mit kräncklichter Stimm: O Bub lauff weg / sonst werden dich die Reuter mit nemmen«.[42]

Diese Persptektive erlaubt mit der Zurschaustellung dieser Unschuld, mit häufigen Referenzen auf Adam und Eva als den ersten Bauern und mit dem Motiv des Verlusts besagter Unschuld die Konstruktion von Parallelen zwischen Simplicius' Vertreibung aus dem heimischen Bauernhof sowie dem biblischen Narrativ der Vertreibung Adam und Evas aus dem Paradies. Dies weist darauf hin, dass eine hochliterarische, intertextuelle Ausrichtung den Textverlauf leitet und nicht etwa eine rein berichtende Intention.

Dennoch enthält diese Schilderung des Überfalls drei Elemente, die bei Darstellungen von Konflikten zwischen Soldaten und Zivilbevölkerung immer wiederkehren: das Ausplündern, das Foltern sowie das Vergewaltigen. Häufiger als die Romane beinhalten Reden aus der Zeit Referenzen auf die aktuellen Geschehnisse. Schon ein kursorischer Blick auf die Reden Martin Opitz' zeigen einen Fokus auf die Gräueltaten des Krieges – gerade in den früheren Kriegsjahren. In der »Oratio ad Fridericum«[43] sowie im »Panegyris Camerarii«[44] aufgeführt wird das eindrückliche Beispiel einer Mutter, die aus Angst davor, ihre Kinder mögen durch das Schwert umkommen, diese selbst ertränkt. Dies ist nur ein Beispiel dafür, wie Schrecken hervorrufende, doch singuläre Ereignisse

---

41 Krug, Söldnerin. 2017, S. 275f.
42 Grimmelshausen, Simplicissimus. 1669, S. 20f.
43 Opitz, Martin: Oratio Ad Serenissimum Ac Potentissimum Principem Fridericum Regem Bohemiae. Heidelberg: Voegelin 1620.
44 Opitz, Martin: Panegyris In Magnifici Nobilissimi et Amplissimi Viri, Dn. Ludovici Camerarii Procancellariatum Silesiae. In: Lateinische Werke. Bd. 1, 1614–1624. Hrsg. von Wilhelm Kühlmann et al. Berlin: De Gruyter 2009, S. 222f.

wiederholt werden und dadurch einen Anschein von Repräsentativität erhalten können. Opitz gibt Auflistungen besonders verwerflicher Übergriffe, nennt Jungfern- und Totenschändungen – das Vergewaltigen, nennt Pfählungen – die Folter – sowie das Plündern selbst. Auch hier finden sich also die gleichen drei Komponenten wieder.

Im »Simplizissimus« ist der Überfall mit dem biblischen Motiv des Ausgangs aus dem Paradies, dem Sündenfall, kodiert. Auch bei Opitz erfolgt die Schilderung der aktuellen Ereignisse stets unter Bezugnahme auf bekannte, ältere Narrative. In seinen Reden jedoch ist dieses formgebende Narrativ das Beispiel der Antike: Im »Aristarchus« spricht Opitz etwa von »Claudius, Nero, Domitian, diesen verbrecherischen Ungeheuern in Menschengestalt«;[45] ebenso werden in »Perillustri Domino Schaff-Gotsch«[46] Nero und Domitian als beispielhaft grausam beschrieben. Zum Anbruch des Krieges in der »Oratio ad Fridericum« bezeichnet er jedoch im emphatischen Ausruf das eigene Jahrhundert als einfallsreicher an Grausamkeit als jene. Mit den biblischen Texten und den antikrömischen Vorbildern greifen diese beiden so unterschiedlichen Autoren zurück auf die zwei vorherrschenden Narrativgeber des 17. Jahrhunderts.

## 7. Konfliktdarstellungen: Narrative der großen Schlachten

Das Buch »Der Landsknecht«[47] lässt bereits vorhandenes historisches Wissen der Leser für sich arbeiten, indem es zwei Handlungsstränge miteinander verbindet: Zum einen den Werdegang der Hauptperson, die gleichzeitig den Ausbruch des Dreißigjährigen Krieges durch die Kinderperspektive verschleiert; der zweite Strang erzählt die euphemistisch als Magdeburger Hochzeit bezeichnete Eroberung und Verwüstung Magdeburgs 1631. Die Historizität dieses Textes entsteht durch die Wahl der Lokalitäten,[48] durch die Referenz auf berühmte Kommandanten wie Tilly oder Pappenheim und eben durch die Wahl ausgerechnet der Eroberung Magdeburgs: von Zeitgenossen verglichen mit der Zerstörung Trojas und Jerusalems, genannt »der blutigste Tag in der gesamten Geschichte des Krieges«,[49] fand das Verb »magdeburgisieren« Eingang in den Sprachgebrauch.

---

45 Opitz, Martin: Aristarch sive De Contemptu Linguae Teutonicae. Bethaniae: Dörfer, 1617. In: Lateinische Werke 1614–1624, 2009, S. 66, Übersetzung S. 67.
46 Opitz, Martin: Perillustri Domino Iohanni Vlrico de Schaff-Gotsch, Baroni Trachenbergae; Greiffenstenii, Kinasti et Chemnitii Domino, etc.. In: Lateinische Werke. Bd. 2, 1624–1631. Hrsg. von Wilhelm Kühlmann et al. Berlin: De Gruyter 2011, S. 6–9.
47 Wedhorn, Landsknecht. 2018.
48 Beispielsweise wächst der Protagonist in Prag auf. Siehe etwa ebd., S. 30.
49 Siehe Münkler, Der Dreißigjährige Krieg. 2017, S. 475.

Zeitgenössischen Zeitungsberichten wie zum Beispiel dem Rößlins[50] zufolge hatte Tilly diese Praxis des »Magdeburgisieren(s)« schon lange vor der Eroberung der namensgebenden Stadt begonnen; eine Tatsache, die auch in den meisten historischen Darstellungen des Krieges fehlt.[51] Der Roman wird aus der Perspektive des Militärs erzählt; und zwar aus der Sicht der Verteidiger. Das Narrativ der einzigartigen Grausamkeit der »Magdeburger Hochzeit« erfüllt hierbei die Funktion, den Hauptmann in seinem Versuch, die Stadt zu bewahren, umso deutlicher als Helden darzustellen. Spuren der reichen Tradition an Kriegsheld-Narrativen lassen sich ebenfalls in »Die Söldnerin« finden. Die Protagonistin erweist sich vorausstürmend und »Mann-gegen-Mann«-kämpfend selbst als Kriegsheldin.[52]

## 8. Resümee

Grimmelshausens »Simplizissimus« stellt mit seiner Episode zur Schlacht von Wittstock deutlich das Element des Chaos heraus mit der Aufreihung und Nebeneinanderstellung der Kriegsinstrumentarien:

> »das greuliche schiessen / das gekläpper der Harnisch / das krachen der Biquen / und das Geschrey beydes der Verwundten und Angreiffenden / machten neben den Trompeten / Trommeln und Pfeiffen ein erschröckliche *Music!* da sahe man nichts als einen dicken Rauch und Staub«.[53]

Trotz der gehäuft aufgelisteten akustischen Sinneseindrücke, die noch mit negativen Adjektiven verstärkt werden, ist mit dem Vorhang aus Rauch und Staub die Visualität negiert, was die eigentliche Schlachtdarstellung abschwächt und die Perspektive des Protagonisten Simplicius abrückt; er kauert als Gefangener hinter Barrikaden, nimmt selbst nicht an der Schlacht teil und beschreibt diese panoramaartig.[54] Schlachtdarstellungen nehmen auch in Gelegenheitsdichtungen und Reden eine wichtige Position ein. Auch dort wird das Narrativ des Kriegshelden nachdrücklich festgeschrieben,[55] besonders im stets von politi-

---

50 Zu der Stuttgarter Zeitung Johann Weyrich Rößlins, siehe Böning, Holger: Dreißigjähriger Krieg und Öffentlichkeit. Zeitungsberichterstattung als Erste Rohfassung der Geschichtsschreibung. In: Daphnis 47, 2019, H. 1–2, S. 25–67; hier S. 37f.
51 Vgl. Böning, Dreißigjähriger Krieg und Öffentlichkeit. 2019, S. 37, vgl. auch Seelbach, Sabine: Der Dreißigjährige Krieg: Ereignis und Narration. Einführung. In: Daphnis 47, 2019, H. 1–2, S. 2–22, hier S. 20.
52 Vgl. Krug, Söldnerin. 2017, S. 465.
53 Grimmelshausen, Simplicissimus. 1669, S. 215f.
54 Vgl. ebd., S. 232f.
55 Vgl. etwa Opitz, Martin: Ratispona In Libertatem Vindicata: S.l. 1633.

schen Implikationen begleiteten Fürstenpreis geschieht dies meist mit propagandistischer Absicht.

Die historischen Romane »Der Landsknecht« und »Die Sölderin« erreichen bereits mittels ihrer Titel eine gesteigerte Erwartung an die Darstellung der Schlachten des Dreißigjährigen Krieges, denn die hierin angekündigten Protagonisten signalisieren qua ihrer Gruppenzugehörigkeit Kampfeshandlungen. Gerade in diesen Werken sind die Darstellungen des tatsächlichen Kampfgeschehens durchsetzt von literarischen Topoi und Narrativen. Ein weiterer historischer Roman befasst sich in der folgenden Passage mit genau dieser Thematik. Ein Veteran, der selbst an der Schlacht teilgenommen hat, bemüht sich, das Erlebte niederzuschreiben:

> »In einem beliebten Roman fand er eine Beschreibung, die ihm gefiel, und wenn Menschen ihn drängten, die letzte Feldschlacht des großen deutschen Krieges zu schildern, so sagte er ihnen das, was er in Grimmelshausens ›Simplizissimus‹ gelesen hatte. Es passte nicht recht, weil es sich dort um die Schlacht von Wittstock handelte, aber das störte keinen, nie fragte jemand nach.
> Was der dicke Graf nicht wissen konnte, war aber, dass Grimmelshausen die Schlacht von Wittstock zwar selbst erlebt, aber ebenfalls nicht hatte beschreiben können und stattdessen die Sätze eines von Martin Opitz übersetzten englischen Romans gestohlen hatte, dessen Autor nie im Leben bei einer Schlacht dabei gewesen war.«[56]

Abgesehen von der des »dicken Grafen« wird hier auf reale Darstellungen referiert. Bei besagtem »englischen Roman« handelt es sich um »The Countesse of Pembrokes Arcadia« von Sir Philipp Sidney[57]; Martin Opitz übersetzt das Werk als »Arcadia Der Gräffin von Pembrock«[58] und in der Tat gilt es als literaturwissenschaftlich gesichert, dass Grimmelshausens »Der Abentheuerliche Simplicissimus Teutsch« sich auf diese Schilderung stützt.[59]

Dies zeigt ein hohes Maß an Intertextualität, das bereits die zeitgenössischen Gegenwartsromane mit sich führen. Selbst so einschneidende Ereignisse wie die des Dreißigjährigen Krieges, so eindrückliche Erlebnisse wie die einer Schlacht rufen nicht nur ihre eigenen sinnstiftenden Erzählungen hervor; anhand dieser Ereignisse werden ältere Narrative fortgeschrieben. Damit wird nicht nur der Filter zwischen Wahrnehmung und Darstellung sichtbar, die Wahrnehmung

---

56 Kehlmann, Daniel: Tyll. Reinbek bei Hamburg: Rowohlt, 2017, S. 224.
57 Sidney, Sir Philipp: The Countesse of Pembrokes Arcadia. London: John Windet for William Ponsonbie, 1593.
58 Opitz, Martin: Arcadia Der Gräffin von Pembrock. Franckfurt am Mayn: Rötell; Merian, 1629 (erschienen 1630).
59 Vgl. Holzinger, Walter: Der abentheuerliche Simplizissimus and Sir Philip Sidney's Arcadia. In: Colloquia Germanica 1969, Bd. 3, S. 184; sowie Geulen, Hans: Arcadische Simpliciana. Zu einer Quelle Grimmelshausens und ihrer strukturellen Bedeutung für seinen Roman. In: Euphorion 63, 1969, S. 426–437.

selbst ist bereits geprägt von anderweitig entstandenen, literarisch tradierten Erzählmustern.

Romane wie »Der Landsknecht« und »Der Fremdling« nutzen vorhandene Narrative als Elemente der erzählten Geschichte. »Die Söldnerin« wendet Narrative an, unterwandert diese aber auch. »Der Winterkönig« zeigt die Entstehung und propagandistische Wirkung eines bestimmten, für den Dreißigjährigen Krieg konstitutiven Narrativs. Im Schelmenroman »Tyll« wird diese Spannung zwischen Authentizität und Narration selbst thematisiert, wird Teil der erzählten Handlung. Somit wird gerade das potenziell Problematische der Quellenlage selbst literarisch produktiv.

Johannes Waßmer

## Von Schelmen, Anarchen und dem Ende der Idee des Geschichtlichen. Daniel Kehlmanns »Tyll« narrt den Dreißigjährigen Krieg

Im Dreißigjährigen Krieg tritt an die Stelle religiöser Sicherheiten keine Erwartbarkeit und Erreichbarkeit der Zukunft, wie sie Reinhart Koselleck als Signum der Neuzeit beschrieben hat. Nach ihrem Niedergang wird erst im Westfälischen Frieden die alte durch eine neue Ordnung ersetzt. Mit dem Aufkommen existenzieller Unsicherheit werden bis dahin festgefügte Vorstellungen des Verhältnisses von Geschichte und Individuum aufgegeben: die des Ritterlichen und Heroischen etwa – die jeweils im Dienst auch geschichtlicher Ideen stehen. In Daniel Kehlmanns »Tyll« sind die Helden bereits zu Romanbeginn nurmehr Gegenstand der Bänkelsänger. »Eine Ballade vom Krieg sang er jetzt«, heißt es von Tyll,

> »vom gemeinsamen Reiten und dem Klirren der Waffen und der Freundschaft der Männer und der Bewährung in Gefahr und dem Jubel der pfeifenden Kugeln. Vom Söldnerleben sang er und von der Schönheit des Sterbens, er sang von der jauchzenden Freude eines jeden, der auf dem Pferd dem Feind entgegenritt«.[1]

An die Stelle des Heros oder zumindest des Kämpfers mit einem (ehrenvollen) Ziel treten die Glücks-Ritter, die Könige des Zufalls, die Mogelnden. Das Ende des Heroischen im Krieg reflektieren Schriftsteller und Filmemacher im 20. Jahrhundert immer wieder. Man denke an Ernst Jüngers Kriegsprosa oder Francis Ford Coppolas »Apocalypse Now«, in denen der Held durch die Typen des Landsknechts oder des Wahnsinnigen ersetzt wird. Einen ganz anderen unheroischen Figurentypus entwickelt schon die Literatur des 17. Jahrhunderts: die Figur des Landstörzers oder Schelmen, die alle Ordnungsversprechen unterläuft.[2] Das gilt auch für die Ordnung der Zeit: Nicht mehr das künftige Ziel

---

[1] Kehlmann, Daniel: Tyll. Roman. Reinbek b. Hamburg: Rowohlt 2017, S. 14. Im Folgenden im Fließtext zitiert mit der Sigle T gefolgt von der Seitenzahl.
[2] Maren Lickhardt zeigt, dass der Pikaro und der Schelm bürgerliche Ordnungsversprechen unterlaufen und »den Finger auf die Wunden und Schwachstellen einer sich im Finden begriffenen normativen bürgerlichen gesellschaftlichen Ordnung« legen (Lickhardt, Maren: Zu

bestimmt das Handeln, sondern das Jetzt, das kurzfristige Glück. Die Geschichtlichkeit und die Gerichtetheit des eigenen Daseins wird substituiert durch die schiere Gegenwart, durch das Jetzt.

In seinem jüngsten Roman »Tyll« amalgamiert Daniel Kehlmann pikareske Erzähltraditionen. Er vereint den Landstörzer oder Schelm, der sich immer auf Reisen durchs Leben schlägt und den anarchistischen, zuweilen boshaften Gestus der Eulenspiegeleien in seiner ahistorischen Figur des Tyll, die er zudem in klassischer Narrenmanier an die Höfe und Herrscher des Dreißigjährigen Krieges versetzt.

Dieses Amalgamat ist motiviert. Christoph Bartmann weist in seiner Rezension des Romans auf dessen Stoßrichtung hin: »Mehr als um Tyll selbst geht es Kehlmann offenbar um ein historisches Panorama des Dreißigjährigen Krieges, ein Gesamtbild, für das er Tyll nicht zwingend gebraucht hätte.«[3] Bartmanns Verdikt scheint mir einerseits korrekt und andererseits verkürzend: »Tyll« ist ein historischer Roman, ein Zeitpanorama, das exemplarisch den Charakter des Dreißigjährigen Krieges einzufangen sucht. Der Titelheld bildet aber mitnichten bloß, wie Bartmann moniert, die erzählerische »Klammer«. Vielmehr öffnet er eben jenes »Türchen in Problematiken der Gegenwart«, das Bartmann vermisst. Allerdings führt diese Tür zur Gegenwart nicht in erster Linie zu den großen Themen der letzten Jahre, zu Klima und Krieg, Wirtschaft und Überwachung, wenngleich entsprechende Motive hier und da aufscheinen. Vielmehr weist »Tyll«, Roman wie Figur, auf das Ende der Ideen des Geschichtlichen.

## I.  Narreteien oder: Die Kunst der weißen Leinwand

Tyll Ulenspiegel ist ein Narr. Er steht als Hofnarr im Dienst des Winterkönigs und übt die klassische Funktion des Widersprechenden aus, der als einziger ebenso außerhalb der strengen Ordnung an den Fürstenhöfen der Frühen Neuzeit wie des spätmittelalterlich-frühneuzeitlichen Ordo-Gedankens im Gesamten steht. Als Außenstehender stabilisiert er diese Ordnung zugleich. Im Roman weist darauf Friedrichs eher einfältig gezeichnete Frau Elisabeth Stuart (Liz) hin:

> »Da lachte er hämisch, und sie musste schlucken und die Tränen zurückdrängen und sich daran erinnern, dass genau das seine Aufgabe war – ihr zu sagen, was kein anderer zu sagen wagte. Deshalb hatte man Narren, und selbst wenn man keinen Narren wollte,

---

Transformationen des Pikarischen. In: Transformationen des Pikarischen. Hrsg. von Maren Lickhardt und Niels Werber. Stuttgart/Weimar: Metzler 2014, S. 6–23, hier S. 21).

3 Bartmann, Christoph: Ein Clown in düsterer Zeit. <http://www.sueddeutsche.de/kultur/deutsche-literatur-ein-clownin-duesterer-zeit-1.3687866> (Zugriff am 2.3.2023).

musste man einen zulassen, denn ohne Hofnarr war ein Hof kein Hof, und da sie und Friedrich kein Land mehr hatten, musste zumindest ihr Hof in Ordnung sein.« (T 236)

Aus seiner Narrenfreiheit leitet Tyll denn auch sein – nach außen hin – immenses Selbstbewusstsein ab: »Und hau mich nicht, ich darf das sagen, du kennst doch die Narrenfreiheit. Wenn ich die Majestät nicht saublöd nenne, wer soll das sonst tun? Einer muss es doch. Und du darfst nicht.« (T 208f.)

Der Narr Tyll bezieht das Recht, gegen Ordnung zu stehen, aus seinem, wie Michail Bachtin in »Chronotopos« schreibt, »besondere[n] Recht, *fremd* auf dieser Welt zu sein.«[4] Fremd in einer Welt zu sein impliziert, deren Ordnung nicht zu kennen oder sie zu ignorieren und damit – im Gegensatz zu den anderen Personen bei Hofe – unvernünftig zu sein. Diese Nähe zum Wahnsinn affirmieren Narren, auch Tyll.[5] Schon als Kind eines Müllers beginnt er seinen Seiltanz und verhält sich bewusst außerhalb aller dörflichen Normen:

»Der Junge, denn er ist es wirklich, kichert und rührt sich nicht. Ganz nackt ist er, ganz weiß. Er muss sich im Mehl gewälzt haben. […] Und während Claus hinaufblickt, sieht er noch etwas, was er eben noch nicht gesehen hat, weil es zu sonderbar ist. […] ›Was soll das?‹, ruft Claus empor. ›Was ist in dich gefahren?‹ / ›Der große, große Teufel‹, sagt der Junge fröhlich.« (T 79, 81)

Wesentlich ist, dass dieser Wahnsinn diskursiv konstruiert wird – worauf Foucault bekanntermaßen ausführlich hinweist –, dass also Tyll nicht wahnsinnig ist, sondern er – auch von sich selbst – zu einem Wahnsinnigen gemacht wird, indem er sich außerhalb sozialer Normen verhält und sich sozialer Normkontrolle entzieht: Der Narr steht außerhalb der Gesellschaft. Gerade weil er als Wahnsinniger außerhalb der Gesellschaft steht und alles, was er sagt, *per se* aus dem Bereich des ›wahren‹ ausgeschlossen wird, kann er gefahrlos offen sprechen. Weder der Herrscher noch der Sprechende verlieren ihr Gesicht.

Was für den Narren Tyll im Besonderen gilt, wird im Roman *Tyll* inhaltlich wie strukturell durchgeführt: Die Verhältnisse von Wahrheit und Erfindung verunklaren sich. Das geschieht auf der Ebene von ›historischer Wirklichkeit‹, die wie beim Tod des Winterkönigs hintangestellt wird zugunsten von ›literarischer Wahrheit‹. Dies entspricht Daniel Kehlmanns poetologischem Programm, das er in seinen verschiedenen Essays und Poetikvorlesungen ausbreitet. Ihn interessiert nicht das historisch-biographisch Besondere, sondern das literarisch-All-

---

4 Bachtin, Michail: Chronotopos. Übersetzt von Michael Dewey. Frankfurt a. M.: Suhrkamp 2008, S. 87.
5 Michel Foucault hat die gesellschaftliche Produktion von Wahnsinn in der Neuzeit eindrücklich nachvollzogen. In gewisser Weise spielt der Narr Tyll mit dem Verdikt ›Wahnsinn‹, indem er es herausfordert und es zur eigenen Distinktion nutzt. Vgl. Foucault, Michel: Wahnsinn und Gesellschaft. Eine Geschichte des Wahns im Zeitalter der Vernunft. Frankfurt a. M.: Suhrkamp 2013.

gemeine, weshalb er sich weniger den Gestalten selbst als vielmehr ihren ›Kraftfeldern‹ zuwendet.

> »Der historische Mensch selbst ist gewissermaßen ein Magnet, und um ihn herum ist ein Feld, in dem man sich erfindend bewegt. Kommt man der ursprünglichen Gestalt zu nahe, dann schreibt man einfach eine Biographie, und das ist nicht der Sinn der Sache. Entfernt man sich aber zu weit, so daß die Kraft ihres Feldes nicht mehr spürbar ist, so hat man das künstlerische Recht verloren, ihren Namen zu verwenden und man unternimmt etwas ganz Sinnloses. / *Sie machen sich also ein Bild, und dann erfinden Sie, um dieses Bild zu stützen?* / So kann man es ausdrücken.«[6]

Literatur sei ganz allgemein, »nicht gebunden an die physische Wirklichkeit unseres Daseins, bloß an die existenzielle«[7] und immer dann am »faszinierendsten, wenn sie nicht die Regeln der Syntax bricht, sondern die der Wirklichkeit«[8]. In Kehlmanns Poetik also verändert sich das Verhältnis von Wahrheit, Wirklichkeit und Erfindung. Käte Hamburger hat noch begründet, dass Literatur niemals ›Wahrheit‹ beanspruchen könne, weil wahre Aussagen immer außertextuellen propositionalen Gehalt haben müssen.[9] Burghard Damerau hat in einer Re-Lektüre von Hamburgers Kritik ästhetischer Wahrheit eine Alternative vorgeschlagen:

> »Ästhetisch wahr sind Kunstwerke genau dann, wenn sie in ihrem Inhalt – einer Gestalt, einer Handlung usw. – oder auch in ihrer Form *mindestens eine* Eigenschaft aufweisen, die als *charakteristisch* gilt für etwas Entsprechendes in der Wirklichkeit. […] Wenn ein Kunstwerk ästhetisch wahr ist, dann gibt es inhaltlich oder auch formal gesehen ein ästhetisches Beispiel für eine Tatsache.«[10]

Kehlmann jedoch geht es nicht um Wahrheit im Sinne Hamburgers. Sein Wahrheitsbegriff befindet sich im Zwischenraum von Wirklichkeit und Erfindung. In »Tyll« reflektieren das die Romanfiguren selbst: »Das alles sei wahr« – so ein Jahrmarktserzähler im Roman über seine Erzählung – »sogar das Erfundene«

---

6 Kehlmann, Daniel: Diese sehr ernsten Scherze. Zwei Poetikvorlesungen. In: Daniel Kehlmann: / LOB / Über Literatur. Reinbek b. Hamburg: Rowohlt 2010, S. 152.
7 Ebd., S. 136.
8 Ebd., S. 139.
9 Hamburger schließt in *Wahrheit und ästhetische Wahrheit* an das an, was sie in ihrer *Logik der Dichtung* bereits ausgeführt hat. Sie argumentiert nicht bloß, dass »Wahrheit und ästhetische Wahrheit […] getrennte Bereiche« seien, sondern verfolgt die Absicht, den in den »ästhetischen Wahrheitstheorien […] eingesetzten Wahrheitsbegriff als einen bedeutungsleeren und den Begriff der ästhetischen Wahrheit als eine Aporie aufzuzeigen« (Hamburger, Käte: Wahrheit und ästhetische Wahrheit. Stuttgart: Klett-Cotta 1979, S. 143f.)
10 Damerau, Burghard: Pro und contra. Zu Hamburgers Kritik der ästhetischen Wahrheit. In: Käte Hamburger. Zur Aktualität einer Klassikerin. Hrsg. von Johanna Bossinade und Angelika Schaser. Göttingen: Wallstein 2003, S. 115–128, hier S. 127. Inwieweit Damerau sich mit dieser Bestimmung ästhetischer Wahrheit wieder der aristotelischen Poetik annähert, muss an anderer Stelle diskutiert werden.

(T 176). Und Liz, die Ehefrau des Winterkönigs, reflektiert, dass Menschen nur dann ›wahrhaftig‹ seien, wenn sie die Theatralität des eigenen Handelns zu erkennen gäben:

> »Leute standen auf der Bühne und verstellten sich, aber sie hatte sofort begriffen, dass das gar nicht stimmte, denn falsch war nicht das Theater, nein, alles andere war Getue, Verkleidung und Firlefanz, alles, was *nicht* Theater war, war falsch. Auf der Bühne waren die Menschen sie selbst, ganz wahr, völlig durchsichtig.« (T 231)

Wahrheit also ist eine Sache der theatralen Geste, nicht des Inhalts. Dass Wahrheit an Diskurs- und damit Machtstrukturen gebunden ist, führt Tyll im wörtlichen Sinne vor Augen, wenn er Liz eine weiße Leinwand als Gemälde verkauft, auf dem allerlei zu sehen sei – ein Schloss, eine Frau auf einem Balkon mit Goldhaar, ein Engel hinter ihr und so weiter:

> »Ratlos standen die Besucher vor dem weißen Bild und wussten nicht, was sie sagen sollten. Denn es war ja kompliziert. Natürlich verstanden sie, dass da nichts war, aber sie waren sich nicht sicher, ob Liz es auch verstand, und somit war es doch denkbar, dass sie jemanden, der ihr sagte, dass da nichts war, für unehrlich, dumm oder diebisch halten würde. Sie waren alle so verwirrt, zermarterten sich die Köpfe.« (T 238)

Wirklichkeit und Wahrheit brechen spätestens bei Anblick des ›weißen Bildes‹ auseinander. Über die Funktionsweise dieses Scherzes von Tyll denkt später der Winterkönig nach:

> »Natürlich war da kein Bild, es war ein Scherz des Narren gewesen, aber jetzt, wo die Leinwand dort hing, hatte sie ihre eigene Macht entfaltet, und der König hatte mit Schrecken gemerkt, dass er sie weder abhängen noch irgendetwas darüber sagen konnte – weder konnte er behaupten, dass er ein Gemälde sah, wo kein Gemälde war, denn einen sichereren Weg, sich als Hohlkopf auszuweisen, gab es nicht, noch konnte er aussprechen, dass die Leinwand weiß war, denn wenn die anderen glaubten, dass dort ein verzaubertes Bild hing, dessen Macht die Niederen und Dummen entlarvte, so reichte das schon, ihn vollends zu blamieren. Nicht einmal zu seiner armen, lieben, beschränkten Frau konnte er davon sprechen. Es war vertrackt. Das alles hatte ihm der Narr angetan.« (T 288)

Tylls Narrentum als Produzent von Wahrheitsdiffusionen entspricht einem Detail in Kehlmanns Poetik: »Also, in meinen Romanen ging es mir immer um das Spiel mit Wirklichkeit, das Brechen von Wirklichkeit.« (T 139) Zwar untergräbt Tyll als Hofnarr die herrschende Ordnung, indem er mit seinen Scherzen auf die Produktion von Wahrheit zeigt und mit ihr spielt. Seine eigene diskursive Macht erschöpft sich jedoch in dieser Deixis, weil sie mit dem Verdikt des Wahnsinns gekoppelt ist. Als Wahnsinniger kann Tyll zwar die herrschende Ordnung kritisieren und ein Stück weit unterminieren. Doch fungiert der Narr zuletzt immer auch als Widerlager, als stabilisierende Kraft also, die bestehende Ordnungsschemata festsetzt. Historisch überlebt sich der Hofnarr als Akteur einer Gegen-Ordnung demzufolge auch ab dem Moment, wie Guillaume van Gemert festhält, von dem an »Ordo [...] in erster Linie als Denkmethode und nicht mehr als Weltordnungsprinzip verstanden wird«, weil er »nach wie vor auf *auctoritates* setzt statt auf methodengerechtes Selbstdenken«.[11]

## II. Schelm und Landstörzer oder: Das Mühlrad der Fortuna

Für den Schelm des Pikaroromans gilt das in dieser Form nicht. Sein Figurentypus erweist sich literaturgeschichtlich als wandlungsfähiger. Denn Schelme stellen nicht mehr eine figurale Antithese einer fixierten Weltordnung dar; vielmehr verhalten sie sich, wie Alexander Honold bestimmt, »okkasionalistisch und kontingent«, weniger planvoll jedenfalls und situativer. Im Unterschied zum Narren folgt das Verhalten von Schelmen, so Honold, »*nicht mehr* dem übergeordneten Heilsplan des mittelalterlichen Ordo-Gedankens und *noch nicht* dem entelechialen Entfaltungsdrang eines Bildungsbürgers«.[12] Der Schelm richtet sein Verhalten nicht mehr an mittelalterlichen Ordnungsprinzipien und noch nicht an der Bildungs- oder Geschichtsteleologie des ausgehenden 18. Jahrhunderts aus. Das lässt sich auch mit den unruhigen Zeitläuften der Frühen Neuzeit begründen, die Maren Lickhardt bis ins 19. Jahrhundert dehnt. Sie argumentiert, dass noch im 19. Jahrhundert

> »das pikareske Subjekt mit seiner ›nomadischen Existenz außerhalb der Ordnung‹ als ausgeschlossenes und defizitäres [Subjekt] dann tatsächlich im Sinne eines ›Noch nicht‹ den Finger auf die Wunden und Schwachstellen einer sich im Finden begriffenen normativen bürgerlichen gesellschaftlichen Ordnung [legt], weil es zeigt, dass ein redlicher Lebens- und Bildungsweg durchaus verwehrt sein kann.«[13]

Dieser Befund trifft auch auf den Schelm Tyll Ulenspiegel zu, obgleich im 17., anders als im 19. Jahrhundert bürgerliche und zumal kleinbürgerliche Normen weniger gefestigt sind. So wird in »Tyll« die Ausgeliefertheit des Menschen an Natur, Willkür und Gewalt reflektiert. »Ein Grashalm reißt, ein Käfer wird zertreten, eine Flamme geht aus, ein Mensch stirbt, es ist nichts!« (T 46), heißt es zu Romanbeginn.

---

11 Van Gemert, Guillaume: Der Narr als Leitfigur rhetorischer Daseinsbewältigung. Bild und Weltordnung in der Frühen Neuzeit am Beispiel der deutschen Narrentradition. In: Bild. Bildung. Argumentation. Hrsg. von Karl Helmer, Gaby Herchert und Sascha Löwenstein. Würzburg: Königshausen & Neumann 2009, S. 41–65, hier S. 61.
12 Honold, Alexander: Travestie und Transgression. Pikaro und verkehrte Welt bei Grimmelshausen. In: Das Paradigma des Pikaresken. Hrsg. von Christoph Ehland. Heidelberg: Winter 2007, S. 201–227, hier S. 202.
13 Lickhardt, Zu Transformationen des Pikarischen. 2014, S. 21.

Die Kontingenz von Leben und Lebensschicksalen wird immer wieder in die Romanhandlung einmontiert, etwa wenn die Wehen der hochschwangeren Agneta auf einer längeren Fahrt im Wald einsetzen (vgl. T 56f.). Überhaupt bietet die Natur für Tyll und Seinesgleichen gerade keinen Zufluchtsort vor der Unbill zivilisatorischer Unsicherheit. Sie bleibt verrätselt, widerständig und kaum planbar. Ausgerechnet Zeitmessung und folglich die Planbarkeit des eigenen Lebens fällt in der Natur schwer: »Zurzeit beobachtet er jede Nacht den Lauf des Mondes. Seine Fortschritte sind so schleppend, dass es zum Verzweifeln ist. Der Mond geht jedes Mal anderswo auf als in der Nacht zuvor, seine Bahn bleibt nie die gleiche.« (T 67) Das ist auch deswegen ironisch zu lesen, weil ausgerechnet die Bahn des Mondes sich ewig gleich bleibt. Sie wiederholt sich aber in längeren Zyklen als der Zeithorizont der frühneuzeitlichen Gesellschaften übersieht.[14] In der Frühen Neuzeit lässt sich die Kontingenz menschlichen Schicksals in der Natur nicht mehr überwinden: Der Mensch ist ihr bereits zu sehr entfremdet. Zugleich kommt dem Individuum des 17. Jahrhunderts kaum Entscheidungsmacht zu. Es ist Objekt der frühneuzeitlichen Beschleunigung, noch nicht ihr Subjekt. Sowohl innerhalb der Zivilisation als auch innerhalb der Natur erfährt es sich als dem sprichwörtlichen Rad der Fortuna ausgeliefert, einem nicht zu beeinflussenden Schicksal.[15]

Der Schelm Tyll jedoch entwickelt Überlebensstrategien der Anpassung und der Geschicklichkeit, die sich in seinem Seiltanzen metaphorisch abbildet: »Allmählich begreift er [Tyll, J.W.], wie man es machen kann. Seine Knie verstehen, seine Schultern halten sich anders. Man muss dem Schwanken nachgeben, muss weich werden in Knien und Hüften, muss dem Sturz einen Schritt zuvorkommen. Die Schwere greift nach einem, aber schon ist man weiter. Seiltanz: dem Fallen davonlaufen.« (T 34, vgl. auch 64, 93) Anders formuliert: Tyll, der Schelm, widersteht der Abhängigkeit von Fortuna. Die römische Fortuna hatte in der Frühen Neuzeit Konjunktur. Zu unsicher waren die Zeiten militärisch, ökonomisch und gesundheitlich, zu oft rissen Bauernkriege oder Dreißigjähriger Krieg, die Folgen der Kleinen Eiszeit oder von Seuchen die Menschen

---

14 Reinhart Koselleck geht davon aus, dass in der Frühen Neuzeit die zivilisatorische, geschichtliche Zeiterfahrung von den »naturgebundenen Zeitrhythmen« aufgrund der Beschleunigung auseinandertreten: »Denn wenn es eine weltimmanente, geschichtliche Zeiterfahrung gibt, die sich von den naturgebundenen Zeitrhythmen unterscheidet, so ist es zweifellos die Erfahrung der Beschleunigung, kraft derer sich die geschichtliche Zeit als spezifisch von Menschen produzierte Zeit qualifiziert« (Koselleck, Reinhart: Zeitverkürzung und Beschleunigung. Eine Studie zur Säkularisation. In: Ders.: Zeitschichten. Studien zur Historik. Frankfurt a. M.: Suhrkamp 2000, S. 177–202, hier S. 183).
15 Tyll reflektiert über diese seltenen biographische ›Knoten‹, von denen aus sich die weiteren unabsehbaren Lebenspfade abzweigen, vgl. Kehlmann, Tyll. 2017, S. 166: »Es gibt nur wenige Augenblicke, in denen zweierlei möglich ist«, sagt er, »ein Weg so gut wie ein anderer. Nur wenige Augenblicke, in denen man entscheiden kann.« Siehe dazu auch ebd., S. 179.

aus ihren Lebensumständen und zu oft bedeuteten sie unvorhersehbaren Tod, als dass sie nicht zumindest ein Deutungsmuster angeboten hätte.[16]

Von der Fortuna-Abhängigkeit befreit sich Tyll. Diese Befreiung hat im Roman eine Initiation. Sepp, Knecht des Vaters, schmeißt den Jungen Tyll in den Mühlbach, der gerät unter das väterliche Mühlrad.

> »Der Junge fällt.
> Er fällt immer noch. Die Zeit scheint langsamer zu gehen, er kann sich noch umsehen, er spürt den Sturz, das Gleiten durch die Luft, und er kann auch noch denken, dass ganz genau das geschieht, wovor er sein Leben lang gewarnt worden ist: Steig nicht vom Rad in den Bach, geh niemals vor dem, geh vor dem Mühlrad nicht, auf keinen Fall geh nie, nie, geh nie vor dem Mühlrad in den Bach! Und jetzt, da das gedacht ist, ist der Sturz noch immer nicht vorbei, und er fällt noch immer und fällt und fällt immer noch, aber gerade, als er einen weiteren Gedanken fasst, nämlich dass womöglich gar nichts passieren und der Sturz immer weiter andauern wird, schlägt er klatschend auf und sinkt, und wieder dauert es einen Augenblick, bevor die Eiseskälte zubeißt. Seine Brust schnürt sich zu, vor seinen Augen wird schwarz.« (T 44f.)

Das Rad der Fortuna zieht Tyll in den Tod, so scheint es. Mit der Gretchenfrage des Schelms verschwindet die Ausgeliefertheit an das Schicksalsrad: »Aber wo ist das, unten?« (T 45) Wenn das Überleben zählt und nicht die – kaum steuerbare – dauerhafte Einhaltung sozialer Normen, ist »unten« relativ. Das gilt auch für das Mühlrad. Tyll taucht unter ihm hindurch:

> »Und da weiß er plötzlich, dass er heute nicht sterben wird. Fäden aus langem Gras streicheln ihn. Dreck kommt in seine Nase, er spürt einen kalten Griff am Nacken, hört ein Knirschen, spürt etwas am Rücken, dann an den Fersen; er ist unterm Mühlrad durch.
> Er stößt sich vom Boden ab. Während er aufsteigt, sieht er kurz ein bleiches Gesicht, die Augen groß und leer, der Mund offen, er leuchtet schwach in der Wasserdunkelheit, wahrscheinlich der Geist von einem Kind, das irgendwann weniger Glück hatte als er. Er macht Schwimmstöße. […] Frierend steht der Junge auf. Überlebt. Er hat überlebt. Das Mühlrad hat er überlebt. Er hat das Mühlrad überlebt. Das Mühlrad. Hat er überlebt. Er fühlt sich unsagbar leicht. Er macht einen Sprung, aber als er aufkommt, gibt sein Bein nach, und er fällt ächzend auf die Knie.« (T 46, 48f.)

Diese Selbstermächtigung des Einzelnen gegenüber dem Schicksal wird von der Gesellschaft sofort wieder in ein christologisches Weltbild eingegliedert: Agneta

---

16 Den mittelalterlich-frühneuzeitlichen Fortuna-Glauben als Deutungsmuster und Kontingenzbewältigung skizzieren Walter Haug und Peter Vogt (vgl. Haug, Walter: O Fortuna. Eine historisch-semantische Skizze zur Einführung. In: Fortuna. Hrsg. von Walter Haug und Burghart Wachinger. Tübingen: Niemeyer 1995, S. 1–22; Vogt, Peter: Kontingenz und Zufall. Eine Ideen- und Begriffsgeschichte. Mit einem Vorwort von Hans Joas. Berlin: Akademie 2011, insb. S. 503–658). Dem Phänomen der Kontingenz seit der Antike widmet sich auch der Band zum 17. Kolloquium *Poetik und Hermeneutik* (vgl. Kontingenz. Hrsg. von Gerhard Graevenitz und Odo Marquard. München: Fink 1998).

spricht von doppelter Taufe: »›Zweimal‹, sagt sie, ›bist du jetzt getauft.‹« (T 47) Das Auftauchen Tylls kann zudem als (Wieder-)Auferstehung gelesen werden. Wenn man so will, erlöst Tyll – legt man ein christliches Deutungsmuster an – eine tiefreligiöse und fortunaabhängige Zeit.

In gewisser Weise bedingt der Glaube jedoch zugleich seine eigene Säkularisierung. Denn nachdem Tyll das Mühlrad überlebt hat, wird die passive Fortunapassion und die augustinische *peregrinatio* durch die unsichere Welt der Frühen Neuzeit ersetzt durch das aktive Suchen nach dem Kairos. Für Tyll heißt das, dass er sich in den maximal unsicheren Zeiten des Dreißigjährigen Krieges selbst zu helfen beginnt. Als entscheidendes Kriterium erweist sich das Timing des Seiltänzers: »Der richtige Augenblick ist schnell versäumt, aber wenn man aufmerksam ist, kann man ihn spüren« (T 42). Die Antwort auf die Ungewissheit über die Zeitläufte und das eigene Leben ist nicht das Nichtstun, sondern – um in der Metaphorik des Romans zu bleiben – das Seiltanzen. Mit dem Kairosbewusstsein wird aller Teleologie kosmischer Zeit eine Absage erteilt. Deren Ziellosigkeit beobachtet bereits Tylls Vater:

»jetzt dreht das Ding, dass die Welt ist, sich wie eine Spindel und gebärt Sterne in Ewigkeit, denn da die Zeit keinen Anfang hat, hat sie auch kein Ende.
›Kein Ende‹, wiederholt er und stockt.« (T 39)

In der Frühen Neuzeit wird der Einzelne zunehmend handlungsmächtiger und darob individuelle Zukunft kontrollierbar. Das zuvor theologisch begründete Geschichtsdenken verweltlicht sich zunehmend und das eine (religiöse) Ziel wird durch das andere (weltliche) Ziel ersetzt. Aus Geschichtstheologie wird Geschichtsphilosophie.[17]

Die Begriffssprache, der sich der Roman in dieser Szene wie im Allgemeinen zur Absage an eine religiöse Vorstellung von Geschichte bedient, ist von Nietzsches her und insbesondere aus dem *Zarathustra* bekannt. Nicht zuletzt mit dem intertextuellen Verweis auf Nietzsche wird jede Geschichtstheologie an ihr Ende geführt: Geschichtlicher Sinn wird ersetzt durch den Sinn des Individuums. Anhand der der Seiltänzer-Episode aus der Vorrede im ersten Band des *Zarathustra* lässt sich das verdeutlichen. In ihr spricht der Wanderprediger Zarathustra – wie Tyll ein Nomade – zum Publikum einer Seiltanz-Aufführung und

---

17 Koselleck beschreibt verschiedentlich die Veränderung des Verhältnisses von Prophetie und Prognostik in der Frühen Neuzeit (vgl. u. a. Koselleck, Reinhart: Einleitung. In: Ders., Zeitschichten. 2000, S. 9–16; Ders.: Zeitverkürzung und Beschleunigung. Eine Studie zur Säkularisation. In: Ders.: Zeitschichten. 2000, S. 177–202; Ders.: Vergangene Zukunft der frühen Neuzeit, In: Ders.: Vergangene Zukunft. Zur Semantik geschichtlicher Zeiten. Frankfurt a. M.: Suhrkamp 1979, S. 17–37). Karl Löwith hat die theologischen Wurzeln der neuzeitlichen Geschichtsphilosophie freigelegt (vgl. Löwith, Karl: Weltgeschichte und Heilsgeschehen. Stuttgart: Kohlhammer 1961).

wird schließlich selbst als ein solcher Seiltänzer bezeichnet.[18] Zuvor hatte er seinen Zuhörenden verkündigt: »Ich lehre euch den Übermenschen«, und es offenbare sich der Sinn nicht in der Geschichte, sondern »[d]er Übermensch ist der Sinn der Erde«.[19] Für diesen Sinn, der der Geschichte abhanden gekommen und mit dem auch das *telos* verloren gegangen ist, und den Nietzsche auf das übermenschliche Individuum projiziert, bietet Kehlmanns Tyll eine Alternative: Die Ersetzung des einen Zieles durch kein Ziel.

## III. Tyll und das anarchische Prinzip oder: ahistorische Chronoferenzen

Zu den Figurentypen des Narren und des Schelms tritt eine dritte: die des Anarchen Tyll Ulenspiegel. Die Funktionsprinzipien von Schelmen- und Narrentypus werden selbst in Unruhe versetzt. Die Ordnungen, denen sie verpflichtet sind – der Ordo-Gedanke und die Herrschaft Fortunas im ›ideologischen Interregnum‹ frühneuzeitlicher Alltagswelten – werden in »Tyll«, dem Roman, sowohl auf Ebene der *histoire* als auch auf der des *discours* gewissermaßen anarchisiert. Tyll ist ein Anarch. Er erkennt weder kirchliche noch weltliche Macht an,[20] er folgt keinerlei ethischen oder moralischen Prinzipien, er beleidigt und hintergeht andere unabhängig von ihrem sozialen Status. In der Eingangsszene des Romans unterminiert Tyll nicht die Ordnung an den Adelshöfen, sondern bestiehlt eine Dorfgemeinschaft. An anderer Stelle agiert Tyll als – lebensrettender – Wegweiser, der seine Reisegemeinschaft an einer Schlacht des Dreißigjährigen Krieges vorbeilotst.[21]

---

18 Vgl. Nietzsche, Friedrich: Also sprach Zarathustra I–IV (= KSA 4). Hrsg. von Giorgio Colli und Mazzino Montinari. Berlin/New York: de Gruyter 1988, S. 14.
19 Ebd., S. 16.
20 Die unkirchliche Praxis Ulenspiegels wird offenbar, wenn er seine Hände beim Kreuz schlagen durcheinanderbringt (vgl. Kehlmann, Tyll. 2017, S. 202); seine antiherrschaftliche Praxis äußert sich an zahlreichen Stellen. vgl. exemplarisch ebd., S. 207: »»Da bist du endlich‹, habe der Mann gesagt. ›Ich hab lang gewartet.‹ / ›Bist Du Tyll Ulenspiegel?‹ / ›Einer von uns ist es. Bist hier, mich zu holen?‹ / ›Im Auftrag des Kaisers.‹ / ›Welcher Kaiser? Gibt viele.‹ / ›Nein, gibt es nicht! Worüber lachst du?‹ / ›Ich lach nicht über den Kaiser, ich lach über dich. Wieso bist du so fett? Es gibt doch nichts zu fressen, wie machst du das?‹« Diese Verweigerung gegenüber abstrakten Autoritäten praktizieren in gewisser Weise auch Tylls Gegenfiguren, Athanasius Kircher, der Gaukler Pirmin oder der Winterkönig, die alle ihren eigenen dezisionistischen Machtlogiken verpflichtet bleiben.
21 Vgl. Kehlmann, Tyll. 2017, S. 225: »Im ersten Morgenlicht brachen sie auf. Sie umgingen das Schlachtfeld, von dem ein Geruch zu ihnen wehte, den der dicke Graf sich nie hätte vorstellen können, dann wanderten sie über Schlipsheim, Hainhofen und Ottmarshausen. Ulenspiegel kannte sich aus, und er war ruhig und besonnen und beleidigte den dicken Grafen kein einziges Mal mehr.«

Sein uneinheitliches Verhalten ist nicht etwa einer Figurenentwicklung geschuldet, wie sie dem Bildungsroman entspräche, der auf ein Ziel zuläuft. Vielmehr wird Tyll als Typus vorgestellt, der die närrische Wahrheitskritik und die schelmische Überlebensfähigkeit aus ihren Kontexten herauslöst. Damit wird Tyll von der Figur zum Prinzip. Mit dem Tod Tylls wird das auch von Tyll und seiner Gefährtin Nele reflektiert: »Und sie findet ihn und kniet bei ihm, und beide begreifen, dass sie es vergessen müssen und dass das Bluten aufhören wird, denn einer wie er stirbt nicht. Ich bin aus Luft gemacht, sagt er. Mir passiert nichts.« (T 418) Dass Tyll »aus Luft gemacht« ist, eine Idee also, scheint mir durchaus wörtlich gemeint, übernimmt doch Liz – immerhin die Witwe des Winterkönigs – am Romanende Verhaltensweisen von ihm, streckt die Zunge heraus und wird zur Tyllin.

Das anarchische Prinzip der Idee ›Tyll‹ zeigt sich in der Erzählstruktur des Romans, in den zunehmend unübersichtlichen Pro- und Analepsen, Zeitdiffusionen, ahistorisch ineinanderlaufenden Erinnerungen und unmöglichen Figurenbegegnungen. Vor allem aber ist dieses Prinzip in die Figur von Tyll Ulenspiegel selbst eingeschrieben, genauer in seine historische Transposition. Kehlmann versetzt ihn um ca. 300 Jahre aus der Mitte des 14. Jahrhunderts in den Dreißigjährigen Krieg hinein. Mit Achim Landwehr gesprochen chronoferenziert Kehlmann Vergangenheiten neu und zeigt die immer gezwungene Konstruktion nicht von historischer Wirklichkeit, sondern von historischer Wahrheit.[22] Geht man mit Danielle La Forges Beobachtung konform, dass der Narr »unkontrolliert mit dem Zeitpfeil [spielt] und [...] ›heute‹, ›gestern‹ und ›morgen‹ anscheinend unüberlegt durcheinander« bringt,[23] dann transgrediert in Kehlmanns Roman das Närrische – ebenso wie das Schelmische – aus der Fiktion des Textes in dessen Faktur. Denn durch die zahlreichen pro- und analeptischen Zeitsprünge teilweise über Jahre hinweg überlebt der Schelm Tyll alle biographischen Willfährnisse, sodass das Mühlrad der Fortuna ihn auch auf Erzählebene nicht zu ertränken vermag.

---

22 Landwehr verwendet den Ausdruck der Chronoferenz zur Beschreibung der »Relationierung [...], mit der anwesende und abwesende Zeiten gekoppelt, Vergangenheiten und Zukünfte mit Gegenwarten verknüpft werden können« (Landwehr, Achim: Die anwesende Abwesenheit der Vergangenheit. Essay zur Geschichtstheorie. Frankfurt a. M.: S. Fischer 2016, S. 28).
23 La Forge, Danielle: Wechselbeziehungen zwischen Narrheit und Weisheit. Abgrenzung des Narrenbegriffs und epochale Bewertung. In: Der Narr in der deutschen Literatur im Mittelalter und in der Frühen Neuzeit. Hrsg. von Jean Schillinger. Frankfurt a. M. u. a.: Lang 2009, S. 307–327, hier S. 308.

## IV. Ahistorische Geschichtsschreibung: Die Vergangenheit als Roman

Das Figurenamalgam aus Narr, Schelm und Anarch, also aus Widerstand gegen Ordnungen, Überwindung der Schicksalsabhängigkeit und der Abwesenheit ethischer und moralischer Normen, spiegelt sich in der Zeitgestaltung des Romans, die die Einförmigkeit und Richtungslosigkeit[24] von Zeit immer wieder anzeigt. Dass die Zeit eine endlose Angelegenheit ist, die sich aller Unterwerfung unter ein Ordnungsdiktat widersetzt und daher ›unklar‹ bleibt, wiederholt Tylls Vater gebetsmühlenartig: »[D]enn da die Zeit keinen Anfang hat, hat sie auch kein Ende. / ›Kein Ende‹, wiederholt er« – Tylls Vater – »und stockt. Er hat bemerkt, dass er etwas Unklares gesagt hat. ›Kein Ende‹, sagt er leise, ›kein Ende.‹« (T 39) ›An der Zeitmauer‹[25] kann niemand vorbei. Wohl aber wird Zeit erzählerisch ausgemessen, werden Vergangenheiten erzählerisch verknüpft und angenommen oder abgelehnt. Zeit wird erzählerisch zur Vergangenheit und diese zu Geschichten geknüpft. Das beginnt bei Claus Ulenspiegel, Tylls Vater, der sich bemüht, sein Wissen zu notieren[26] und es setzt sich fort bei Athanasius Kircher. Er fügt die Vergangenheit neu zusammen, in dem er in religiöser Ekstase ›wilde Semiose‹ betreibt:[27]

---

24 Dass Zeit auch in der Wahrnehmung des Einzelnen durchaus relativ sein kann, wird ebenfalls stellenweise reflektiert. In einer Szene stürzt etwa ein Schacht ein, in dem Tyll mit verschiedenen Söldnern sitzt, vgl. Kehlmann, Tyll. 2015, S. 398: »Hier aber nicht. Das Dunkel bleibt. Zeit vergeht, und als mehr Zeit vergangen ist und sie schon nicht mehr die Luft anhalten können und vorsichtig wieder Atemzüge machen, ist es immer noch so dunkel, als hätte Gott alles Licht der Welt ausgelöscht.«

25 Vgl. Ernst Jüngers gleichnamigen Essay »An der Zeitmauer«, indem es ihm auch um die Kritik an der abendländischen Geschichtsteleologie geht (vgl. Jünger, Ernst: An der Zeitmauer. In: Ders.: Sämtliche Werke Bd. 10: Essays II. Stuttgart: Klett-Cotta 2015, S. 399–645).

26 Auch die Wissensnotate von Tylls Vater stehen noch unter dem Diktat, Erkenntnis des Schicksals erlangen zu wollen und daran zu scheitern: »Aber leicht wird das nicht. Seine Hände sind groß, und der dünne Federkiel zerbricht ihm immer wieder zwischen den Fingern. Er wird viel üben müssen, bevor er ein ganzes Buch mit den Spinnenzeichen aus Tinte füllen kann. Aber es muss sein, denn er kann all das, was er herausgefunden hat, nicht für immer im Gedächtnis halten. Es ist schon zu viel, es schmerzt ihn, oft ist ihm schwindlig von all dem Wissen im Kopf« (Kehlmann, Tyll. 2015, S. 72). Bezieht man die Metapher der memoirenhaften »Spinnenzeichen« mit ein, dann versucht Claus Ulenspiegel nichts anderes als der Zeit eine Richtung zu diktieren.

27 Aleida Assmann prägt den Begriff der ›wilden Semiose‹ zur Beschreibung von Lektüren, die nicht auf Verständigung abzielen, sondern die an der Oberfläche der Zeichen haften bleiben. Sie adaptieren die »Materialität des Zeichens«, sodass »Buchstaben eine resistente Materialität« erhalten und die Durchsichtigkeit für eine Bedeutung verlorengeht (Assmann, Aleida: Die Sprache der Dinge. Der lange Blick und die wilde Semiose. In: Materialität der Kommunikation. Hrsg. von Hans Ulrich Gumbrecht und Karl Ludwig Pfeiffer. Frankfurt a. M.: Suhrkamp 1995, S. 237–251, hier S. 241 f.).

»Nur weil er gelernt hatte, ganz dem Geist Gottes zu vertrauen, hatte er sein größtes Werk vollbringen können, die Entzifferung der Hieroglyphen. Mit der alten Zeichentafel, die Kardinal Bembo einst gekauft hatte, war er dem Rätsel auf den Grund gegangen: Er hatte sich so tief in die kleinen Bilder versenkt, bis er verstanden hatte.« (T 368)

Mit seiner vermeintlichen Entzifferung erlangt Kircher bei seinen Zeitgenossen unvergleichlichen Ruhm. Bücher jedoch garantieren keinen zeitüberdauernden Ruhm; und die Konstruktion von Zeit zu Vergangenheit und zu Geschichte erweist sich letztlich lediglich als Frage der Schreibweise und der Archivleistung. Zwar glaubt der Olearius – historisch Mitglied der Fruchtbringenden Gesellschaft – an die Ewigkeit der Schrift:

»Und vielleicht war sie das ja wirklich, dachte Olearius, die ihm bestimmte Unsterblichkeit – eine Erwähnung in Athanasius Kirchers Buch. Sein eigener Reisebericht würde fast so schnell wieder verschwinden wie die Gedichte, die der arme Fleming hin und wieder drucken ließ. Die gefräßige Zeit löschte fast alles, aber gegen das hier würde sie machtlos sein. An einer Sache bestand kein Zweifel: Solange die Welt bestand, würde man Athanasius Kircher lesen.« (T 362)

Gerade hierin findet sich jedoch der Denkfehler von Olearius: Niemand – von wenigen Theologen, Historikern und vielleicht auch Literaturwissenschaftlern abgesehen – liest gegenwärtig seine Texte, doch nur unwesentlich mehr Menschen studieren die Texte Athanasius Kirchers, geschweige denn seine Hieroglyphenübersetzung. Eher noch werden die Gedichte Paul Flemings wahrgenommen.

Daniel Kehlmanns Roman »Tyll« zeigt auf die erzählerische Gemachtheit von Geschichte, auf ihre Abhängigkeit von Machtstrukturen und Autoritäten, auf die Unabsehbarkeit ihrer Verläufe. Zugleich tilgt der Roman in der pikaresken ›Dreifaltigkeit‹ seiner Hauptfigur Narr, Schelm und Anarch erstens die Ordnungen des Dreißigjährigen Krieges, zweitens die Abhängigkeit des einzelnen vom Schicksal und drittens alle ethischen Prinzipien. Mit den erzählerischen Kniffen der Zeitgestaltung wird dieses Tableau zudem enthistorisiert. Es ist nicht wesentlich, wann sich die Romanhandlung ereignet. Historische Wirklichkeit kann sie dann zwar nicht gewesen sein, wohl aber ›wahr‹ im Sinne Daniel Kehlmanns. In »Wo ist Carlos Montufar?« hebt er den »Unterschied zwischen dem bloß faktisch Richtigen und dem Wahren, den jeder historische Roman berührt«[28], hervor.

Kehlmann ist es um Wahrheit zu tun und nicht um die Beliebigkeit von Geschichtskonstruktionen. »Tyll« kann somit auch gelesen werden als Suche nach den Möglichkeiten ungeschichtlicher Verhaltensmaximen und nach den

---

28 Kehlmann, Daniel: Wo ist Carlos Montúfar? In: Ders.: Wo ist Carlos Mantúfar? Über Bücher, Reinbek b. Hamburg: Rowohlt 2005, S. 9–27, hier S. 18.

Möglichkeiten ungeschichtlicher Geschichten. Der Dreißigjährige Krieg wird vom bloßen Gegenstand des historischen Romans, in dem die Gegenwart gespiegelt wird, zum Gegenstand der Reflexion über den Unsinn der Kategorie des Historischen selbst.

Frédéric Teinturier

# « Das Treffen in Telgte » de Günter Grass : la Guerre de Trente ans comme objet littéraire

## Les éléments du problème : littérature et histoire

« Der Dreißigjährige Krieg war und ist wohl immer noch Quelle wie Stimulanz deutschsprachiger Literatur. »[1] En s'exprimant en ces termes au sujet de « Das Treffen in Telgte », Grass insiste sur le sens à donner à ce texte complexe et, de prime abord, potentiellement déroutant. Si l'on prend au sérieux ce commentaire de l'auteur, le fait de narrer, de donner à voir la Guerre de Trente ans dans un texte littéraire allemand serait le moyen de stimuler la littérature allemande. Il ressort de ces propos que « Das Treffen in Telgte » doit être lu comme un objet littéraire avant tout, et qu'il ne peut être réduit à sa seule dimension historique, pas plus qu'il ne saurait être interprété à l'aune de sa seule dimension parodique, laquelle est pourtant bien évidente et constitue le centre même du récit. Bien entendu, il ne saurait non plus être question de minorer cette dimension parodique : avec « Das Treffen in Telgte », le romancier Grass rend hommage à son ami Hans-Werner Richter et, plus largement, au Groupe 47. Le parallèle entre 1647, date de l'histoire, et 1947, date de la fondation du célèbre groupe 47, est évident et signifiant.[2] Comme le lecteur attentif peut aisément le constater par lui-même, et comme la quasi-totalité des études consacrées à « Das Treffen in Telgte » le montrent à des degrés divers, Grass fait preuve d'une érudition impressionnante au sujet des hommes de lettres qu'il évoque.

C'est d'ailleurs à ce seul niveau, ou presque, que l'on peut parler d'érudition, car pour ce qui est de l'évocation de la Guerre de Trente ans elle-même, c'est-à-dire des événements de l'année 1647, elle se limite à la mention des pourparlers de

---

[1] Grass, Günter : Aufsätze zur Literatur. Darmstadt : Luchterhand 1980, p. 75.
[2] Parmi les plusieurs études exclusivement consacrées à cet aspect de « Das Treffen in Telgte », on consultera avec profit les deux suivantes : Hoffmeister, Werner : Dach, Distel und die Dichter. Günter Grass' « Das Treffen in Telgte ». In : Zeitschrift für deutsche Philologie 100, 1981, p. 274–287, et Schmidt, Josef : Parodistisches Schreiben und Utopie in « Das Treffen in Telgte ». In : Zu Günter Grass. Geschichte auf dem poetischen Prüfstand. Dir. par Manfred Durzak, Stuttgart : Klett 1985, p. 142–154.

paix, qui contrarient les plans initiaux de Simon Dach de réunir les poètes à Osnabrück,[3] et à celle des massacres qui ont été perpétrés dans le voisinage de Telgte, lesquels ont pour conséquence que la rivière charrie des corps putréfiés.[4] Bien plus importantes sont en revanche les connaissances mobilisées par Grass pour produire une mise en scène plausible des scènes mettant aux prises les poètes. En effet, il fait allusion à des textes effectivement publiés, mais aussi à des projets qui ne le sont pas encore au moment choisi pour la rencontre. En d'autres termes, l'effort prodigué par Grass est bien plus important pour ce qui touche à l'histoire littéraire que pour les connaissances purement historiques et événementielles. Cette constatation est riche d'enseignement, car elle rappelle que l'objet véritable du récit est la littérature allemande de l'âge baroque, pas l'histoire du XVIIème siècle allemand en général.

## Quelle représentation de la Guerre de Trente ans ?

Au-delà des différentes interprétations qui peuvent se compléter ou s'opposer, on constate que dans « Das Treffen in Teglte » la représentation de la Guerre de Trente ans est volontairement contradictoire, car elle relie deux principes opposés : donner à voir de manière compréhensible et ‹ réaliste › l'événement historique choisi comme cadre du récit – la fin de la Guerre de Trente ans –, d'une part, mais aussi représenter cet événement historique comme étant en puissance la répétition d'autres événements semblables du passé ou comme pouvant être reproduit par d'autres, à venir, d'autre part, ce qui revient à nier le caractère unique de cet événement. La représentation qui est faite de la Guerre de Trente ans est ainsi en même temps très ‹ historique ›, et ‹ réaliste › – ce terme étant compris ici dans son acception la plus banale – et pourtant aussi parfaitement anhistorique et même abstraite, c'est-à-dire dénuée de tout élément pouvant indiquer que cet événement est saisi ici pour lui-même, dans son unicité géographique et chronologique. L'opposition entre ces deux représentations de l'histoire est d'ailleurs soulignée par la première phrase du récit, énoncée par un narrateur mystérieux :

> « Gestern wird sein, was morgen gewesen ist. Unsere Geschichten von heute müssen sich nicht jetzt zugetragen haben. Diese fing vor mehr als drei hundert Jahren an. So lang rührt diese Geschichte her, die in Deutschland handelt. Was in Telgte begann, schreibe ich auf, weil » [5]

---

3 Grass, Günter : Das Treffen in Telgte. Darmstadt : Luchterhand 1985, p. 7 et 8.
4 Ibid., p. 46.
5 Ibid., p. 7.

Et ce narrateur d'expliciter le parallélisme qu'il voit entre 1647 et 1947, c'est-à-dire entre la rencontre d'écrivains en marge des pourparlers de paix, en Westphalie, et la création, par Hans-Werner Richter, du groupe 47 dans la future RFA. La Guerre de Trente ans est donc clairement présentée comme un cadre historique, mais dont la mise en place obéit à une logique narrative non historique ; en d'autres termes, l'événement historique factuel est utilisé à des fins d'information et d'interprétation qui ne sont pas prioritairement historiques. Plus exactement, ce qui doit être expliqué et interprété dans le récit, et *par* le récit qui s'ouvre, ce n'est pas exclusivement l'histoire. Quelque chose a commencé à Telgte, mais dont la portée et le sens ne se limitent pas à Telgte, ni à 1647. Dans cette ouverture narrative, on ne peut que souligner l'importance des termes utilisés, qui définissent l'enjeu du texte à venir : c'est bien le texte, c'est-à-dire la mise en récit du réel, qui sera l'objet de « Das Treffen in Telgte ». Dans les histoires qui vont être narrées, l'intérêt repose sur l'acte de narration lui-même, et ses modalités, car c'est cet acte narratif qui est le seul créateur – l'allusion au début de la Genèse étant tout sauf fortuit, à notre avis. Finalement, cette première phrase met particulièrement en évidence l'idée que si quelque chose a commencé, c'est par le texte que tout a commencé. Une telle lecture montre combien Grass insiste sur la nécessité de questionner la nature du texte et de son rapport au réel avant toute autre considération.

Dans « Das Treffen in Telgte », il peut sembler aisé d'avoir une idée claire de la Guerre de Trente ans et de sa représentation dans le récit, car la rencontre des poètes isole les personnages du monde extérieur ; par conséquent, les événements extérieurs aux discussions et aux lectures sont volontairement tenus à distance et ils occupent donc une place limitée et, par là même, rapidement identifiable. Pourtant, la représentation textuelle des événements relevant de la Guerre de Trente ans s'avère bien plus riche qu'il n'y paraît de prime abord.

Comme cela vient d'être rappelé, la première fonction narrative de la Guerre de Trente ans est d'abord, dans le récit de Grass, de figurer le monde extérieur duquel on s'isole pour parler de littérature. Par conséquent, tout au long de l'histoire de cette rencontre de trois jours, la guerre, qu'elle soit figurée dans le récit que l'on fait des pourparlers de Münster, ou qu'elle apparaisse au travers de faits d'armes – ceux de Gelnhausen/Grimmelshausen – ou encore qu'elle envahisse l'espace isolé des poètes sous la forme de cadavres charriés par la rivière, est en permanence représentée comme un élément extérieur et donc problématique. Bien entendu, la guerre signifie aussi la mort, la destruction, et le chaos. Mais en réalité, tous ces désagréments sont, pour les poètes, identiques dans leur effet comme dans leurs manifestations : la guerre est ce qui empêche le bon déroulement de leurs discussions. Cela est le cas dès le début du récit, lorsque les poètes sont contraints de changer leurs plans initiaux ; il est en effet impossible de tenir la rencontre dans le lieu prévu à l'origine par Simon Dach, Münster étant occupée par les pourparlers de paix. Les négociations en tous genres occupent donc l'espace, et l'endroit qui avait été choisi est réquisitionné.[6] Toute la figuration textuelle de la Guerre de Trente ans est ainsi conditionnée par ce qui en est dit dans cette première page. Ainsi, lorsque la rivière qui coule près de l'auberge de Libuschka charrie des cadavres, ils sont explicitement perçus comme des symboles de la guerre,[7] et leur apparition met un terme aux discussions littéraires, les poètes étant littéralement indisposés par la présence de cette preuve tangible venue du monde extérieur.[8] Même les pourparlers de paix sont perçus par les poètes avant tout comme un obstacle. Par conséquent, la représentation de la Guerre de Trente ans occupe dans le récit une place réduite mais hautement signifiante, qui répond à une exigence symbolique de donner à voir ce qui entrave la littérature et, aussi, ce qu'elle est impuissante à mettre à distance. On peut donc affirmer que la façon dont Grass représente la Guerre de Trente ans est, comme annoncé plus haut, à la fois réaliste et concrète, d'une part, et parfaitement symbolique et abstraite, d'autre part, c'est-à-dire : sans réelle portée historique ou réaliste. La fonction de la guerre dans le récit n'est donc pas de donner à voir un événement historique mais bien de figurer de manière indirecte l'état de la nation allemande, c'est-à-dire de signifier concrètement le chaos dans lequel est plongée l'Allemagne de 1647.

Cependant, il serait insuffisant de s'en tenir là, même si cet aspect est déterminant. En effet, on s'aperçoit qu'en réalité la place dévolue à la représentation de la Guerre est de plus en plus réduite. La vérité factuelle est en fait progressivement évacuée et laisse la place à une littérarisation narrative de l'événement. En d'autres termes, les faits en relation avec la guerre ne sont plus relatés directement par le narrateur du récit, Grass renonçant ainsi à en faire un élément diégétique ; ces événements sont rapidement relégués au rang d'objets textuels dans des récits de personnages. La guerre n'est plus, comme au début, un élément réel qu'il s'agit de représenter – même pour le mettre à distance –, elle devient un objet de fiction, puisqu'elle n'apparaît plus que dans les histoires de Gelnhausen l'aventurier, futur Grimmelshausen, et de Courasche, que l'on nomme ici Libuschka. En déléguant la représentation de la Guerre à de tels personnages, qui sont explicitement caractérisés comme peu fiables d'un point de vue moral, le narrateur de Grass éloigne celle-ci du centre narratif que constitue la lecture des œuvres poétiques, mais la recentre aussi, paradoxalement, car ce procédé fait de la guerre l'équivalent exact des autres sujets de discussions poétiques, censément plus

---

6 Ibid., p. 7.
7 Ibid., p. 76.
8 Ibid., p. 46 : dans un geste dont la portée symbolique est évidente. Les poètes ferment les fenêtres de l'auberge, afin de s'isoler de nouveau.

nobles. La Guerre de Trente ans devient donc un objet *littéraire*, car elle est devenue un objet de récit.

C'est ainsi particulièrement le cas à trois reprises : tout d'abord dans le chapiter 8, lorsque Gelnhausen et Libuschka racontent des « horreurs » de la guerre, qui choquent les poètes ;[9] une deuxième fois dans le chapitre 12 : Libuschka est cette fois la seule à raconter.[10] On note alors que contrairement au cas précédent, le récit qui est fait par le personnage est qualifié d' « histoires » et que le narrateur insiste à cette occasion principalement sur la nouvelle réaction du « public », certes encore choqué, mais qui est surtout captivé :

> « Natürlich hatte die Libuschka Zuhörer. Gründlicher als viele der Poeten kannte sie sich aus im Hin und Her der Mächte Sie sagte : Nicht Diplomatie, sondern die Suche nach Winterquartieren bestimmte den Kriegsverlauf.
> Über ihre Geschichten vergaß man die Mission des Stoffel. Solange sie redete und mit Zeitsprüngen drei Jahrzehnte ausmaß, war selbst der alte Weckherlin begierig, das evangelische Verhängnis seiner Jugend, die Schlacht bei Wimpfen, von beiden Neckarufern geschildert und das den Spaniern günstige Wunder – eine weißgewandete Marienerscheinung – erklärt zu bekommen. »[11]

L'aubergiste transforme ici un souvenir de réalité en récit habile et intéressant. Notons que ce qui était incompréhensible devient clair : la guerre était un objet insaisissable pour le poète, elle devient un texte digne d'intérêt.

Un troisième et dernier épisode achève de transformer la représentation de la Guerre de Trente ans en un objet avant tout littéraire : il s'agit des récits mensongers (« Lügengeschichten ») que livre Gelnhausen à son auditoire dans le chapitre 15.[12] On assiste alors à une gradation dans la fictionnalisation du récit de la guerre, car ce récit est bien plus long et complexe que dans les deux exemples précédents, et aussi parce qu'il s'agit un épisode capital dans le développement de l'histoire narrée par Grass. En effet, c'est à la suite de ce récit partiellement inventé par Gelnhausen que les poètes condamnent l'aventurier menteur en raison de son amoralité et pour le rôle qu'il joue dans les histoires qu'il a partiellement inventées. Les auteurs réunis semblent confondre réalité factuelle avérée et récit imaginatif. Seul Schütz, le compositeur, qui figure dans l'assemblée la sagesse de l'expérience et l'accomplissement de l'artiste, prend la défense de Gelnhausen, et l'enjoint, certes, de ne plus se prêter à des aventures meurtrières, mais l'encourage également à prendre la plume, afin de transformer son expérience de la guerre en récit : « Er dürfe seine Lügengeschichten nie wieder mörderisch ausleben, sondern

---

9 Ibid., p. 42 sq.
10 Ibid., p. 69.
11 Ibid.
12 Ibid., p. 93–95.

müsse sie beherzt niederschreiben ».[13] Cette fois, la guerre est définitivement considérée comme un objet de récit *littéraire*, dont on soulignera en passant que c'est lui, c'est-à-dire l'acte narratif en tant que tel, qui est qualifié par le Sagittaire de « courageux ». En d'autres termes, Gelnhausen est courageux parce qu'il va devenir Grimmelshausen, l'auteur de « Simplicissimus » et de « Courasche », pas parce qu'il est un aventurier.

## L'enjeu : la littérature allemande et son action sur le réel

La dimension parodique du récit de Grass – qui rend un hommage décalé au groupe 47 et à son fondateur Hans-Werner Richter en mettant en parallèle 1647 et 1947 – est certes importante et il ne saurait être question d'en minorer la portée, puisqu'elle constitue la première porte d'entrée dans le texte ; mais elle n'en est sans doute pas l'aspect le plus essentiel, car elle n'en est pas le point nodal. Il est en effet une question commune aux deux époques mises ici en parallèle : c'est la fragilité du discours littéraire à une époque de crise *et* dans un pays dont la dimension nationale est problématique. En d'autres termes, « Das Treffen in Telgte » a pour objet principal la place, la fonction, la justification même de la littérature allemande, dans un pays détruit – c'est là surtout que réside à notre avis l'intérêt du rapprochement effectué par Grass entre 1647 et 1947.

Grass met avant tout l'accent sur la valeur problématique du médium littéraire en tant que tel. Et un commentaire du narrateur montre l'importance de ce motif dans le récit :

> « Der sonst so strenge Herr Schütz habe nur milde gesagt, was jedermann wisse : Es fehle den Dichtern alle Macht, außer der einen, richtige, wenn auch unnütze Wörter zu setzen. »[14]

C'est dans ce contexte que tous les poètes réunis prennent position sur le sujet de la Guerre, et même, se définissent ou sont implicitement définis par le narrateur en fonction de leur position quant à l'action que peut avoir la littérature sur le monde. Tous les auteurs réunis par Simon Dach sont conscients de leur manque de pouvoir sur le cours des choses du monde, mais ils ne réagissent pas tous de la même façon. Deux positions extrêmes se dessinent rapidement, entre lesquelles diverses nuances sont possibles. D'un côté, se trouve le contempteur du monde, le poète protestant Gryphius, dont il est dit à plusieurs reprises dans le texte qu'il n'a de cesse de déplorer l'état dans lequel se trouve le monde réel – le personnage que

---

13 Ibid.
14 Ibid., p. 72. D'autres remarques reprennent cette idée à plusieurs reprises : p. 97 sqq., 124 et 128 sqq.

nous propose Grass est d'ailleurs assez caricatural[15] – mais il se félicite de cet état de fait, jugeant que *son* propre monde, et sa propre foi ne doivent pas entrer en contact avec ce réel abandonné de Dieu. D'ailleurs, il est celui qui affirme le plus haut et le plus fort la mort de tout, du monde des hommes, de la littérature.[16] L'œuvre qu'il propose à la lecture est une tragédie, et elle ne plaît pas beaucoup à ses congénères.[17] À l'autre extrémité, il y a l'écrivain à venir, Grimmelshausen, dont l'évolution personnelle occupe une place de plus en plus importante au fil du récit. Comme on le sait, Gelnhausen est d'abord un aventurier fier de ce qu'il est et il se caractérise surtout, dans l'histoire de cette rencontre en Westphalie, comme l'intendant, celui qui fournit le gîte et le couvert aux artistes incapables de s'occuper de ces choses matérielles, dont ils savent cependant profiter. Contrairement à Gryphius, le Grimmelshausen de Grass se définit donc par un rapport positif et, surtout, fructueux au monde extérieur, puisque ce sont ses propres aventures qui constitueront l'objet de ses écrits à venir : il s'agit bien sûr du « Simplicissimus ». Dans le chapitre 19, on voit Gelnhausen/Grimmelshausen se livrer à une déclaration d'intention de nature clairement poétologique, au cours de laquelle le futur écrivain expose sa conception de la littérature :

> « Wenn es den Herren, weil ohne Macht, im Reich an Ansehen fehle – was stimme ! –, müsse man das fehlende Ansehen glaubhaft in Szene setzen. Seit wann seien die Herren Poeten so trocken auf platte Wahrheit versessen ? Was mache sie linker Hand stumpfsinnig, wenn sie doch mit der Rechten geübt seien, ihre Wahrheiten wohlgereimt bis ins Unglaubliche zu erdichten ? Werde das dichterische Lügen erst dann zur Wahrheit geadelt, wenn der Verleger es drucken lasse. »[18]

L'objet de sa colère est ici l'hypocrisie des écrivains, qui lui reprochent son manque de morale et, partant, celui de son futur texte littéraire, puisqu'il entend faire de son expérience de la réalité l'objet de son récit. L'enjeu est donc ici celui de la vérité, c'est-à-dire celui du rapport entre réalité factuelle et résultat textuel, après l'intervention du poète. Gelnhausen proclame la toute-puissance du texte : le vrai sera, selon lui, toujours du côté de la trace écrite, en l'occurrence du littéraire. Et c'est une façon, nous dit aussi Grass indirectement, de restaurer le « prestige » de la littérature à une époque où, parce qu'elle est incapable d'avoir une action directe et politique sur le monde réel, celle-ci en manque cruellement. Le seul moyen de redonner ses lettres de noblesse au littéraire consiste à user de

---

15 Une étude en particulier cherche à mettre des noms d'auteurs et de personnages contemporains sur les masques que sont les auteurs baroques dans « Das Treffen in Telgte » : Weber, Alexander : Johann Matthias Schneuber : der Ich-Erzähler in Günter Grass' Erzählung « Das Treffen in Telgte ». Entschlüsselungsversuch eines poetisch-emblematischen Rätsels. In : Daphnis 15, 1986, p. 95–122.
16 Grass, Das Treffen in Telgte. 1985, p. 36.
17 Ibid., p. 60.
18 Ibid., p. 115.

ses propres armes que sont la mise en scène par le verbe. L'homme de lettres est ainsi l'auteur d'une version du réel qui sera la bonne, la seule véritable, parce qu'elle sera accessible même à ceux qui n'auront pas été les témoins directs des événements relatés.

On peut donc lire dans cette déclaration d'intention la défense et l'illustration des spécificités du texte littéraire, qui est le seul moyen de créer du sens dans le chaos. L'auteur littéraire est créateur de sens, il crée même ainsi le réel, qui sans lui n'est pas saisissable. Gelnhausen ajoute plus bas que cette activité est en outre source de joie et de bonheur – manière de relier ici plaisir de l'écriture et plaisir de la lecture.

## Détour par la question générique et intérêt d'une autre référence littéraire

L'ensemble du récit « Das Treffen in Telgte » est donc sous-tendu par une conception de la littérature qui définit le rôle de cette dernière comme discours organisateur du réel qui, sans elle, n'existerait pas en tant qu'objet signifiant. La conséquence en est que dans cette rencontre entre poètes, tout concourt à donner du sens et que le lecteur se voit confronté à un univers fortement symbolique. Le récit se doit d'être fortement organisé et le contenu diégétique contient lui aussi, des éléments structurants à un niveau apparemment situé dans ses marges. Ainsi peut-on avancer que le centre symbolique de toute l'histoire et du récit entier se situe dans un motif marginal et incongru. Ce centre symbolique et apparemment marginal, qui *signifie* le rôle du texte dans le processus de création du sens, est une métaphore : le chardon en pot, que les poètes définissent explicitement comme la représentation de la patrie,[19] du monde extérieur en ruines et pourtant encore vivant, est posé au centre du lieu qui sert aux lectures des poètes, et il est mentionné au centre du récit, lorsque la rencontre atteint son point culminant. Chacun des intervenants est prié de s'asseoir au centre d'un cercle, aux côtés du chardon. Et à l'issue de la rencontre, on revient sur la signification symbolique de ce chardon, représentation à la fois de l'Allemagne exsangue, déracinée – mais encore vivante, grâce à sa nature de plante vivace, résistante aux intempéries – et du récit lui-même, sans doute : le chardon survit malgré le fait qu'on ait cassé son pot, le texte des poètes, synthèse de leur conviction politique, part en fumée dans l'incendie final, mais sans doute faut-il comprendre que ce texte survit dans et par le récit que nous donne Grass.

---

19 Cf. par exemple ibid., p. 37.

L'intérêt de ce motif métaphorique réside à notre avis dans ce qu'il signifie en termes d'histoire littéraire ; il est en effet porteur d'une charge référentielle très intéressante, qui ne renvoie pas à la littérature baroque. Car si l'âge baroque se nourrit de telles symboliques, l'organisation entière du texte de Grass, si évidemment baroque dans son apparence et son sujet, renvoie en fait le lecteur à d'autres références, à des types de textes d'une autre époque. Il semble évident que Grass a voulu ajouter dans son récit une strate interprétative à celle qui a déjà été identifiée : celle du genre nouvellistique et de son histoire dans l'espace germanophone. Cette autre strate n'a pas encore été mise en évidence[20] et elle constitue une référence supplémentaire, qui permet de confirmer que « Das Treffen in Telgte » a pour enjeu principal l'existence de l'Allemagne en tant que nation littéraire.

Le récit de la rencontre des poètes baroques reprend de manière appuyée un certain nombre de codes narratifs et génériques qui ne sont pas hérités de l'époque baroque mais de Boccace et de la lecture qu'en ont proposé Goethe et, à sa suite, les nouvellistes de langue allemande au cours du XIXème siècle. Le premier élément qui fait de *Das Treffen in Telgte* une *Novelle* est cette organisation forte du récit, centré autour d'un élément diégétique érigé en symbole signifiant et structurant pour l'histoire et pour la narration : le chardon occupe une place équivalente au fameux « faucon » de Boccace dans le « Décaméron » et, surtout, ce motif joue le rôle que Paul Heyse dévolue à de telles métaphores dans sa théorie de la *Novelle*, qui sert de base à toute réflexion sur le genre dans les pays de langue allemande depuis le milieu du siècle réaliste.[21] Rappelons que la *Novelle* ne doit pas être comprise comme simple récit plus ou moins bref, dont la seule caractéristique serait de mettre en évidence un événement central et riche d'enseignements. Ce genre narratif repose en effet sur une conception de la littérature comme créatrice de sens, la structure du récit secondant ainsi les éléments diégétiques pour montrer le rôle du texte et de l'auteur en tant qu'organisateurs d'un univers signifiant. Ce qui est en jeu dans la *Novelle*, c'est avant tout l'ordre des choses, l'univers présenté, qui constitue un cadre narratif plus ou moins élaboré et contraignant, et au sein duquel l'histoire narrée occupe une place centrale, qu'elle s'inscrive effectivement au centre de cet univers ou, ce qui est le cas le plus fréquent et le plus intéressant, qu'elle instaure avec ce cadre historique ou moral un rapport de tension que le récit aura pour fonction de résoudre. Il découle de

---

20 Benno von Wiese, pape de l'interprétation et de l'histoire du genre nouvellistique au milieu du XXème siècle, semble avoir été de notre avis. Dans ses mémoires, il écrit en effet : « Ausnehmen möchte ich die novellistische Erzählung ‹ Das Treffen in Telgte ›. Ich halte sie für ein kleines Meisterwerk. » (von Wiese, Benno : Ich erzähle mein Leben. Erinnerungen, 1982, p. 319, cité par Schmidt, Parodistisches Schreiben und Utopie. 1985, p. 142).
21 Heyse, Paul : Einleitung zu « Deutscher Novellenschatz ». Vol. 1. Dir. par Paul Heyse et Hermann Kurz, München : R. Oldenbourg Verlag 1871, p. V–XXIV.

cette tradition du récit nouvellistique de langue allemande que le rapport entre le cadre – qui peut d'ailleurs être implicitement esquissé – et l'histoire enchâssée est souvent le véritable intérêt de l'histoire. Or, comme cela vient d'être mis en évidence dans la présente étude, tel est bien le cas avec le récit de Grass, dont le sujet essentiel est la relation contradictoire et pleine de tensions entre le monde extérieur – la représentation de la Guerre de Trente ans – et le monde ‹ intérieur ›, qui accueille l'histoire principale – c'est le récit des événements durant les trois jours que dure la rencontre des poètes, dans l'auberge, lieu qui est lui-même clos et coupé du monde extérieur.

Comme on le sait, la dimension parodique de « Das Treffen in Telgte », est primordiale à la compréhension des intentions de Grass. Or la référence à la *Novelle* peut à notre sens, également être comprise comme un jeu parodique équivalent à celui qui a déjà été mis en évidence – le parallèle entre 1647 et 1947 – tant sont évidentes les allusions aux caractéristiques les plus visibles de la *Novelle*. L'indication la plus nette qui prouve à notre sens la volonté de Grass de reprendre volontairement les caractéristiques du genre nouvellistique classique se situe au niveau de la représentation de l'espace. Dans « Das Treffen in Tegte », la figuration des lieux est riche d'enseignements : l'espace est divisé, d'une part, entre un lieu signifiant l'extérieur et mettant en danger l'existence même du récit principal, et un lieu intérieur, clos et sécurisé, ce qui constitue selon nous une allusion claire. En effet, la rencontre en Westphalie organise l'univers décrit en deux lieux qui entretiennent entre eux un rapport d'exclusion et de tension : on reconnaît là sans peine le schéma mis en place par Boccace et servant de matrice au recueil des cent nouvelles du Décaméron, et que Goethe a repris dans ses « Unterhaltungen deutscher Ausgewanderten ». Une bonne société composée de personnes ayant été contraintes de passer un laps de temps indéfini ensemble et coupés du monde extérieur, trompe son ennui en se racontant des histoires.

Ce monde extérieur est – élément essentiel à la naissance du genre nouvellistique – considéré comme une menace pour l'intégrité de cette bonne société et, par là-même, pour l'existence des récits. Texte et réel s'opposent, l'un fuyant l'autre, mais le second étant nécessairement l'objet du premier, puisque les récits traitent, de manière exemplaire, de l'époque dangereuse dans laquelle on vit. Il s'agit exactement de la situation narrative mise en scène par Grass. Le parallèle se retrouve dans les moindres détails car si les personnages du récit-cadre médiéval de Boccace fuient la peste, et s'en isolent, et si ceux de Goethe fuient les troubles liés à la Révolution française, ceux de Grass – les poètes baroques – fuient quant à eux, la Guerre de Trente ans. Cependant, Grass s'amuse à reprendre ce motif bubonique bien connu : au début de l'histoire, alors que les poètes sont contraints de chercher rapidement un nouveau lieu qui se prêterait à leur rencontre littéraire, leur ‹ intendant ›, Gelnhausen, menteur et affabulateur, raconte aux marchands qui occupent l'auberge, que les voyageurs qui l'accompagnent – les poètes eux-mêmes – seraient malades de la peste.[22] Le geste parodique semble désormais évident, qui consiste à faire des poètes à la fois l'objet du récit, le prétexte du récit-cadre *et* les récepteurs-lecteurs des histoires mensongères du futur poète Grimmelshausen. Ce récit marginal fait par le marginal Gelnhausen n'a pas d'existence textuelle, puisque le narrateur de Grass ne fait qu'en proposer un résumé allusif, mais il est central en raison de sa charge allusive et il inaugure en outre, dans « Das Treffen in Telgte » tout un ensemble d'histoires sur les vicissitudes de la guerre, racontées par Gelnhausen et Libuschka, et dont il a été question plus haut. Le récit de Grass est donc une vraie *Novelle*, qui reprend la mise en scène caractéristique du genre, mais en multipliant les clins d'œil parodiques, faisant de l'allusion elle-même – intertextuelle voire inter-générique – un objet de réflexion.

D'ailleurs, l'argument selon lequel Grass a sciemment accumulé les éléments permettant de reconnaître que son récit se fonde sur un jeu littéraire, se trouve ironiquement confirmé par la nature même de « Das Treffen in Telgte » au sein de l'œuvre de notre auteur. Car ce dernier a conçu son texte explicitement comme un ajout ultérieur, un développement marginal[23] issu du chapitre 4 de son roman « Der Butt ».[24] Grass pousse semble-t-il le plaisir de l'allusion jusqu'à l'origine, jusqu'à l'étymologie du mot.

## Bilan : défense et illustration de l'activité philologique

Le point de départ de nos réflexions était la représentation particulière de la Guerre de Trente dans le récit de Grass « Das Treffen in Telgte » ; et le point d'arrivée en est que cette représentation problématique est finalement marginale ; c'est le récit lui-même qui est au centre des préoccupations : le lecteur est ainsi confronté à la mise en scène d'un texte particulièrement construit, qui voit se multiplier les strates interprétatives. L'entrée et le point nodal de ce récit est la Guerre de Trente ans, qui sert à mettre en scène la validité de l'activité philologique comme créatrice de sens et de vérité. Interroger ce texte de Grass quant à sa portée philologique a permis de montrer que la notion de jeu et de « plaisir du texte » était le centre du propos, c'est-à-dire, en paraphrasant Barthes, le plaisir à écrire un texte référencé *et* plaisir à interpréter et faire interpréter ce même texte, à y entrer comme on entre dans un jeu de pistes. La référence à l'époque baroque et, même, celle à la littérature baroque, ne constituent finalement qu'une strate parmi d'autres dans la construction élaborée par l'auteur. D'autres références se

---

22 Grass, Das Treffen in Telgte. 1985, p. 14 sq.
23 C'est-à-dire littéralement : une *nouvelle,* puisqu'étymologiquement, une *novella* est note inscrite en marge d'un manuscrit.
24 « Das Treffen in Telgte » développe en effet une matière que Grass a rapidement esquissée dans le chapitre 4 du roman.

greffent, et se mêlent à elle, pour produire un objet textuel hors-norme, marginal, donc, mais en même temps central, car il permet, par sa nature même, d'interroger le rapport entre le texte et le monde ; il souligne la nécessité d'interroger le passage entre ces deux entités, dont seule la première reste du domaine réel, la seconde disparaissant au gré des variations du premier : « das ist die Wahrheit, jedesmal anders erzählt ».[25]

---

[25] Commentaire du narrateur dans les dernières pages de « Der Butt », voir Grass, Günter : Der Butt. München : DTV 1993, p. 630.

**Intermediale Öffnungen**

Giulia Frare

# Grimmelshausens »Courasche«, Bertolt Brechts »Courage« und Vincenzo Jannuzzis »Coraggio«. Die Wandlung einer literarischen Figur vom Dreißigjährigen Krieg zum 20. Jahrhundert

## 1. Einführung

Grimmelshausens simplicianischer Zyklus ist zweifelsohne eines der repräsentativsten Werke der deutschen Barockliteratur, die sich mit dem Dreißigjährigen Krieg auseinandersetzten: Der Aufruhr um die realen historischen Ereignisse findet in den aufeinanderfolgenden Episoden der Schelmenromane des Zyklus eine geeignete literarische Bühne, und der mit sarkastischer Polemik gebrauchte Topos der »verkehrten Welt« fügt sich zu einer subtilen Gesellschaftskritik zusammen, die der Autor an seine Zeit richtet. Grimmelshausens Werke, die seit ihrer ersten Veröffentlichung einen festen Platz im Literaturkanon eingenommen haben, erfahren erneutes Interesse vor allem in der Zwischen- und Nachkriegszeit des 20. Jahrhunderts, als sich neue Ausgaben von »Simplicissimus Teutsch« und »Trutz Simplex« sowie literaturwissenschaftliche Studien zu diesen Romanen gemehrt haben.[1] Diese besondere Aufmerksamkeit ist zum einen auf die »Barock-Mode« zurückzuführen, die bereits seit der Jahrhundertwende Literaturwissenschaftler, Autoren sowie das Verlagswesen beeinflusste und in den 1920er Jahre ihren Gipfel erreichte,[2] zum anderen auf eine bestimmte historische Konjunktur im 20. Jahrhundert – jener Epoche, in der sich zwei Weltkriege, eine globale Wirtschaftskrise, Revolutionen, soziales Elend sowie ein rascher technischer und urbanistischer Aufschwung ereigneten: In diesem geschichtlichen Zusammenhang dient die Epoche des Dreißigjährigen Kriegs, der sich als erstes

---

1 Vgl. Battafarano, Italo Michele: Grimmelshausen-Bibliographie 1666–1972. Werk, Forschung, Wirkungsgeschichte. In: Quaderno degli Annali dell'Istituto Universitario Orientale. Sezione germanica 9, 1975.
2 Vgl. Kiesant, Knut: Die Wiederentdeckung der Barockliteratur. Leistung und Grenzen der Barockbegeisterung der zwanziger Jahre. In: Literaturwissenschaft und Geistesgeschichte 1910 bis 1925. Hrsg. von Christoph König und Eberhard Lämmert. Frankfurt a. M.: Fischer 1993, S. 77–91, hier S. 87.

Trauma der deutschen Nationalgeschichte etabliert hatte,[3] als adäquate Analysefolie für die eigene Zeit, und Barockautoren wie etwa Grimmelshausen, die den Krieg miterlebt und davon berichtet haben, werden als geistesverwandt empfunden.

Bertolt Brechts Theaterstück »Mutter Courage und ihre Kinder«, das an der Schwelle des Zweiten Weltkriegs Grimmelshausens Courasche-Stoff neu bearbeitet und seinerseits das Interesse an der frühneuzeitlichen »Lebensbeschreibung der Ertzbetrügerin und Landstörtzerin Courasche« wieder belebt, gliedert sich in dieses Rezeptionspanorama ein. Es handelt sich aber nicht um die einzige literarische Wiederaufnahme von Grimmelshausens Sujet im 20. Jahrhundert: 1980 greift nämlich der italienische Comiczeichner Vincenzo Jannuzzi auf den Roman »Trutz Simplex« durch dessen drei Jahre früher veröffentlichte italienische Übersetzung zurück und bietet ihn als Graphic Novel unter dem Titel »Vita mirabile dell'arcitruffatrice e vagabonda Coraggio« dar. Obwohl Grimmelshausens Roman sowohl für Brechts Stück als auch für Jannuzzis Comic eine Inspirationsquelle bildet, sollen die beiden als grundsätzlich unabhängige literarische Produkte betrachtet werden, in denen sich jeweils spezifische Themen und poetologische Tendenzen entwickeln sowie besondere ideologische, historische oder gattungsspezifische Aspekte auftreten. Die Analyse dieser Werke und deren Verhältnis zu Grimmelshausens Schilderung des Dreißigjährigen Kriegs soll einen Einblick in die Kunstrezeption des ersten großen Kriegs der Moderne im »kurzen Jahrhundert« gewähren.

## 2. Von Grimmelshausens Courasche zu Brechts Mutter Courage

Der Roman »Trutz Simplex«, der ungefähr zwanzig Jahre nach dem Ende des Dreißigjährigen Kriegs veröffentlicht wurde, ist aus der Autorperspektive eines ehemaligen Soldaten verfasst, der mit ernüchtertem Blick auf den Krieg zurückblickt. Der Autor zielt weder darauf ab, ein idealisiertes oder ein vom Patriotismus geprägtes Bild des Kriegs zu vermitteln, noch darauf, nach den Gründen des Konflikts zu suchen: Die Vorstellung des Kriegs als Strafe Gottes findet zwar in den Gesprächen einiger Romanfiguren Erwähnung, im Fokus von Grimmelshausens Schilderungen aus der Zeit des Dreißigjährigen Kriegs steht jedoch das Verhalten des Menschen während jenes historischen Ausnahmezustands. Militärische Auseinandersetzung, soziales Elend und moralisches Verderben hängen in Grimmelshausens Kriegsdarstellung eng zusammen und beeinflussen sich gegenseitig. Diese Diagnose wird in den simplicianischen Ro-

---

3 Vgl. Münkler, Herfried: Der Dreißigjährige Krieg. Europäische Katastrophe, deutsches Trauma. Berlin: Rowohlt 2017, S. 11.

manen durch unbarmherzigen Realismus und scharfen Sarkasmus in ihren vielfältigen Aspekten konturiert: Die merkwürdigen Gestalten, die Grimmelshausens Handlungen bevölkern, deren Geschichten, sowie die Gewaltexzesse, die dem Leser vor Augen geführt werden, weisen auf eine von Betrug, Egoismus und gegenseitigem Misstrauen bestimmte Menschheit hin.

Die Geschichte der Hauptfigur von »Trutz Simplex« ist in diesem Sinne paradigmatisch und bereichert Grimmelshausens facettenreiche Gesellschaftscharakterisierung durch eine neue Perspektive: Durch Courasches Lebensbeschreibung führt der Autor jene Überlebensstrategien und jene Anpassungsfähigkeit auf, die eine Frau entwickeln muss, um sich in der gewaltsamen Welt des Kriegs durchzusetzen.[4] Der Roman gestaltet sich wie ein verworrener Wirbel von Abenteuern, Begegnungen, glücklichen und tragischen Begebenheiten, die die Geschichte der Protagonistin lenken. Am Anfang des Romans wird Courasche (die noch bei ihrem Taufnamen, Lebuschka, genannt wird) als Tochter einer Adelsfamilie vorgestellt; nach verschiedenen Erfahrungen im Heer und in dessen Gefolge endet sie schließlich als »Zigeunerin Courasche«. Ihr Leben erfährt eine radikale Wende, als sie sich dafür entscheidet, ihre Ersparnisse in ein eigenes Geschäft zu investieren und Marketenderin zu werden:

»als ich des Marquedenters Gewerb und Handthierung betrachtete
und täglich vor Augen sahe
was ihm immerzu vor Gewinn zugieng
und daß hingegen mancher praver Officier mit dem Schmalhansen Taffel halten muste
fieng ich an daran zu gedenken
wie ich auch eine solche Marquedenterey aufrichten
und ins Werck stellen möchte; ich machte den Uberschlag mit meinen bey mir habenden Vermögen
und fande solches weil ich noch ein zimliche Quantität Goldstücker in meiner Brust vernehet wuste
gar wohl pastand zu seyn; [...]
da war der Würffel schon geworffen! und ich fieng bereits an in meinem Sinn
Wein und Bier um doppel Geld auszuzapffen
und ärger zu Schinden und zu Schachern
als ein Jud von 50. oder 60. Jahren thun mag.«[5]

An dieser Stelle wird Courasche zu einer regelrechten Geschäftsfrau, denn sie bringt einen Produktionsprozess in Gang, der ihr anfängliches Kapital vermehren soll. Grimmelshausens Auffassung des Dreißigjährigen Kriegs zeigt sich als

---

4 Vgl. Meid, Volker: Der Dreißigjährige Krieg in der deutschen Barockliteratur. Ditzingen: Reclam 2017, S. 128.
5 Grimmelshausen, Hans Jakob Christoffel von: Trutz Simplex (1670). In: Ders.: Grimmelshausen. Werke. Hrsg. von Dieter Breuer. Bd. I.2: Courasche. Springinsfeld. Frankfurt a. M.: Deutscher Klassiker Verlag 2007, S. 83 f.

scharfsinnig und komplex, denn sie bezieht neben den religiösen Beweggründen des Konflikts auch wirtschaftliche Anliegen mit ein. Courasches Erfolg als Marketenderin zeugt von den pragmatischen Interessen, welche die offiziellen, ideologischen Kriegsursachen begleiten, und beweist zudem, dass die Spekulation auf den Krieg keine Prärogative der Mächtigen ist.

Es soll nicht verwundern, dass sich der vom Marxismus beeinflusste Bertolt Brecht genau von der Marketenderin Courasche inspirieren lässt, um sein Theaterstück zu entwickeln: Krieg und Profit, die die Hauptzutaten des frühneuzeitlichen Courasche-Romans sind, stellen auch in »Mutter Courage und ihre Kinder« ein unzertrennliches Begriffspaar dar, und sie werden zum *trait d'union*, der Brechts kunstvermittelte Gesellschaftskritik und Grimmelshausens Schaffen verbindet. Wenn man Grimmelshausens und Brechts gemeinsames Interesse an den sozialen Aspekten der historischen Begebenheiten berücksichtigt, sowie ihren ähnlich pragmatischen und ernüchterten Blick auf die materiellen Triebkräfte der gesellschaftlichen Entwicklungsprozesse, dann scheint die Affinität der beiden Autoren Grund genug zu sein, um Brechts Zurückgreifen auf ein Grimmelshausen'sches Sujet zu erklären. Bedenkt man jedoch die Rezeption von Grimmelshausens Werk in den 1930er und 1940er Jahren, erscheint es keineswegs selbstverständlich, dass sich Brecht auf eine Geschichte aus dem simplicianischen Zyklus bezieht. Grimmelshausens Romane waren zwar in der deutschen Verlagslandschaft sowie im literaturwissenschaftlichen Panorama rund um den Zweiten Weltkrieg sehr präsent, unterlagen jedoch nicht selten den ideologisch gefärbten Interpretationen einiger Intellektueller, die eine völkischnationalistische Lektüre jener Texte förderten, indem sie vermeintlich politische Aspekte und eine spezifisch deutsche Ausprägung der simplicianischen Geschichten hervorhoben. Zu solchen Studien gehören zum Beispiel Hermann Eris Busses Grimmelshausen-Biographie (1939), Julius Petersens Essays »Grimmelshausen als Politiker« (1939) und »Grimmelshausens Simplicissimus als deutscher Charakter« (1941) sowie Will Vespers 1944 veröffentlichte »Courasche«-Ausgabe.[6] Brechts Grimmelshausen-Rezeption erweist sich in diesem Zusammenhang als innovativ, denn sie gibt nicht nur Anlass zu einem neuen Kunstwerk, sondern sie akzentuiert auch besondere Aspekte von Grimmelshausens Roman, die die nationalistisch orientierte Literaturwissenschaft übersah, wie etwa die bissige Gesellschaftskritik und die Darstellung des Kriegs als gewinnbringendes Geschäft.

---

6 Busse, Hermann Eris: Grimmelshausen. Biographie. Stuttgart: Cotta 1939; Petersen, Julius: Grimmelshausen als Politiker. In: Ekkhart. Jahrbuch für das Badner Land 20, 1939, S. 33–45; Petersen, Julius: Grimmelshausens Simplicissimus als deutscher Charakter. In: Von deutscher Art in Sprache und Dichtung. Hrsg. von Gerhard Fricke, Franz Koch und Klemens Lugowski. Stuttgart/Berlin: Kohlhammer 1941, Bd. 3, S. 201–239; Grimmelshausen, Hans Jakob Christoffel von: Die Landstörtzerin Courasche. Hrsg. von Will Vesper. München: Zinnen 1944.

Von »Trutz Simplex« greift Brecht sowohl Anregungen für die Gestaltung der Protagonistin als auch für den historischen Rahmen auf, und entwickelt daraus ein unabhängiges literarisches Werk: Einige Szenen von Brechts »Mutter Courage und ihre Kinder« wurden mit großer Treue aus Grimmelshausens Roman entnommen (wie zum Beispiel die Eröffnungsszene des Stücks, die Courage und Kattrin auf dem von Eilif und Schweizerkas gezogenen Karren darstellt und die Personenkonstellation einer Passage von »Trutz Simplex« wiederaufnimmt, in der Courasche – von einer Magd, einem Diener und einem anderen Jungen begleitet – mit einem von sechs Pferden gezogenen Wagen aus dem Regiment zieht). Sowohl die aufgeführte Handlung als auch die Figuren des Theaterstücks gehören allerdings zu einem vollkommen neuen Kunstprojekt. Interessant ist zum Beispiel, dass Brechts Courage – anders als die frühneuzeitliche Courasche, die unfruchtbar ist – bereits im Titel als »Mutter« charakterisiert wird. Der Aspekt des Mutterseins fügt sich als neues Element in das – im Krieg an sich schon prekäre – Gleichgewicht von Unterhalt (oder gar Gewinn) und Ethos ein. In einer von Elend und vom Gefühl der Unsicherheit betroffenen Gesellschaft tritt das Muttergefühl ständig mit dem Geschäft in Konkurrenz und unterliegt jedes Mal: Eilif, Schweizerkas und Kattrin werden nicht wirklich als Kinder, sondern eher als Untergebene dargestellt, die Courage bei der Geschäftsführung zu Diensten stehen (sie ziehen den Wagen, bedienen die Kunden und besorgen die zu verkaufende Ware). Noch bedenklicher ist, dass Courage durch ihr Zögern für Schweizerkas' Hinrichtung mitverantwortlich ist, da sie durch den Verkauf des Marketenderwagens hätte abgewendet werden können.[7] Die zugunsten des finanziellen Gewinns getroffene Entscheidung, dem Heer zu folgen, kostet Courage alle ihre Kinder und sie bleibt am Ende des Werks allein und verelendet: Sie hat nicht nur Arbeitskraft für ihr Geschäft eingebüßt, sondern auch das, was im Theaterstück als ihr Wesensmerkmal angegeben wird, nämlich Mutter zu sein.

## 3. Krieg und Kapitalismuskritik in Brechts »Mutter Courage und ihre Kinder«

Als das Projekt von »Mutter Courage und ihre Kinder« zwischen 1938 und 1939 entstand, war der Krieg für Brecht kein Abstraktum, sondern ein dringendes Thema, das mit der bevorstehenden neuen europäischen Katastrophe unmittelbar zusammenhing. Zu jener Zeit hatte der Schriftsteller bereits in Skandinavien Zuflucht vor der nationalsozialistischen Verfolgung gefunden. Dass das Stück nicht in der historischen Zeit seiner Entstehung spielt, sondern als »eine

---

7 Vgl. Battafarano, Italo Michele und Eilert, Hildegard: Courage. Die starke Frau der deutschen Literatur. Bern: Peter Lang 2003, S. 181.

Chronik aus dem Dreißigjährigen Krieg« – wie der Untertitel lautet – dargeboten wird, ist an sich bedeutsam und lässt vermuten, dass sowohl die Zeit als auch der Ort, die zu dessen Konzeption geführt haben, eine Rolle in der Wiederaufnahme dieses längst vergangenen historischen Szenarios gespielt haben könnten. Dänemark und Schweden (den Ländern, von denen aus Brecht den Ausbruch des Zweiten Weltkriegs verfolgte) waren auch die schweren Folgen des Dreißigjährigen Kriegs nicht erspart worden, und wie eine tiefe Wunde gehörte jener Konflikt dort ebenso wie in Deutschland zum kollektiven Gedächtnis. Trotz dieser vergangenen traumatischen Kriegserfahrung schreckte besonders Schweden nicht davor zurück, durch Rohstoffversorgung der Krieg führenden Mächte ökonomischen Gewinn aus dem neuen Konflikt zu ziehen.

Obwohl die geschichtlichen und politischen Umstände des 20. Jahrhunderts die Entstehung und die Entwicklung von »Mutter Courage und ihre Kinder« maßgeblich beeinflusst haben, modernisiert der Autor den historischen Schauplatz des Stücks, der direkt von Grimmelshausens Roman stammt, nicht. Brecht beabsichtigte nämlich nicht, eine unmittelbare Identifikation der Zuschauer mit der dargestellten Geschichte herbeizuführen, was zum einen dem Grundprinzip des epischen Theaters – jenem der Verfremdung – widersprochen hätte, und zum anderen die sich aus dem Stück ergebende Geschichts- und Gesellschaftskritik auf spezifische historische Kontingenzen beschränkt hätte. Der Krieg sollte vielmehr als grundsätzliches historisch-gesellschaftliches Phänomen gedacht werden, indem die politisch-ökonomischen Interessen sowie die gesellschaftlichen Mechanismen zur Schau gestellt wurden, die *jedem* Krieg zugrunde liegen. In dieser Hinsicht kann die Behauptung des Feldpredigers gedeutet werden:

> »Es hat immer welche gegeben, die gehn herum und sagen: ›Einmal hört der Krieg auf.‹ Ich sag: daß der Krieg einmal aufhört, ist nicht gesagt. Es kann natürlich zu einer kleinen Paus kommen. Der Krieg kann sich verschnaufen müssen, ja er kann sogar sozusagen verunglücken. Davor ist er nicht gesichert, es gibt ja nix Vollkommenes allhier auf Erden. Einen vollkommenen Krieg, wo man sagen könnt: an dem ist nix mehr auszusetzen, wirds vielleicht nie geben. Plötzlich kann er ins Stocken kommen […]. Aber die Kaiser und Könige und der Papst wird ihm zu Hilf kommen in seiner Not. So hat er im ganzen nix Ernstliches zu fürchten, und ein langes Leben liegt vor ihm«.[8]

Dieser Auffassung gemäß sei der Krieg nicht einfach eine geschichtsübergreifende Erscheinung; die Menschheit kämpfe vielmehr in demselben, ewigen Konflikt, der im Laufe der Geschichte mal angehalten, mal erneut aufgenommen werde.

---

8 Brecht, Bertolt: Mutter Courage und ihre Kinder (1941). In: Ders.: Werke. Große kommentierte Berliner und Frankfurter Ausgabe. Hrsg. von Werner Hecht, Jan Knopf, Werner Mittenzwei und Klaus-Detlev Müller. Bd. 6: Stücke 6. Berlin/Weimar/Frankfurt a. M.: Aufbau/Suhrkamp 1989, S. 54f.

Diese Betrachtungsweise führt im Rahmen der künstlerischen Darstellung zu einer Verschränkung verschiedener zeitlicher Ebenen: Der historische Kontext des Dreißigjährigen Kriegs, die Kulisse, vor der die Abenteuer von Courasche in »Trutz Simplex« spielten, wird zwar aufrechterhalten, doch die epochalen Ereignisse dieses Konflikts werden, wenn überhaupt, nur nebenbei erwähnt,[9] was die Spezifität der historischen Verortung in den Hintergrund drängt. In dieser Hinsicht erscheinen außerdem einige Anspielungen auf den Zweiten Weltkrieg, die für Brechts Publikum sicherlich wohl erkennbar waren, bedeutsam: Zu diesen gehört der Anachronismus »Endsieg« – ein geläufiger Begriff der nationalsozialistischen Propaganda –, sowie der Hinweis auf den – angeblich selbstverschuldeten – Angriff Polens.[10] Aus dieser Verflechtung unterschiedlicher Epochen in demselben textuellen Rahmen ergibt sich keine simple Relativierung des Dreißigjährigen Kriegs, sondern vielmehr ein fruchtbarer Austausch verschiedener zeitlicher Dimensionen. In »Mutter Courage und ihre Kinder« setzt sich Brecht mit dem Problem der Historizität kritisch auseinander: Er beabsichtigt nicht, eine spezifische Epoche sachlich genau zu schildern, sondern über die tiefgreifenden menschlichen und sozialen Faktoren nachzudenken, die sich hinter bestimmten Ereignissen verbergen und im Laufe der Geschichte mal ähnlich, mal verändert immer wieder auftauchen.[11] Die Schrift »Volkstümlichkeit und Realismus«, die aus dem Jahr 1938 stammt, lässt vermuten, dass Brecht in Grimmelshausens Schreibweise eine ähnliche kritische Auseinandersetzung mit historischen und sozialen Prozessen entdeckt haben muss. Anders als die »faschistischen Dichter«, die den Krieg »naturalistisch«, »als eine ganz mechanische Materialschlacht« darstellen würden, die »keinerlei gesellschaftlichen

---

9 Ein Beispiel dafür ist die Nachricht des Tods des Feldhauptmanns Tilly, die während einer Verhandlung zwischen Courage und dem Feldprediger nur unbeteiligt kommentiert wird. Ebd., S. 53.
10 Vgl. ebd., S. 58: »Ihr Leben ist ihnen wie ein alter verstunkener Fußlappen, den sie wegwerfen in Gedanken an den Endsieg.« Sowie ebd., S. 30f.: »Die Polen hier in Polen hätten sich nicht einmischen sollen. Es ist richtig, unser König ist bei ihnen in aller Ruh eingerückt mit Roß und Mann und Wagen, aber anstatt daß die Polen den Frieden aufrechterhalten haben, haben sie sich eingemischt in ihre eigenen Angelegenheiten und den König angegriffen, wie er gerad in aller Ruh dahergezogen ist. So haben sie sich eines Friedensbruchs schuldig gemacht, und alles Blut kommt auf ihr Haupt.«
11 Ingo Breuer bezeichnet Brechts Theaterstücke hinsichtlich ihres Verhältnisses zur Geschichte als »mehrdimensionale« Texte, die »eine simultane Schichtung oder ein Gewebe von Diskursen unterschiedlicher zeitlicher, also historischer Provenienz (und nicht nur einer vergangenen Handlungs- und einer gegenwärtigen Bedeutungsebene)« inszenieren (Breuer, Ingo: Theatralität und Gedächtnis. Deutschsprachiges Geschichtsdrama seit Brecht. Köln: Böhlau 2004, S. 102).

Gehalt und keine Entwicklung« habe, zeigte Grimmelshausen den Krieg »als soziale Erscheinung, als Bürgerkrieg« auf.[12]

Der Dreißigjährige Krieg stellt laut Brecht das passende Szenario für die Analyse des kapitalistischen Systems dar. Als erster großer Krieg der Moderne ist für ihn nicht nur seine Tragweite mit jener der beiden Weltkriege im 20. Jahrhundert vergleichbar, sondern er setze – vielleicht zum ersten Mal in der europäischen Geschichte – wirtschaftliche und soziale Mechanismen deutlich in Gang, die sich später in der bürgerlichen Gesellschaft weiterentwickeln würden. In einem fiktiven »Gespräch mit einem jungen Zuschauer«, in dem das Theaterstück kommentiert wird, schreibt Brecht:

> »der Dreißigjährige Krieg ist einer der ersten Riesenkriege, die der Kapitalismus über Europa gebracht hat. Und im Kapitalismus ist es ungeheuer schwierig für den einzelnen, daß der Krieg nicht nötig ist, denn im Kapitalismus ist er nötig, nämlich für den Kapitalismus. Dieses Wirtschaftssystem beruht auf dem Kampf aller gegen alle, der Großen gegen die Großen, der Großen gegen die Kleinen, der Kleinen gegen die Kleinen.«[13]

Die Zusammengehörigkeit von Kapitalismus und Krieg, die in den zitierten Zeilen zum Ausdruck kommt, beruht auf dem sozialen Konflikt um die Ressourcen, einem Konflikt, der wiederum das kapitalistische System antreibt. Aus »Mutter Courage und ihre Kinder« tritt hervor, dass sich dieser innergesellschaftliche Kampf nicht nur zwischen verschiedenen sozialen Schichten abspielt, sondern auch zwischen Menschen, die der selben Gesellschaftsklasse angehören, was tragische kollektive und individuelle Folgen mit sich bringt. Wie Herfried Münkler in einem Essay zu Brechts »Mutter Courage« und dem Thema des Kriegs bemerkt hat, geht der Autor mit diesem Theaterstück über die marxistische Theorie hinaus, indem er zeigt, dass auch die »kleinen Leute« wie Courage (die »von der proletarischen Existenz nur durch das armselige Produktionsmittel ihres Marketenderwagens getrennt ist«) von Ausgebeuteten zu Förderern dieses Systems werden können.[14]

Der Krieg ist in Brechts Auffassung ein zu lukratives Geschäft, als dass die Menschheit darauf verzichten könnte: Ebenso wie der Kapitalismus verwandle und wiederhole er sich ständig. Wie resigniert diese Betrachtungsweise auch erscheinen mag, so lässt sie doch die Möglichkeit einer sozialen, völlig immanenten Erlösung zu, die den Geschichtsverlauf verändern könnte. Eine solche

---

12 Brecht, Bertolt: Volkstümlichkeit und Realismus (1938). In: Ders.: Werke. Große kommentierte Berliner und Frankfurter Ausgabe. Bd. 22: Schriften 2. 1993, S. 635.
13 Ebd., S. 635.
14 Münkler, Herfried. Der Dreißigjährige Krieg, die neuen Kriege und Brechts »Mutter Courage«. In: Brecht und der Krieg. Widersprüche damals, Einsprüche heute. Hrsg. von Sabine Kebir und Therese Hörnigk. Berlin: Theater der Zeit 2005, S. 16–33, hier S. 30.

entscheidende Handlung wird in der Schlussszene des Stücks von der stummen Kattrin ausgeführt und zeigt sich paradoxerweise wie eine Kriegshandlung: Dadurch, dass sie auf dem Dach eines Bauernhauses trommelt, lenkt sie die Aufmerksamkeit des Volks auf den bevorstehenden Dorfüberfall vonseiten der kaiserlichen Truppen. Ihre Selbstaufopferung wird somit zur einzigen selbstlosen – und daher revolutionären und historisch wirksamen – Handlung in der verkehrten Welt des Kriegs.

## 4. Jannuzzis Comicadaption der Geschichte von Courasche

Anders als Brechts Theaterstück ist Vincenzo Jannuzzis 1980 veröffentlichte Graphic Novel »Vita mirabile dell'arcitruffatrice e vagabonda Coraggio« keine Neuinterpretation von Grimmelshausens Roman, sondern eine regelrechte Übertragung des Textes in die Comic-Form; diese basiert auf der italienischen Übersetzung von »Trutz Simplex«, die Italo Michele Battafarano und Hildegard Eilert anfertigten und 1977 erschienen ist.[15]

Der Handlungsverlauf des Romans wird originalgetreu wiedergegeben, obgleich verkürzt und den Bedürfnissen der neuen Kunstform angepasst: Die Geschichte der Hauptfigur wird durch Zeichnungen und kurze Texte in Sprechblasen rekonstruiert; einige Passagen werden in kurzem Wortwechsel zusammengefasst oder durch Zeichnungen ergänzt, welche die Funktion der schriftlichen Beschreibungen im Roman übernehmen. Die Zeichnungen sind in Schwarzweiß und ihnen werden durch das geschickte Spiel von Licht und Schatten Tiefe und Realismus verliehen. Auch der scharfe, oft freizügige Ton des Romans wird beibehalten; durch die Prägnanz der Bilder und der kurzen Texte wird er sogar potenziert. Insbesondere kennzeichnen sich letztere durch eine stilistisch bemerkenswerte Mischung von umgangssprachlichen, für die Popkunst typischen Redewendungen oder Onomatopoesien, und einer Gelehrtensprache, die die Rhetorik des Barock reproduziert.

---

15 Grimmelshausen, Hans Jakob Christoffel von: Vita dell'arcitruffatrice e vagabonda Coraggio. Hrsg. von Italo Michele Battafarano und Hildegard Eilert. Torino: Einaudi 1977. Die Überarbeitung klassischer Literaturtexte in die Form des illustrierten Romans war für Jannuzzi keine auf Grimmelshausen beschränkte Ausnahme: 1979 gab er »Le 11.000 verghe« (nach Guillaume Apollinaires »Les onze mille verges«) heraus, in den 1980er Jahren arbeitete er an den bis 2015 unveröffentlicht gebliebenen Zeichnungen von »Martin Eden« aus Jack Londons gleichnamigem Roman, und 2016 erschien sein Comicroman »Il piccolo principe«, der Antoine de Saint-Exupérys Erzählung wiederaufnimmt; <https://www.vincenzojannuzzi.it/index.html> (Zugriff am 01.03.2023).

Die Erotik von Courasche, die in Grimmelshausens Roman an den traditionellen Repräsentationskodex der Sünde der Wollust anknüpft,[16] wird in Jannuzzis Übertragung zum Hauptkennzeichen der Protagonistin:[17] Es werden viele Nacktbilder von Coraggio gezeigt, in denen ihr zur Schau gestellter Körper großdimensioniert und hell erleuchtet erscheint; außerdem herrschen in den Gesprächen sexuelle Doppeldeutigkeiten vor. Um diese Neigung zur anstößigen Erotik zu begreifen, sollte man neben Grimmelshausens Originaltext – in dem sowohl Courasches lasterhaftes Verhalten als auch die verbale Derbheit unzensiert vorkamen – den Kontext der Graphic-Novel-Literatur der Zeit berücksichtigen, denn seit Mitte der 1960er Jahre verbreiteten sich die ersten erfolgreichen erotischen Comics mit weiblichen Heldinnen als Hauptfiguren (wie etwa Jean-Claude Forests »Barbarella« und Guido Crepax' »Valentina«). Jannuzzis Darstellung von Coraggio gliedert sich in diesen künstlerischen Zusammenhang ein, weist jedoch auch Elemente auf, die mit der spezifischen Charakterisierung der Hauptfigur in Grimmelshausens Roman sowie mit dem Hintergrund des Kriegs eng verbunden sind. Die inhärente Zusammengehörigkeit von Sinnlichkeit und Gewalt, die schon in »Trutz Simplex« Eingang fand, überträgt sich in Jannuzzis Comic auf die Physiognomik sowie auf die Haltung der Figuren. Die moralische Verdorbenheit der Menschheit, die Grimmelshausen als Mitursache und zugleich Folge des Kriegs denunzierte, wird durch die karikierten Körper, die obszönen Gesten sowie durch die Gesichtszüge der gezeichneten Figuren erbarmungslos veranschaulicht. Die Menschengesichter sind in dieser Hinsicht vielsagend, denn sie verdeutlichen den sittlichen Niedergang ihrer Besitzer.[18] In der Szene von Coraggios Vergewaltigung durch eine Gruppe von Soldaten zeigen sich zum Beispiel die Züge der Soldaten tierisch oder teuflisch verzerrt,[19] und selbst das Gesicht der Protagonistin, die als junge Frau den Reiz der Verführerin besitzt, wird in den Szenen, in denen sie rückblickend als erzählende alte Frau auftritt, als verfallen und hexenhaft dargestellt.[20]

---

16 Vgl. Drux, Rudolf: Im Zeichen der Sieben. Zur Mehrseitigkeit der Courasche-Figur und ihrer »Lebensbeschreibung« in Grimmelshausens simplicianischem Romanzyklus. In: Die sieben Todsünden. Hrsg. von Ingo Breuer, Sebastian Goth, Björn Moll und Martin Roussel. Paderborn: Wilhelm Fink 2005, S. 61–76.
17 Darin unterscheidet sich Jannuzzis Übertragung von Brechts Neuinterpretation, denn in Brechts Theaterstück wird die sexuelle Freizügigkeit von Grimmelshausens Courasche auf die Figur von Yvette Pottier projiziert und Courage wird hingegen zur Mutter.
18 Vgl. Battafarano, Italo Michele: Grimmelshausens Courage als Graphic Novel in italienischer Sprache. In: Simpliciana. Schriften der Grimmelshausen-Gesellschaft 30, 2008, S. 181–190, hier S. 184.
19 Jannuzzi, Vincenzo: Vita mirabile dell'arcitruffatrice e vagabonda Coraggio. Milano: Mondadori 1980, S. 70.
20 Ebd., S. 9f.

Der Dreißigjährige Krieg rückt als spezifische historische Begebenheit in den Hintergrund. An einigen Stellen fügt Jannuzzi kurze Zusammenfassungen der historischen Ereignisse mit deren zeitlich-geographischer Situierung hinzu, die zwar in der italienischen Übersetzung von Grimmelshausens Roman als Fußnoten zu finden sind, doch nicht im Originaltext. Das signalisiert Jannuzzis Absicht, einen geschichtlichen Zusammenhang zu präzisieren, der dem Leser nicht unbedingt gegenwärtig sein dürfte. Historische Fakten wie etwa die Belagerung der Stadt Pilsen oder die Schlacht bei Lützen verflechten sich unzertrennlich mit dem Leben der Protagonistin und bestimmen es; wichtiger als solche Ereignisse erscheinen jedoch die Gewalt, die Begierde der Soldaten, die Angst und das rasche Tempo, in dem die Wechselfälle aufeinanderfolgen, die charakteristisch für Kriegszeiten an sich sind. Das Chaos des Kriegs, das in Grimmelshausens Schelmenroman aus dem schnellen Wechsel der Ereignisse sowie aus der Unzahl von Figuren hervorgeht, überträgt Jannuzzi auf die Struktur seines Comics: Jede Seite besteht aus einer Bildsequenz, deren Reihenfolge nicht unmittelbar klar ist, sodass der Leser den Eindruck eines verwirrenden Durcheinanders von Geschehnissen bekommt. Bedenkt man, dass sich Italien zur Zeit der Entstehung von Jannuzzis Comic in den sogenannten ›bleiernen Jahren‹ befand, in denen linksextremistische Gruppen ihren Widerstand gegen den Rechtsstaat durch Gewalttaten und Terroranschläge äußerten, so erscheinen sowohl die Abenteuer von Coraggio im Krieg als auch Jannuzzis Darstellungsweise als zeitgemäß.

## 5. Schlussbemerkungen

Es ist zu bemerken, dass die Geschichte von Courasche mit dem historischen Hintergrund des Dreißigjährigen Kriegs in den beiden analysierten Neubearbeitungen des 20. Jahrhunderts in Momenten politischer und sozialer Instabilität wiederaufgenommen wird, und in beiden Fällen in modernisierter Form hervorgeht. Der Gattungswandel, den die Lebensbeschreibung der Protagonistin über drei Jahrhunderte erfährt, ist in dieser Hinsicht vielsagend, denn er bestätigt die Aktualität der Originalgeschichte und deren Nexus zur populären Kultur: Von dem Schelmenroman ausgehend, der im 17. Jahrhundert aufgrund der volksnahen Themen und des einfachen, unmittelbaren Stils als eine innovative literarische Form auftritt, geht die Geschichte der Protagonistin durch Brechts Neuinterpretation zum epischen Theater über, einer avantgardistischen Kunstform, in der sich soziale Bewusstseinsbildung und Unterhaltung zwecks einer konstruktiven Gesellschaftskritik verbinden. Durch Jannuzzis Übertragung wird Grimmelshausens Figur zur Heldin einer Graphic Novel und tritt dadurch in die moderne Welt der Popkultur ein. Der Dreißigjährige Krieg wird somit in beiden

Neuinterpretationen mit der jeweils eigenen Zeit in Kontakt gebracht und vermag das moderne Publikum durch eine Anpassung der Darstellungsweise in jeweils besonderer Art anzusprechen.

Małgorzata Kosacka

# Der Dreißigjährige Krieg – »Die Belagerung von Breda« – »Friedenstag«. Vom Drama zum Libretto

## 1. Der Dreißigjährige Krieg

»[A]m 23. Mai 1618 auf der Prager Burg, als die böhmischen Empörer zwei kaiserliche Räte und einen Secretarius zum Fenster hinausstürzten. So nimmt er seinen Lauf, der Krieg der Kriege: der Große Krieg, der Teutsche Krieg, der Dreißigjährige Krieg – der doch nie nur ein Krieg ist, sondern aus vielen Kriegen besteht. Und der auch kein exklusiv teutscher ist, kämpfen doch hier, wie in allen europäischen Konflikten der Zeit, mehr oder weniger alle gegen alle, von Skandinavien bis Spanien. Selbst viele Armeen sind multikulti.«[1]

Wie der Krieg an sich, als eines der folgenschwersten und prägendsten Ereignisse der Barockzeit, so umfasste auch seine Aufarbeitung alle und alles. Er wirkte entsprechend tief auf die Literatur der damaligen Zeit. Kein Autor – von Johann Jacob Grimmelshausen über Friedrich von Logau, Martin Opitz, Andreas Gryphius bis zu Paul Gerhard und vielen anderen –, konnte und mochte sich der Aufarbeitung dieses Krieges entziehen.[2] Aber auch Autoren der Folgezeit griffen diese Thematik immer wieder auf. Der Dreißigjährige Krieg wurde zur unerschöpflichen Inspirationsquelle für Denker und Künstler in späteren Zeiten. Bewahrt haben das Desaster Literatur, bildende Künste, Musik, Film. Nicht nur die künstlerische, sondern auch die wissenschaftliche Auseinandersetzung mit dem »Krieg der Kriege« präsentiert sich aufgrund ihrer Interessenvielfalt sowie Quantität als ein nahezu unüberschaubares Spektrum.

Das Ziel des Beitrags ist es aber, weder eine Monographie über den Konflikt und dessen Rezeptionsgeschichte zu bieten noch die Vielzahl unterschiedlicher Interpretationsmöglichkeiten darzulegen, sondern über ein bestimmtes litera-

---

1 Erenz, Benedikt: »Als die Deutschen das Dichten lernten«, in: *Die Zeit*, Nr 21/2018. <https://www.zeit.de/2018/21/dreissigjaehriger-krieg-deutschland-literatur-poesie> (Zugriff am 13.02.2023).
2 Vgl. Popp, Wolfgang: Der Dreißigjähriger Krieg in der Literatur. <https://www.friedenskooperative.de/friedensforum/artikel/der-dreissigjaehrige-krieg-in-der-literatur#block-nodeblock-16956> (Zugriff am 15.02.2023).

risches Konzept kurz zu reflektieren. Von der Annahme ausgehend, dass das Drama »El sito de Bredá« (»Die Belagerung von Breda«) von Pedro Calderón de *la Barca* (1600–1681) als Textvorlage für die Oper »Friedenstag« von Richard Strauss (1864–1949) diente, wird in dem vorliegenden Beitrag der Versuch unternommen, die Umgestaltung der Vorlage für die Zwecke einer anderen Gattung aufzuzeigen. Es soll anhand dieses Beispiels untersucht werden, wie Textdichter mit einem literarischen Stoff umgehen, das heißt was sie vom Drama erhalten, was sie besonders hervorheben und was sie hinzufügen. Es soll somit die gattungsbedingte und künstlerische Architektonik des Finaltextes festgehalten werden. So erfolgt die zu durchführende Untersuchung in Hinblick auf den Prozess der Anpassung eines dramatischen Textes an die Erfordernisse eines anderen Genres. Der Fokus richtet sich dabei allein auf die textliche Aufbereitung des Dramas für die Oper und schließt ausdrücklich keine Musik- und Inszenierungsanalysen mit ein. Der plurimediale Charakter des Librettos erlaubt zwischen dramatischem, musikalischem und Aufführungstext als isolierbaren, wenn auch nicht voneinander unabhängigen Bestandteilen der Oper als Spectaculum zu unterscheiden, wie dies Albert Gier hervorhebt.[3]

> »Libretti sind literarische Texte; als solche sind sie Gegenstand der Literaturwissenschaft, die unter Umständen genötigt (und berechtigt) ist, den Aspekt der Vertonbarkeit zu vernachlässigen.«[4]

Auf rezeptionsgeschichtliche Aspekte, insbesondere ihrer geschichtlichen Verstrickungen im spezifisch deutschen Kontext, soll nur inzident eingegangen werden. Dies Wagnis, das Werk getrennt von seinen Auswirkungen zu untersuchen, ist begründbar; zum einen rein quantitativ durch die Bandbreite der möglichen Ansatzpunkte, zum anderen qualitativ: Der Gegenstand der Untersuchung ist das Prozedere *sensu primo*, das Prozedere der Adaption eines Textes in einen anderen, für eine musikalisch-szenische Umsetzung gedachten. Damit sei auch der Verzicht auf eine umfassende intentionalistische Interpretation der Oper zu rechtfertigen.

Der Dialog mit der Rezeption der Vorlage durch die Autoren des Zieltextes ist hier als Auseinandersetzung mit Sinngehalt, Inhalt und generischen Konventionen zu verstehen, die auf die Erforschung der Tatsache, wie das Drama ins Libretto Eingang findet, hinzielt. Während die erste rein heuristisch geführt wird, nimmt die zweite die Typologie der Adaptionsformen von Wolfgang Gast als Anhaltspunkt und die dritte die von Albert Gier entwickelte Merkmalskomplexion des Librettos zu Hilfe. Wenn auch auf das spezifisch Musikalische und

---

3 Vgl. Gier, Albert: Das Libretto – Theorie und Geschichte einer musikoliterarischen Gattung. Frankfurt am Main/Leipzig: Insel Verlag 2000, S. 34.
4 Ebd., S. 40.

Theatralische bei der Analyse verzichtet wird, so lässt sich hier von einem Medienwechsel sprechen, zumal das Libretto eine auf die intendierte szenische Aufführung hin angelegte Textsorte ist, sei es durch Regieanweisungen, sei es durch Differenzierung von Arien, Rezitativen und Ensembles. Mit Medienwechsel sei dann nach Irina Rajewsky eine der Hauptformen der Intermedialität gemeint, bei dem ein genetischer Zusammenhang zwischen einem (Werk in einem) ursprünglichen Medium und dessen Übersetzung in ein anderes gegeben sei.[5]

Die Forschungsliteratur zur Oper »Friedenstag« lässt sich recht problemlos zusammenfassen.

> »Trotz des historischen Sujets der Oper, in der das Ende der Belagerung einer mittelalterlichen deutschen Stadt am Tag des Westfälischen Friedens Thema ist, war das Stück von brauner Färbung und nazistischem Gestank, die ihm unweigerlich anhafteten, nicht ohne weiteres zu befreien.«[6]

Die Folgen dieses Vorurteils sind in der Literatur- und Musikwissenschaft sowie in der Musikkritik spürbar. Die Forscher tendieren dazu, die Oper als Politikum auszulegen, sie durch Einbindung in den entstehungsgeschichtlichen Kontext zu interpretieren: »›Friedenstag‹ von Stefan Zweig, Richard Strauss und Joseph Gregor. Eine pazifistische Oper im ›Dritten Reich‹« von Peter Petersen, Katharina Hottmanns »›Die andern komponieren. Ich mach' Musikgeschichte!‹ Historismus und Gattungsbewusstsein bei Richard Strauss. Untersuchungen zum späten Opernschaffen«[7], Carl Dahlhaus' »Eine Ästhetik des Widerstands? »Friedenstag« von Richard Strauss«[8] oder »Oper als Politikum.»Friedenstag« (1938) von Richard Strauss»[9] von Gerhard Splitt, um nur einige Beispiele zu nennen. Überdies hinterfragt Eva-Maria Axt in »Musikalische Form als Dramaturgie. Prinzipien eines Spätstils in der Oper ›Friedenstag‹ von Richard Strauss«[10] den kompositorischen Stil des alten Meisters. Und das Werk als solches, das ein Jahr vor Ausbruch des Zweiten Weltkrieges mit tosendem Beifall von den Nazis begrüßt wurde – und das 82-mal allein in München aufgeführt wurde –, hat nach dem

---

5 Vgl. Rajewsky, Irina O.: Intermedialität. Tübingen/Basel: Francke 2002, S. 16.
6 Petersen, Peter: »Friedenstag« von Stefan Zweig, Richard Strauss und Joseph Gregor. Eine pazifistische Oper im ›Dritten Reich‹. Münster/New York: Waxmann Verlag 2017, S. 9.
7 Hottmann, Katharina: »Die andern komponieren. Ich mach' Musikgeschichte!« Historismus und Gattungsbewusstsein bei Richard Strauss. Untersuchungen zum späten Opernschaffen. Tutzing: Hollitzer Verlag 2005.
8 Dahlhaus, Carl: Eine Ästhetik des Widerstands? »Friedenstag« von Richard Strauss. In: Beiträge zur Musikwissenschaft 28, 1986, S. 18–22.
9 Splitt, Gerhard: Oper als Politikum. »Friedenstag« (1938) von Richard Strauss. In: Archiv für Musikwissenschaft 55, 1998, S. 220–251.
10 Axt, Eva-Maria: Musikalische Form als Dramaturgie. Prinzipien eines Spätstils in der Oper »Friedenstag« von Richard Strauss. München/Salzburg: E. Katzbichler 1989.

Weltkrieg keine Renaissance erlebt, sondern nur vereinzelte Aufführungen.[11] Die Beschäftigung mit der künstlerischen Wiedergabe von diesem Musikwerk bleibt immer noch in der Anfangsphase. Mit dem vorliegenden Beitrag wird auf ein anspruchsvolles Desiderat der interdisziplinären Forschung hingewiesen, das es noch umfassend zu füllen gilt.

Einleitend (2) wird der Ausgangstext betrachtet, dann (3) wird der Zieltext vorgestellt. In Anschluss daran (4) wird das Libretto in Hinblick auf Parallelen und Differenzen analysiert. Zuletzt (5) wird zusammenfassender Überblick über die Adaption verschafft.

## 2. Die Belagerung von Breda

»Seit seinen rituellen und zeremoniellen Anfängen hat das Theater neben vielen anderen Funktionen auch die der propagandistischen Verwertung der Geschichte. Theaterstücke wurden geschrieben, um an ein bestimmtes historisches Ereignis zu erinnern, und die Inszenierungen hatten den Charakter kollektiver Feiern, bei denen die Erzählung als Machtdemonstration dient. [...] Und so ist es auch ein Grundzug des spanischen Theaters zur Zeit des Dreißigjährigen Krieges, daß es die Siege feierte, die Niederlagen und den allgemeinen Verlauf des Krieges jedoch vergaß.«[12]

»El sito de Bredá« (»Die Belagerung von Breda«) ist Calderóns Jugendstück, das wohl 1625 unter unmittelbarem Eindruck der Kriegsereignisse entstanden ist und wohl im gleichen Jahr zu Madrid aufgeführt wurde.[13] Höchstwahrscheinlich trat der Dichter im Jahre 1625, im Jahre der Kapitulation von Breda, in die spanische Armee und diente vom Jahr 1625 bis 1628 in Flandern; auf die persönliche Teilnahme des Dichters an der Belagerung weist selbst das Stück in mehr als einer Hinsicht hin.[14] Calderón habe daher fast nur wirklich Geschehenes, zum Teil selbst Erlebtes – nur weniges sei von ihm erfunden – geschildert. Dies könnte für das spätere Erscheinungsdatum des Stückes (1632) sprechen. Als Calderóns Quelle sei hier auch die Chronik von Hermann Hugo genannt, die 1626 in la-

---

11 Graz 1950, Coburg 1956, München 1961, Los Angeles 1967, Santa Fee 1988, Dresden 1995. Daneben gab es eine Reihe konzertierter Aufführungen, vgl. Dietrich, Ronny: Strauss: Friedenstag. Oper in einem Aufzug. In: Pipers Enzyklopädie des Musiktheaters: Oper, Operette, Musical, Ballett. Hrsg. v. Carl Dahlhaus und dem Forschungsinstitut für Musiktheater der Universität Bayreuth unter Leitung von Sieghart Döhring. München/Zürich: Piper 1997, S. 124.
12 Díez Borque, José María: Spanische Literatur zur Zeit des Dreißigjährigen Krieges. In: 1648. Krieg und Frieden in Europa. Hrsg. von Klaus Bußmann, Heinz Schilling. Münster/Osnabrück: Westfälisches Landesmuseum für Kunst und Kulturgeschichte 1998. Bd. 2, S. 359.
13 Vgl. Calderón de la Barca, Pedro: Ausgewählte Schauspiele des Don Pedro Calderón de la Barca. Hrsg. von Konrad Pasch. Bd. 6: Die Belagerung von Breda. Freiburg im Breisgau: Herder 1896, S. 3.
14 Vgl. ebd.

teinischer Sprache und ein Jahr später in spanischer Übersetzung erschienen war.[15] Nach Valentin Schmidts Einteilung, der als erster eine Klassifikation Calderóns Werke lieferte – 108 Dramen in 10 Klassen, reiht sich »Die Belagerung von Breda« mit zehn Schauspielen aus der spanischen Geschichte ein.[16]

Die Zeit der Handlung fällt in die Jahre 1624–1625, der Handlungsort ist Breda und Umgebung. Spinola, Oberanführer des Belagerungsheeres, hält Ende August 1624 eine Musterung über die Truppen der Spanier und ihrer Verbündeten sowie einen Kriegsrat mit den Heerführern. Er berät dabei über den nächsten Angriff. Wenn sie sich auch auf Grave geeinigt haben, so kommt der geheime Befehl, auf dem Weg plötzlich umzukehren und Bredas nächste Umgebung zu überrumpeln. Zur gleichen Zeit unterhält sich im Garten am Eingang eines Dorfes unmittelbar vor Breda die junge Witwe Flora mit ihrem Vater Alberto, ihrem Sohn Karl und Heinrich von Nassau. Dieser bekommt durch den Engländer Morgan den Befehl, unverzüglich mit einem Teil seines Heeres zum Schutze Graves aufzubrechen. Die Spanier erobern das Dorf bei Breda, das Bauer selbst in Flammen gesetzt haben. Durch die Hilfe eines edlen Spaniers entkommt Flora samt den Ihrigen unverletzt nach Breda. Jedoch scheitert der Versuch die Stadt Breda friedlich zu übernehmen.

Im spanischen Lager finden Umzäunungsarbeiten statt. In dem belagerten Breda wütet dagegen Hunger und Pest, weswegen ein Befehl erteilt wird, dass alle Greise über 60 und Knaben unter 15 die Stadt verlassen müssen. Im spanischen Lager ist inzwischen der Prinz von Polen angekommen und glänzend empfangen worden. Während der Waffenruhe unterhalten sich spanische Offiziere mit Damen der belagerten Stadt auf der Festungsmauer, unter denen Flora ihren Retter findet, den sie insgeheim liebt.

Die Not der Belagerten ist aufs höchste gestiegen, zumal die Spanier die Greise und Kinder wieder in die Festung zurückgetrieben hatten. Die Einwohner, besonders die Frauen, für welche Flora in einer langen leidenschaftlichen Rede plädiert, verlangen die Übergabe der Stadt. Der Gouverneur will die Stadt um keinen Preis übergeben. Er hofft auf Heinrich von Nassaus Entsatz. Das holländische Heer rückt zwar heran und greift die Schanzen der Italiener an, die

---

15 Vgl. ebd., S. 4. Es handelt sich dabei um »Obsidio Bredana armis Phililli IV. auspiciis Isabellae ductu Ambr. Spinolae perfecta«. Scribebat Hermannus Hugo S. J. Antverpiae 1626.
16 Die zehn Klassen sind: I: Intriguenstücke, II: Heroische Schauspiele im engeren Sinn, III: Schauspiele aus der spanischen Geschichte oder Sage, IV: Schauspiele, deren Inhalt aus der alten oder neuen Geschichte romantisch umgebildet und dramatisch dargestellt ist, V: Schauspiele, deren Inhalt sich an ältere Romane oder Gedichte anschließt, VI: Mythologische Festspiele, worin die Fabeln der alten Mythologie umgebildet sind, VII: Burlesken oder Karikaturen derselben, VIII: Symbolische Dramen, IX: Geistliche Schauspiele, X: Dramen aus der Heiligenlegende (vgl. Schmidt, Leopold: Die Schauspiele Calderon's dargestellt und erläutert von Friedrich Wilhelm Valentin Schmidt. Elberfeld: Verlag von R. L. Friderichs 1857, S. 14–447).

anfangs zurückweichen, letztendlich aber scheitert der Plan Heinrichs. Er zieht sich zurück und ruft den Gouverneur Bredas dazu auf, die Stadt zu übergeben. Eine weiße Fahne auf der Mauer ist ein Zeichen des Friedens. Im Schloss von Breda werden Friedensverträge verhandelt. Die Kapitulation kommt unter annehmbaren Bedingungen zustande. Am Tor der Stadt übergibt Justin von Nassau Spinola die Schlüssel Bredas.[17]

So planlos auch die Szenen aneinandergereiht sind, so hat das Drama einen Mittelpunkt, ein Ziel, worauf alles hinausläuft, und das ist die Verherrlichung der spanischen Armee, ihrer glänzenden Taten und einzelner Führer: »die erprobte, unsichtige Persönlichkeit des Oberfeldherrn, des Marquese Spinola.«[18] Aber nicht allein das Lager- und Soldatenleben, das dem Dienst, dem Gehorsam und der militärischen Ehre geweiht ist, wird hier geschildert. Die Belagerung und Hungersnot, der Sieg und der Frieden sind weitere, wenn auch nicht zentrale Themen des Schauspiels. Darüber hinaus thematisiert Calderón in seinem Drama Liebesschmerz, Opferbereitschaft und Kollektivgeist.

»Die Belagerung von Breda« lässt sich als ein offenes Drama klassifizieren. Auf die offene Form deuten u. a. eine Vielfalt in Bezug auf Ort – Breda und die Umgebung –, die zeitliche Bandbreite von über zehn Monaten – vom August 1624 bis zum Mai 1625 – und mehrere gleichberechtigte Handlungsstränge hin. Die linearen Handlungsabläufe brechen auf, der Ort der Handlung wechselt häufig, die einzelnen Szenen werden zwar chronologisch, aber scheinbar planlos aneinandergereiht. Des Weiteren hat die Handlung weder markierten Anfang noch pointierten Schluss, sie setzt unvermittelt ein und ebenso bricht sie ab, so dass auch eine Fortsetzung möglich wäre. Es gibt keine Einführung in die Vorgeschichte der Figuren. Es treten viele Figuren auf – 25 Offiziere auf Seiten der Spanier und der Niederländer, Soldaten, Bauern, deren Sprache oft zwischen gehobener Sprache und Alltagssprache variiert. Das Schauspiel verfügt über Leitmotive, Nebentexte, eine Spontanität der Sprache, um einige weitere Merkmale zu nennen.

## 3. Friedenstag

»Nachdem ein Text hervorgebracht wurde, kann man vieles damit anstellen – in manchen Fällen potentiell unendlich vieles –, doch ist es unmöglich – zumindest unter kritischen Gesichtspunkten illegitim –, ihn etwas sagen zu lassen, was er nicht sagt. Häufig sagen Texte mehr, als ihre Verfasser sagen wollten, aber weniger, als sie nach den Wünschen vieler maßloser Leser sagen sollten.«[19]

---

17 Vgl. Calderón de la Barca, Die Belagerung von Breda. 1896, S. 10–133.
18 Vgl. ebd., S. 4.
19 Eco, Umberto: Die Grenzen der Interpretation. München: Hanser 1992, S. 144f.

Das Textbuch der Oper »Friedenstag« bildet die erste Frucht der Zusammenarbeit von Richard Strauss mit dem Wiener Kunsthistoriker und Theaterwissenschaftler Joseph Gregor (1888–1960).[20] Der zu damaliger Zeit verfemte Textdichter der »Schweigsamen Frau«[21], Stefan Zweig (1881–1942), war es aber, der Strauss auf den Stoff aufmerksam machte und ihn wohl auch selbst librettisieren wollte.[22] Das Regime gestattete aber die Aufführung einer zweiten »Zweig-Oper« nicht und Zweig musste sich von dem Projekt zurückziehen. Als Autoren schlug Zweig den deutschen Schriftsteller Rudolf Binding vor, später den Schweizer Schriftsteller Robert Faesi, danach den österreichischen Schriftsteller Alexander Lernet-Holenia, und schließlich Gregor,[23] dessen »Weltgeschichte des Theaters« Strauss kannte.[24] Zweig erklärte sich dabei bereit, dem Werk als Berater zur Seite zu stehen.

Das Thema wurde seit August 1934 mit Stefan Zweig diskutiert. Zweig lehnte sich in seinem Szenarium, das im Gedankenaustausch des Komponisten und Librettisten unter dem Titel »24. Oktober 1648« oder nur »1648« figuriert, an das Drama Calderóns in der deutschen Übersetzung von Konrad Pasch an. Er verlegte die Handlung in das Jahr des Westfälischen Friedens, auf den Tag der Unterzeichnung des Westfälischen Friedens, den 24. Oktober 1648, wobei der konkrete Ort eliminiert wurde. Das Particell der Oper »Friedenstag« wurde am 24. Januar 1936 fertiggestellt und im Februar in Garmisch vorgespielt, die Partitur – am 16. Juni 1936 abgeschlossen.[25]

Die Handlung spielt sich in der Zitadelle einer belagerten Stadt ab. Bei Beginn der Handlung ist es »Anbrechender Morgen«[26], am Ende »Sonnige Helle«.[27] Dem

---

20 Dem »Friedenstag« als gemeinsamen Opernprojekten folgten »Dafne. Bukolische Tragödie in einem Aufzug« und »Die Liebe der Danae. Heitere Mythologie in drei Akten«, vgl. Lütteken, Laurenz: Richard Strauss. Die Opern. Ein musikalischer Werkführer. München: C.H. Beck 2013, S. 113–117 und 122–127. Gregor beteiligte sich auch an der Arbeit am »Capriccio«, vgl. ebd., S. 117–122.
21 »Die schweigsame Frau. Komische Oper in drei Aufzügen, frei nach Ben Jonson« von Stefan Zweig, am 24. Juni 1935 in Dresden uraufgeführt.
22 Krause, Ernst: Richard Strauss. Gestalt und Werk. München/Zürich: Piper 1988, S. 380.
23 Der Juden-Vorbehalt habe auch zeitweilig Joseph Gregor als Librettisten von »Friedenstag« betroffen. Erst als seine »arische« Abstammung nachgewiesen worden sei, habe es grünes Licht für die Prüfung des Werks gegeben. (Vgl. Petersen, Peter: »Komponieren kann der Junge!« Richard Strauss' »Friedenstag« und Hitlers »Pazifismus«. In: Neue Zeitschrift für Musik 177, 2016, H. 5, S. 35).
24 Dietrich, Friedenstag. 1997, S. 123.
25 Vgl. ebd. Das Werden des »Friedenstag« hat Gregor ausführlich beschrieben. Vgl. dazu Gregor, Joseph: Richard Strauss, der Meister der Oper. München: Piper & Co. 1939; Krause, Strauss. 1988, S. 382 f.
26 Strauss, Richard: Friedenstag. Oper in einem Aufzug von Joseph Gregor, Musik von Richard Strauss. Libretto. <https://opera-guide.ch/operas/friedenstag/libretto/de/> (Zugriff am 27.02.2023).
27 Ebd.

Kommandanten ist der Befehl des Kaisers von einem Italiener überbracht worden, die durch den Holsteiner Kommandanten belagerte Stadt unter allen Umständen zu halten. Taub steht er der Bitte der von Hunger gequälten Bürgerschaft (einer Delegation der Stadt mit Bürgermeister und Prälat an der Spitze) gegenüber. Um sich die Schande der Übergabe zu ersparen, beschließt er endlich, die Festung in die Luft zu sprengen. Streng und verschlossen erscheint der Kommandant auch seinem jungen Weib Maria gegenüber und er fordert sie auf, die Zitadelle zu verlassen. Auf ihr heftiges Drängen hin weiht er sie jedoch in sein Vorhaben ein. In einem Zwiegespräch verflucht die Frau den Krieg, und der Mann besingt die militärische Ehre und die beiden umarmen sich im Vertrauen auf den gemeinsamen Tod. Schon soll das Feuer an die Pulvervorräte gelegt werden, da bringen Kanonenschläge und Glocken die große Wendung: Der Holsteiner tritt in die Zitadelle hinein und verkündet den Friedensschluss von Münster, was der Kommandant zunächst für eine Kriegslist hält. Maria ruft ihn zur Vernunft sowie zum Glauben an den Frieden auf. Der Kommandant umarmt den Gegner, eine Zugbrücke sinkt symbolisch nieder, und das Volk preist den Frieden.

»Friedenstag« ist die einzige Oper von Strauss, die inhaltlich auf ein weltpolitisches Ereignis Bezug nimmt, so Ronny Dietrich.[28] Hungersnot, Krieg, Dienst, Gehorsam, Destruktions- und Opferbereitschaft bestimmen den ersten Teil der Oper, im zweiten setzten sich neue Zuversicht, Versöhnung und Friedensjubel durch. Die Oper ist ein Einakter, dessen Handlung sich auf eine einzige Situation zuspitzen lässt: »Verzweiflung und sinnlose Befehlserfüllung bis zum Untergang, dann unerwarteter Durchbruch zu Frieden und Befreiung.«[29] Der Handlung wurde somit eine streng triadische Form gegeben. Laurenz Lütteken spricht von drei »Farben«, die in der Oper existieren: »zerknirschte Resignation, hoffnungsvolle Liebe (in der Figur Maria) – und matrialistische Zuversicht«[30]. Zwar gibt es keinen klaren Anfang, aber ein großes Finale. Im Personenregister sind 13 Figuren aufgelistet, von denen nur eine, und zwar die Ehefrau des Kommandanten, mit einem Namen – Maria – versehen wird, darüber hinaus Soldaten des Kommandanten der belagerten Stadt und Soldaten des Holsteiners, Stadtobere und Frauen aus der Deputation an den Kommandanten und Volk.

> »Sieht man also zunächst von München 1938 ab und nimmt die Partitur so, wie sie seit 1936 vorliegt, dann lässt sich als Intention der Oper kaum etwas anderes ausmachen als die Feier eines lang ersehnten Friedens und die Affirmation auf Frieden als neuer Leitidee.«[31]

---

28 Vgl. Dietrich, Friedenstag. 1997, S. 124.
29 Lütteken, Strauss. 2013, S. 111 f.
30 Ebd., S. 112.
31 Petersen, »Friedenstag« von Stefan Zweig, Richard Strauss und Joseph Gregor. 2016, S. 33.

Das Werk von Gregor und Strauss ist somit als ernste (heroische) Oper mit ideell-politischer Tendenz[32] oder szenische Kantate der weniger dramatischer als vielmehr philosophischer Idee dienenden Anlage wegen[33] anzuerkennen.

»Sei uns gegrüßt,
leuchtender König,
herrlicher Herrscher,
ewiger Friede, sei uns gegrüßt!«[34]

## 4. Vom Drama zum Libretto

»Aus dem dramatischen Text im Medium Sprache, der für eine szenische Umsetzung gedacht ist, wird ein dramatischer sprachlicher Text, der für eine musikalische und dann szenische Umsetzung gedacht ist.«[35]

Sobald ein literarisches Werk musiktheatralisch eingesetzt werden soll, sind Veränderungen nötig. Texte des Sprechdramas oder Erzähltexte müssen musik- und bühnentauglich gemacht werden. Fünf überzeitlich gültige Strukturmerkmale eines Librettos stellt Albert Gier auf: (1) Kürze, (2) diskontinuierliche Zeitstruktur, (3) Selbstständigkeit der Teile, (4) Kontraststruktur, (5) Primat des Wahrnehmbaren.[36] Sie lassen sich an Zweigs und Gregors Libretto ablesen. (1) Der Text hat einen geringeren Umfang im Vergleich zu seiner literarischen Vorlage. Die Handlung wird auf einen Tag – den Tag der Unterzeichnung des Westfälischen Friedens – konzentriert. (2) Das Tempo der szenischen Vorgänge und der Dialoge, z. B. in der Arie oder im Ensemble, wird gedehnt; das Maß an dargestellter Zeit wechselt oft innerhalb der gleichen Szene zwischen Extremen, z. B. in der Darstellung des heroischen Suizidgedankens des Kommandanten. (3) Das Libretto besteht aus einem einzigen Akt, der eine distinkte Einheit bildet. (4) Das Libretto wie auch das Drama zeigen zwei Heerführer, die sich gegenüberstehen. Sowohl die Vorlage als auch der Finaltext weisen eine bipolare Struktur auf: Not und Hoffnung, Krieg und Frieden sind als Gegenpole zu betrachten. Dem Gegensatzpaar Krieg und Frieden sind im Libretto die Topoi männlich – weiblich parallel gesetzt. »Der Kommandant lebt förmlich im Krieg; Maria, seine Gattin, wünscht sich den Frieden.«[37] Diese Oppositionsstrukturen prägen traditionell das Libretto. (5) Das Libretto lässt die Helden aussprechen

---

32 Vgl. Krause, Strauss. 1988, S. 380.
33 Vgl. Dietrich, Friedenstag. 1997, S. 124.
34 Strauss, Friedenstag.
35 Gostomzyk, Swantje: Literaturoper am Ende des 20. Jahrhunderts. Frankfurt am Main: Peter Lang 2009, S. 41.
36 Gier, Das Libretto. 2000, S. 20–33.
37 Petersen: »Friedenstag« von Stefan Zweig, Richard Strauss und Joseph Gregor. 2016, S. 33.

und ihre Emotionen zeigen. Die Kraft des Wortes ist im Libretto nicht geringer als die einer Geste (etwa Kopfschütteln, Händedruck oder Umarmung) oder einer stumm ausgeführten Handlung (z. B. der Trauermarsch der Deputation). Das Libretto spiegelt gut *couleur locale* wider, etwa durch Militärmärsche oder durch einen italienischen Kriegsgesang aus dem Ersten Weltkrieg für die Charakterisierung eines der Helden – ein Piemonteser. Mit der Form des Einakters und dem großen Finale – der ausgebauten Schlussszene als Jubelszene mit großem Orchesterapparat Wagner'scher Prägung knüpfen die Autoren an die Tradition der früheren Opern von Strauss an.

Analysiert man den Inhalt beider Texte, so sind Parallelen festzuhalten: Belagerung einer Stadt, Verherrlichung des soldatischen Kadavergehorsams gegen einen fernen Kaiser, vor Hunger wehklagendes Volk mit einer Frau als Fürsprecherin, Verzögerung mit der Übergabe der Stadt wegen eines möglichen Entsatzes, Feier eines längst ersehnten Friedens, wofür die weiße Fahne und die sinkende Zugbrücke symbolhaft stehen. Die Entsprechungen lassen sich auch auf der formalästhetischen Ebene erkennen: eine triadische Form(gebung), sei es in Aufteilung in drei Akte (Drama), sei es in Handlungsablauf (Libretto); keine Exposition und eine Vielzahl an Figuren. Es ist auch zwischen beiden vielerlei zu differenzieren. Wenn es sich auch im Prä- wie auch Posttext um die Belagerung einer europäischen Stadt im 17. Jahrhundert, um zwei Heerführer, die am Ende die kampflose Übergabe der Stadt und den Friedensschluss feiern, und um das hungernde Volk in einer belagerten Stadt handelt, so wird im Operntext alles entpersonalisiert – der konkrete Ort eliminiert und bis auf die Frau Maria, die junge Gattin des Kommandanten, keine einzige Bühnenfigur dezidiert genannt. Die Absicht, alles im Anonymen zu lassen, artikulierte Zweig im Brief an Strauss:

> »Ich möchte drei Elemente darin zusammenfassen: das Tragische, das Heroische und das Humane, ausklingend in jenen Hymnus der Versöhnung aller Völker, an die Gnade des schaffenden Aufbaus: nur möchte ich Kaiser, Könige, ganz aus dem Spiel lassen und es ins Anonyme stellen.«[38]

Alles soll »nur Gestalt sein, Symbol und nicht einmaliges Individuum«.[39] Dies solle »das Stück für Deutungen offen machen, die die siegreiche Kraft des Humanitätsgedankens auf die Gegenwart übertrügen.«[40] Daraus folgt die Bandbreite von möglichen Lesearten.

Nimmt man Wolfgang Gasts Modell zu Hilfe, das acht Adaptionsarten auf rein inhaltlicher Basis zur Befragung inhaltlicher Adaptionen unterscheidet, und zwar die aktualisierende, die aktuell-politisierende, die ideologisierende, die historisierende, die ästhetisierende, die psychologische, die popularisierende und die

---

38 Strauss, Richard: Briefwechsel mit Stephan Zweig. Frankfurt am Main: S. Fischer 1957, S. 76.
39 Ebd.
40 Hottmann, »Die andern komponieren. Ich mach' Musikgeschichte!«. 2005, S. 596.

parodierende Adaption,[41] so erweist sich, dass sich das Libretto kaum einer dieser Kategorien eindeutig zuordnen lässt. Hier kann von einer Mischform aus historisierender, ideologisierender und psychologischer Adaption ausgegangen werden.

## 5. Fazit

Will man den Transformationsprozess des Dramas »Die Belagerung von Breda« von Pedro Calderón de *la Barca* für die Zwecke der Oper »Friedenstag« von Stefan Zweig, Joseph Gregor und Richard Strauss zusammenfassend beschreiben, indem man produktionsästhetischen Aspekten besondere Aufmerksamkeit schenkt, so sind folgende Analyseergebnisse festzuhalten:
1. Der Ausgangstext erfährt durch die Übersetzung in ein anderes Medium eine komplexe strukturelle Transformation.
2. Das reduzierte Sujet des Dramas wird ins Libretto transportiert, wobei Modifikationen vorgenommen wurde, die zum einen die andere Konstitution des Zieltextes diktiert, zum anderen konzeptuell und ideologisch bedingt sind.
3. Die offene Form des Dramas »Die Belagerung von Breda« birgt ein großes Potential für das Libretto, dessen »Zielform [...] das epische, also nicht aristotelische (offene) Drama«[42] ist. Es wird aus der dreiaktigen Vorlage ein in sich geschlossenes Bild herausgelöst und zu einer neuen Handlungssequenz – einem auf die Darbietung der psychischen Verfassung der Figuren ausgerichteten Akt – ausgebaut, der nicht auf ein Vorher oder Nachher verweist und innerhalb dessen die drei Einheiten der Zeit, des Ortes und der Handlung eingehalten sind.
4. Kontraste, Gleichzeitigkeit, Vorrang des Zuständlichen gegenüber dem Prozesshaften, Figurenkonstellationen und deren psychologische Aspekte werden über die Vorlage hinaus exponiert.
5. Neben der komplexen strukturellen Transformation des Ausgangstextes ins Libretto ist auch das neue inhaltliche Konzept ein wesentliches Element der Deutung von Calderóns Drama durch Zweig, Gregor und Strauss. »Friedenstag« eröffnet weniger eine historische als eine ideologische Dimension: Affirmation auf Frieden, auf Versöhnung, wobei diese Dimension eine hermeneutische Ambiguität zulässt.

---

41 Vgl. Gast, Wolfgang: Film und Literatur. Analyse, Materialien. Unterrichtsvorschläge. Grundbuch. Einführung in Begriffe und Methoden der Filmanalyse. Frankfurt am Main: Diesterweg 1993, S. 49–52.
42 Gier, Das Libretto. 2000, S. 33.

6. *Dramatis Personae* werden weitgehend übernommen, auch wenn manche in ganz anderer Konstellation und vom Bezug auf Individualität befreit.
7. Die Literaturrezeption im Werk von Zweig, Gregor und Strauss ist neben allen formalästhetischen Transformationen nicht zuletzt der Ausdruck eines Vorhabens der Mitautoren, sich mit »der tobenden Umwelt«[43] auseinanderzusetzen.
8. Das analytische Verfahren, das die Dramaturgie des Operneinakters hinterfragt, zeigt, wie Bearbeitungen klassische Texte der europäischen literarischen Tradition überschreiben und wie fruchtbar Philologie im Diskurs mit Nachbardisziplinen ist.

Zu konstatieren ist ein eminenter Wandel der Ausdrucksweise im Werk von Zweig, Gregor und Strauss. Die textbezogene Untersuchung der Oper auf den Medienwechsel als »die Mediengrenzen überschreitende Qualität […] in ›genetischer‹ Hinsicht« hin, die »auf die Genese, d. h. auf den Produktionsprozess der jeweiligen Adaptation bezogen« ist,[44] ermöglicht eine unbefangene Herangehensweise an das im Kontext seines entstehungsgeschichtlichen Hintergrunds kritischen Exegesen ausgesetzte Werk.

> »Bei alledem möge aber nicht in Vergessenheit geraten, dass es sich bei der Oper »Friedenstag« um ein Kunstwerk handelt, und nicht etwa um eine politische Stellungnahme oder gar ein Instrument der Propaganda.«[45]

---

43 Krause, Strauss. 1988, S. 387.
44 Rajewsky, Irina O.: Literaturbezogene Intermedialität. In: Intermedialität. Formen – Diskurse – Didaktik. Hrsg. von Klaus Maiwald. Baltmannsweiler: Schneider Verlag Hohengehren 2019, S. 58.
45 Petersen, »Friedenstag« von Stefan Zweig, Richard Strauss und Joseph Gregor. 2017, S. 14.

Emily Sieg Barthold

## »Daß die geschilderten Zeitverhältnisse und Zustände von damals fast ganz unseren heutigen entsprachen.« August Reuleckes »Die schwedischen Reitersignale« (1922) und der Dreißigjährige Krieg als Sinnbild der frühen Weimarer Republik

Ende Juni 2019, wie fast jeden Sommer seit dem Mauerfall, wurden beim Peter-und-Paul-Fest in der sächsischen Stadt Delitzsch die sogenannten »schwedischen Reitersignale« geblasen, um der sagenumwobenen Türmerstochter aus den Zeiten des Dreißigjährigen Krieges zu gedenken. Sollte man die Geschichte noch nicht kennen, sorgt das Programmheft für das Grundwissen der Türmerstochtersage:

> »Im Jahre 1637 wachte ein Türmer, der eine Tochter hatte, über die Stadt Delitzsch. Diese war recht einsam, da ihre Bekannten den hohen Turm mieden. Sie bat ihren Vater, ihr das Trompetespielen beizubringen, damit sie sich die Langeweile vertreiben konnte. Sie war eine gelehrige Schülerin und erfreute sich an den Klängen des Instrumentes. Eines Tages sollte sie ihren Vater als Turmwache vertreten. Als sie am Ausguck in die Landschaft spähte, bemerkte sie in der Ferne eine Staubwolke, die auf die Stadt zuwalzte. Als die Türmerstochter die Reiter sah, ahnte sie Unheil für die Stadt und gebot die Bürger durch ein warnendes Signal auf die Stadtmauer. In Waffen erwarteten sie die Feinde und als die schwedischen Reiter die Bürger zur Verteidigung bereitfanden und keine Beute zu holen war, wendeten sie eilends und stoben davon.«[1]

Obwohl keine Quelle angegeben wird, heißt es an anderer Stelle, dass »Sage und Wirklichkeit [...] auch historisch belegt« sind.[2] Dessen ungeachtet wurde diese Sage eigentlich erst 1921 verfasst. Die Erfindung der Türmerstochtersage nach dem Ersten Weltkrieg kombiniert mit ihrer heutigen ritualisierten Verehrung wirft demzufolge die Frage auf: Wann wird aus einer Geschichte (gern) geglaubte Geschichte?

---

1 Programmheft. Peter & Paul Stadtfest Delitzsch. Hrsg. von Peter & Paul Veranstaltungs-GmbH. Delitzsch: 2019. S. 2.
2 Ebd., S. 18.

## Einleitung: Die Zäsur des Ersten Weltkrieges

Bis vor dem Ersten Weltkrieg war der Dreißigjährige Krieg als »der große Krieg« bekannt und wurde als wohl größte Katastrophe der deutschen Geschichte eingeschätzt, wie es etwa in Ricarda Huchs »Der große Krieg in Deutschland« (1912–1914) wiedergegeben wird. Ab 1914 wurde der Erinnerungsort »Dreißigjähriger Krieg« relativiert, aber den beiden Kriegen blieb eine Gemeinsamkeit, und zwar ihre Wahrnehmung als eine Art tragische »Hölderlin'sche Zäsur« oder Bruch innerhalb der Geschichte.[3] Indem der Erste Weltkrieg die deutsche Geschichte anscheinend in *antebellum* und *postbellum* geteilt hatte, wurde er in der Weimarer Republik zum neuen katastrophalen »großen Krieg in Deutschland«. Es blieb aber die Frage, was für eine Ära der Krieg eingeleitet hatte. Innerhalb von wenigen Jahren stellte die neue Zeit sich eindeutig als eine der Instabilität heraus, die doch nicht so eindeutig ein *postbellum* war, sondern vielmehr ein fortgesetzter Nicht-Frieden. In diesem Kontext wurden Parallelen zwischen dem Ersten Weltkrieg und dem langwierigen Dreißigjährigen Krieg gezogen, die im Laufe der Zeit zur Bezeichnung des frühen zwanzigsten Jahrhunderts als »zweiter Dreißigjähriger Krieg« führten.[4] Insbesondere für Verfasser historischer Literatur, wie später am Beispiel August Reulecke ausführlich besprochen wird, stellte sich die Frage, ob die Ähnlichkeiten der Kriege eine Lehre oder zumindest einen Trost bieten könnten.

Unter diesen Umständen entstand die Türmerstochtersage. Sie ist das Produkt einer Neukonzeption der Geschichte des Dreißigjährigen Krieges im Kontext der Erfahrungen des Ersten Weltkrieges und des nicht besonders friedlichen Friedens, der folgte. Die Erstfassung der Sage aus dem Jahre 1921, die der oben zitierten Fassung von 2019 nahezu gleicht, unterscheidet sich nur in Bezug auf die Rechtschreibnormen und Umgangssprache ihrer Zeit. So sehr diese Fassungen der Türmerstochtersage durch ihren Verzicht auf Namen und die Betonung von Typen einem Märchen ähneln, wurde diese Geschichte keinem Märchenbuch oder einer Sagensammlung entnommen, sondern *Notgeldscheinen.*

Obwohl 1923 als das schlimmste Inflationsjahr der Weimarer Republik gilt, gab es in den Jahren davor auch etliche Währungskrisen in Deutschland.[5] Die unregulierte Herstellung von Papiergeld erreichte nach dem Krieg einen Höhe-

---

[3] François, Etienne und Schulze, Hagen: Deutsche Erinnerungsorte. Band I. München: C. H. Beck, 2002; Bambach, Charles: Weimar Philosophy and the Crisis of Historical Thinking. In: Weimar Thought: A Contested Legacy. Hrsg. von Peter E. Gordon and John P. McCormick, Princeton: Princeton UP 2013. S. 133–35.

[4] Koselleck, Reinhart: Zeitschichten. Studien zur Historik. Frankfurt a. M.: Suhrkamp, 2018. S. 295.

[5] Fergusson, Adam: When Money Dies. The Nightmare of the Weimar Hyper-Inflation. London: Old Street Publishing 1975. S. 80–91.

punkt, als sich »eine wahre Sammelwut« für bunt bebilderte Notgeldserienscheine entwickelte, die nicht mehr primär für die freie Zirkulation gedacht waren, sondern hauptsächlich als für lokale Gemeinden gewinnbringende Sammlerstücke, die mit einem Aufpreis an Liebhaber verkauft werden konnten.[6] Um Sammlerinteresse zu wecken und dabei möglichst hohen Gewinn zu erzielen, galt es visuell ansprechende sowie regional einzigartige Notgeldscheine zu designen, die oft märchenhafte Geschichten nacherzählten.[7] Die sächsische Stadt Delitzsch war in dieser Hinsicht keine Ausnahme und so gab 1921 die Stadtverwaltung eine Notgeldserie heraus (siehe Anhang A).

Mit dieser Notgeldserie wurde die Sage der Türmerstochter erfunden, denn um den Scheinen ein besonderes heimatliches Flair zu verleihen, ließ die Stadt vom Stadtchronisten und Lehrer Oskar Reime einen narrativen Text verfassen. So war auf der einen Seite des Scheins die Unterschrift der lokal höchsten politischen Instanz und auf der anderen Seite Bilder der verteidigenden Bürger und der Türmerstochter, also Symbole eines gemeinsamen Überlebenskampfes. Wenn man alle sechs Scheine aneinanderreiht und so die komplette Geschichte lesen kann, bezeugen die Scheine die Beziehung zwischen Regierenden und Regierten und erinnern an eine Zeit aus der überlieferten Delitzscher Geschichte, als alle Bürger zusammenkamen, um erfolgreich die Stadt vor der schlimmsten Not zu retten.

Mit einem Zug hatte Oskar Reime nicht nur eine Sage erfunden, sondern auch dazu beigetragen, vermeintliche Heimatkunde buchstäblich zu monetisieren, was beim heutigen Peter-und-Paul-Fest fortgesetzt wird. Dennoch ist Reimes Türmerstochtersage nicht als heimatbezogener Kitsch abzutun, weil sie auf Grund ihrer Entstehung als ein für ein breites deutsches Publikum zu verkaufendes Sammlerstück den Versuch verkörpert, das Schicksal einer Gemeinde in Einklang mit auf nationaler Ebene relevanten Diskursen zu bringen. Die schützende Türmerstochter ist so auch metaphorisch mehrdeutig: Sie behütet die Stadt Delitzsch, aber in dieser Rolle ähnelt sie auch der überlebensgroßen Germania des 1883 eingeweihten Niederwalddenkmals am Rhein, zu deren Füßen die Allegorien von Krieg und Frieden stehen und deren Umhang mit Motiven aus Märchen ornamentiert ist, indem sie oben in ihrem Rapunzel-ähnlichen Turm Wache hält, jederzeit bereit, das Volk zur Verteidigung der Heimat zu rufen.

Die Türmerstochter muss in erster Linie als eine solche Allegorie verstanden werden. Denn obwohl Reime Glaubwürdigkeit als Stadtchronist von Delitzsch besaß, ist diese Geschichte als ein Produkt von Reimes pädagogischem Lehrer-

---

6 Grabowski, Hans-Ludwig, and Mehl, Manfred: Deutsches Notgeld. Band 1: Deutsche Serienscheine von 1918–1922 (A-K). Regenstauf: H. Gietl Verlag 2009. S. 15.
7 Heim, Michael. Notgeld. Der schöne Schein. <https://www.spiegel.de/geschichte/notgeld-a-947870.html> (Zugriff am: 04.07.2023).

sinn zu verstehen. Bei dieser Mischform aus Sage, Märchen und Fabel handelt es sich nicht um eine faktische Begebenheit, sondern um eine Metapher, die *gefühlt* wahr und politisch sowie gesellschaftlich zweckdienlich ist: der Aufruf, trotz aller Umstände zusammenzuhalten und gemeinsam einen Weg durch die Not zu finden, im Jahre 1921 wie damals 1637. Die moralische Aussagekraft dieser Geschichte wird ohne Zweifel dadurch erhöht, dass sie, wenn nicht faktisch, dann doch zumindest *plausibel* erscheint, denn der Stadtchronist Reime konnte seine Geschichte in die Lücken der Stadtgeschichte so gut einbetten, dass man die Existenz der Türmerstochter weder endgültig belegen noch widerlegen kann.

Aber so sehr Reimes Text ausschlaggebend für die Gestaltung dieser Sage ist, wäre ohne den 1922 veröffentlichten historischen Roman »Die schwedischen Reitersignale« von August Reulecke die namenlose Türmerstochter vielleicht doch mit der nächsten ausgegebenen Notgeldserie in Vergessenheit geraten. Reuleckes Inszenierung einer tapferen Wächterin der Stadt wurde ein mehrmals verlegter Erfolg und machte die Türmerstochter erst recht zu einer symbolischen Galionsfigur. Mit diesem »erbauliche[n] Histörlein aus der Zeit des großen Krieges«[8] zog Reulecke, der Oskar Reime als Stadtchronist nachfolgte, explizite Parallelen zwischen dem »großen Krieg« des 17. Jahrhunderts und dem des 20. Jahrhunderts und spielte mit den Wechselwirkungen von Geschichte und Literatur.

## 1. Die »Zeitschichten« der Inflationskrisen: Der Dreißigjährige Krieg als Sinnbild der frühen Weimarer Republik

Sinnbildliche Vergleiche zwischen dem Dreißigjährigen Krieg und dem Ersten Weltkrieg lassen sich mit Reinhart Kosellecks Begriff der »Zeitschichten« veranschaulichen, denn »wer über Zeit spricht, ist auf Metaphern angewiesen.«[9] Besonders in literarischen Darstellungen des Dreißigjährigen Krieges aus der frühen Weimarer Republik geht es primär um metaphorische und gefühlte Ähnlichkeiten, die versuchen, jüngste Kriegserlebnisse in Worten auszudrücken und diese somit in bestehende Konzeptionen von Krieg und Geschichte einzuordnen. Historische Fakten können mehr oder weniger dabei erhalten bleiben – freilich ist zum Beispiel nicht alles in der Türmerstochtersage erfunden – aber es wird vergangenen Geschehnissen »durch neuartige narrative Konstruktionen

---

8 Reulecke, August: Die schwedischen Reitersignale. Erbauliches Histörlein aus der Zeit des großen Krieges (1922). Leipzig: Hesse und Becker Verlag, 1930.
9 Koselleck, Zeitschichten. 2018, S. 9.

ein[ ] neue[r] *Sinn*«[10] zugeschrieben. Die daraus folgende Wechselwirkung drückt nicht nur Kriegserlebnisse des 20. Jahrhunderts in Begriffen des imaginierten 17. Jahrhunderts aus, sondern erschafft auch ein neues Bild des 17. Jahrhunderts im Stil des 20. Jahrhunderts. Die ineinandergreifenden Konzeptionen der beiden Kriege ergeben sich sodann aus dem Aufeinanderstapeln von Zeitschichten, die

> »wie ihr geologisches Vorbild, auf mehrere Zeitebenen verschiedener Dauer und unterschiedlicher Herkunft [verweisen], die dennoch gleichzeitig vorhanden und wirksam sind.«[11]

In diesem Sinne verbildlicht das gleichzeitige Vorhandensein von vielen Zeitschichten eine wahrgenommene Wiederholbarkeit der Geschichte. Aber indem das Wiederholte in Zeitschichten zum Vorschein kommt, geht es nicht um das Identifizieren einer »ewigen Wiederkehr« eines Phänomens in der Geschichte, sondern um Wiederholungen, die »einmaliges Tun und Handeln [...] ermöglichen«.[12] Um das Einmalige in Wiederholungen zu finden, muss also zwischen drei Schichten der »Erfahrungsbefunde« unterschieden werden: Einmaligkeit, Rekurrenz und Transzendenz.[13]

August Reuleckes Versuch, aus längst vergangener Geschichte eine Moral für die Gegenwart zu gewinnen, wird dadurch ermöglicht, dass Reulecke die Einmaligkeit seiner Zeit relativiert, sodass »einmalig« nicht gleich »neu« bedeutet. Wie er selbst in der Einleitung zum Roman schreibt, ähnelte die Zeit des Dreißigjährigen Krieges nicht nur der Zeit der frühen Weimarer Republik, sondern entsprach dieser »fast ganz«:

> »Im übrigen wird der Leser finden, daß die geschilderten Zeitverhältnisse und Zustände von damals fast ganz unseren heutigen entsprachen, woraus die Hoffnung zu schöpfen, daß uns der Wiederaufbau ebenso wie unsern Altvordern gelingen möge. Des wollen wir uns getrösten.«[14]

Mit einem solchen Blick auf die Vergangenheit sowie die Gegenwart steht nicht das Einmalige im Vordergrund, sondern die Wiederkehr eines Ausnahmezustandes wird als rekurrent thematisiert. Da die Türmerstochtersage mit dem Drucken von Notgeld entstanden ist, ist es deshalb wenig überraschend, dass Reuleckes »Die schwedischen Reitersignale« die Geldsorgen der Delitzscher prominent inszeniert. Aber die Art und Weise wie der Roman das Thema Geld anspricht, sagt viel über dessen Bild des Krieges aus.

---

10 Kittstein, Ulrich: »Mit Geschichte will man etwas.« Historisches Erzählen in der Weimarer Republik und im Exil (1918–1945). Würzburg: Verlag Königshausen & Neumann 2006, S. 34.
11 Koselleck, Zeitschichten. 2018, S. 9.
12 Ebd., S. 13–14.
13 Ebd., S. 20–26.
14 Reulecke, Reitersignale. 1930, S. 6.

Reuleckes Text, dessen Handlung wie in Reimes Text im Jahr 1637 stattfindet, lässt sich nicht zeitlich mit der Kipper- und Wipperzeit identifizieren, aber er lässt die Figuren des Romans die einschlägigen Begriffe gebrauchen:

> »Ja, Schande über die greulichen Satansknechte, die Kipper und Wipper, [...] so alles gute Geld um geringen Aufschlag an sich gezogen und jetzund den immensesten räuberischen Wucher mit selbigen exzedieren.«[15]

Diese Aussage gehört zu einem von den am Anfang des Romans prominenten, aber die Handlung wenig vorantreibenden Gesprächen, die jedoch für die Charakterisierung der Zeit ausschlaggebend sind. In diesem Fall spricht der »Herr Kantor Schulze«, ein gut ausgebildeter, aber sorgenschwerer »Schwarzseher«, der für gewöhnlich die pessimistische Perspektive vertritt.[16] Darüber hinaus wird dieses Gespräch in einem engen Zimmer des Breiten Turms geführt, von wo aus der Türmer Neander und seine Tochter Ausschau über die Stadt halten. Die Verknüpfung der ausgesprochenen Anklage gegen »die schlechte Münze« mit diesem für die Sage zentralen Ort verleiht diesem scheinbaren Randgespräch zusätzliche Bedeutung, denn der Wachtturm ist der offizielle Ort, an dem nach Gefahren für die Stadt ausgeschaut und diese dann gemeldet werden.[17]

Ergänzend zu diesem Gespräch und »etwa um die gleiche Zeit« reden zwei andere Männer über das selbe Thema im separaten, aber nahegelegenen Wirtshaus an der Stadtmauer.[18] Bei Dünnbier beschweren sich die beiden über das ihrer Meinung nach gierige Handeln des Stadtrats angesichts der Geldnot:

> »'s is 'ne vermaledeite Schmach und Schanne [...] Zeiten, wie mer sche nie nich gehatt ham, un keene Insicht nich. Aberscht oh von keener Seite niche, oh nich von'n hohen Rate. [...] in sone Zeiten wärd mer oh noch jestraft von'n Rate. So den sei Säckel leer is, mag e's füllen dorch neie Steiern un Abgam, so vun allen bezahlt wärn, aberscht niche von eenen enzelnen seine blutigen Jroschens.«[19]

Der in sächsischem Dialekt wiedergegebene Dialog verleiht dem Text heimatliches Flair, aber mehr noch charakterisiert diese Sprache die Sorgen um missratene Stadtfinanzpolitik. Selbst der Wirt, der die beiden bedient, freut sich mehr über die Ankunft schwedischer Soldaten als die Rückkehr solcher »Spießbürger«,[20] denn die Schweden zahlten »wahrscheinlich nicht mit wertloser Stadtmünze, [...] sondern mit gutem Gelde.«[21] Das Zusammenkommen all dieser Figuren sowohl über und innerhalb als auch unter und außerhalb der Stadtmauer

---

15 Ebd., S. 45.
16 Ebd., S. 37; 48.
17 Ebd., S. 45.
18 Ebd., S. 30.
19 Ebd., S. 21.
20 Ebd., S. 25.
21 Ebd., S. 14.

am Anfang der Geschichte signalisiert also die grundlegenden Sorgen der Gesellschaft während des Dreißigjährigen Krieges, die zugleich auf die des Weimarer Deutschlands anspielen.

Indem der Roman durch Gespräche Geldsorgen betont, wird einerseits ein besonderes Bild des Dreißigjährigen Krieges aus den Erfahrungen von 1914–1922 konstruiert und andererseits die subjektive Wahrnehmung von Krieg thematisiert. Zum ersten Punkt ist es wichtig zu wissen, dass der Roman in seiner Gesamtheit einen Grund für den Krieg gar nicht erläutert. Sogar protestantische Glaubensfreiheit, die Reulecke als Anliegen dieser historisch evangelischen und schwedisch-gesinnten Gemeinde hätte schildern können, spielt keine Rolle. Dass am Anfang der Geschichte die Delitzscher über schlechtes Geld schimpfen und nicht etwa über Konfession oder politische Rechte, ist an sich eine Priorisierung von Wirtschaft über andere Fragen und darüber hinaus eine Betonung der Folgen, aber keiner Ursachen des Krieges. Warum der Krieg geführt wird, wird gar nicht gefragt, aber wohl wie es ist, in Kriegszeiten zu leben.

Zweitens wird die individuelle, subjektive Wahrnehmung von Geschichte in den Dialogen des Romans wiedergegeben. Die vom Roman angedeutete Gleichzeitigkeit des Ungleichzeitigen wird im Munde der Figuren deutlich, indem sie Meinungen äußern, die auch außerhalb des Kontextes des 17. Jahrhunderts Bedeutung tragen. Wenn der oben zitierte Sachse meint, es herrschten »Zeiten, wie mer sche nie nich gehatt ham«, könnte er wohl auch ein Sachse der 1920er sein, der sich angesichts der wuchernden Notgeldspekulation beschwert. Außerdem werden diese Äußerungen von anderen Figuren bejaht oder verneint, was die Subjektivität der Aussagen weiter verdeutlicht. Indem der allwissende Erzähler keine eindeutige Beurteilung solcher Gespräche vornimmt, bietet der Roman keine autoritativ »objektive« Stimme an, die den Figurenstimmen übergeordnet wäre. Die Ansammlung verschiedener Meinungen im Roman verleiht somit dem auf das bürgerliche Stadtleben beschränkten Kriegsbild Komplexität und sogar widersprüchliche Facetten, sodass es aufgrund seiner Mehrstimmigkeit eine schlüssige symbolische Verbindung zwischen den über 250 Jahre auseinanderliegenden Kriegen ermöglicht.

Die Anfangsszenen von Reuleckes historischem Roman »Die schwedischen Reitersignale« etablieren also durch Dialoge ein äußerst subjektives Bild des Dreißigjährigen Krieges, das hauptsächlich von der Problematik »der wertlosen Stadtmünze« und somit auch von den Inflationsängsten der frühen Weimarer Republik geprägt ist. Aber der Vergleich der wirtschaftlichen Lage im 17. und 20. Jahrhundert bleibt nicht Schwerpunkt der Geschichte. Erst nach dieser Einleitung erzählt Reulecke die Geschichte von den Tugenden der Bürger – anstatt etwa zu zeigen, warum es Inflation gibt oder wie sie bekämpft werden kann – und rühmt diese als universelle Lösungen diverser Probleme, seien es Inflation oder Krieg. Reuleckes »Die schwedischen Reitersignale« beschränkt sich also nicht auf das einfache Vergleichen der Zeitschichten, sondern der Roman versucht ja explizit aus dem Dreißigjährigen Krieg »die Hoffnung zu schöpfen, daß uns der Wiederaufbau ebenso wie unsern Altvordern gelingen möge.«[22] Und so wird das Handeln der Figuren im Laufe der Geschichte wichtiger als ihr Lamentieren, denn sie sollen die vorbildlichen Eigenschaften darstellen, die Reuleckes Auffassung nach der deutschen Nation innewohnen und die es ermöglicht haben, dass die Deutschen bisher alle historischen Krisen bestehen konnten.

## 2. Der Mythos der Reitersignale: Die Delitzscher als Vertreter eines nationalen Selbstverständnisses

Nationalismus ist ein komplexes Problemfeld, das Einmaligkeit, Rekurrenz und Transzendenz durcheinanderbringt. Als ein Produkt der Moderne ist der Begriff »Nation« ein soziales Konstrukt, ohne die primordialen, sprich transzendenten Wurzeln, die es oft vortäuscht.[23] So bedient »Die schwedischen Reitersignale« ein Nationsbild, das einerseits durch die Befassung mit scheinbar rekurrierenden Eigenschaften der deutschen Nation als transzendent dargestellt wird, aber andererseits nichts mehr als eine literarische Konstruktion des Autors ist. Aber diese rekurrierenden und transzendenten Vorstellungen der deutschen Nation ergeben sich aus Mythen, die, wie Roland Barthes darlegt, immer eine geschichtliche Grundlage haben, weil sie eben nicht »aus der ›Natur‹ der Dinge« hervorzugehen vermögen.[24]

Aber was ist der Mythos der Reitersignale? In Reimes Originalfassung wird nur von einer namenlosen Heldin erzählt, die eine Fanfare blies, und die Geschichte bietet keine eindeutige Moral für die Lesenden. Im Unterschied dazu schmückt Reuleckes Roman dieses Gerüst mit mehreren Details und mehrstimmigen Bewertungen der Geschehnisse aus, sodass den Ereignissen auch ein moralischer *Sinn* zugeschrieben werden kann. Die Sinnzuschreibung, die der Text vornimmt, ist mit der Aussage des Mythos, den er konstruiert, gleichbedeutend. Und da, wo aus der Mehrstimmigkeit der Figuren Übereinstimmung wird, liegt der Kern von Reuleckes Mythos.

In diesem Sinne gilt es, die Stimmen der Figuren nochmal anzuhören, um diesen Kern zu identifizieren. Besonders wie die Charaktere ihre aktuelle Si-

---

22 Ebd., S. 6.
23 Vgl. Gellner, Ernest: Nations and Nationalism. Oxford: Blackwell Publishing 2008; Anderson, Benedict: Imagined Communities. London: Verso 2006; sowie Bhabha, Homi K: Introduction: Narrating the Nation. In: Nation and Narration. Hrsg. von Homi K. Bhabha. London: Routledge 1990. S. 1–7.
24 Barthes, Roland: Mythen des Alltags. Übersetzt von Helmut Scheffel. Frankfurt a. M: Suhrkamp 1964. S. 86.

tuation deuten wird zu einem Streitpunkt, der den Vergleich des Dreißigjährigen Krieges mit der Weimarer Republik nur noch deutlicher betont. Nachdem sich fast alle der bisher aufgetretenen Figuren schon zum Thema Geld geäußert haben, richtet der Kantor Schulze seine Aufmerksamkeit auf den Krieg und prophezeit folgendes:

> »[Türmer Neander] sagte mir, [...] der Ausblick aus Seinem Fenster allein lohne den Aufstieg. Das galt wohl ehedem. Aber hält man anjetzo Umschau von Seiner Warte aus, was begegnet dem Auge? Elend über Elend. Flüchtende Menschen, so mit wenig Hausrat auf den Straßen und Wegen zur Stadt eilen und am Tore Einlaß begehren [...] und dazu Vorstadthäuser, ja ganze Dörfer, so eine Trümmerstätte sind oder in Flammen aufgehen. Solcher Aspekt kann nur einen Gedanken provozieren: *Finis Germaniae!*«[25]

Der »Schwarzseher« Schulze beschreibt die kriegszerrüttete Landschaft, die man angeblich vom Breiten Turm aus sehen kann, und sieht für Deutschland keinen Ausweg. Schulzes Zuhörer können seinen Pessimismus nicht gutheißen, obwohl sie zugeben, dass der Friede, »wie ihn Kursachsen vor zwei Jahren mit dem Kaiser geschlossen« hat, unzureichend ist: »Den respektiere ja doch keines der Heere, und Elend und Jammer seien dadurch nur gestiegen.«[26] Die Anspielung auf den Friedensvertrag von Versailles könnte kaum offensichtlicher werden, doch die Aussage seiner Freunde spornt Schulze nur an, den implizierten Vergleich noch deutlicher auf den Punkt zu bringen:

> Denn so Friede wird, der Schweden und Franzmänner sind wir dennoch nicht entledigt. Dieselben werden bis zur Bezahlung aller Kriegskosten [...] weite Territorien des Reichs mit ihren Heerschaaren okkupieren und so dem Land das letzte Mark aus dem ohnedies schon absterbenden Leibe pressen. [...] Friede muß werden [...] Aber erholen wird sich das deutsche Volk nimmer von solcher unermeßlichen Niederlage, wird vielmehr ein arm und versklavt Helotenvolk werden und immerdar bleiben. Abermals sag' ich: *Finis Germaniae! Desperata omnia!*«[27]

Danach herrscht im Breiten Turm Stille, denn auf Schulzes Beschreibung von Besatzung, Reparationen und Niederlage haben die Männer keine passende Antwort. Obwohl Schulzes Aussage als »eines Unglücksraben mißtöniges Krächzen« bezeichnet wird, scheint niemand zu wissen, wie es mit Deutschland weitergehen wird. Ihre Uneinigkeit, was das Schicksal Deutschlands betrifft, bildet also den Ausgangspunkt des Romans, und der Rest der Geschichte dient dazu, zu zeigen, warum der Krieg und der missbilligte Frieden doch nicht »das Ende Deutschlands« darstellen.

Darauf aufbauend ist dementsprechend die für Reuleckes Geschichte entscheidende Pointe die Erlösung Deutschlands aus der Krise und symbolisch wird

---
25 Reulecke, Reitersignale. 1930, S. 46f.
26 Ebd., S. 47.
27 Ebd., S. 48f.

diese Erlösung in den schwedischen Reitersignalen verkörpert. Illustrativ wird dies gleich nach Schulzes Rede vorgeführt: Als die Männer ihre Stimmen *nicht* gegen Schulze erheben, erwidert stattdessen der »hell[e] und rein[e]« Klang von Maria Neanders Trompete seinen krächzenden Ausruf.[28] Durch die Fanfaren ermuntert findet der Türmer Neander seine Stimme wieder und stellt sich Schulze:

> »Deutsche Art und deutsches Land sollen verschwinden und untergehen? Nimmer! Noch sind Männer in Fülle vorhanden, so aufstehen werden als einer und kämpfen [...]. Ich halte fest am Glauben: der Herrgott verläßt keinen ehrlichen Deutschen.«[29]

Die Macht der schwedischen Reitersignale, die Bürger von Delitzsch zur Verteidigung »deutschen Landes« aufzurufen, wird somit thematisiert und die von den Reitersignalen hervorgerufene Antwort beinhaltet die Moral des nationalen Mythos, nämlich Zusammenhalt.

Wie es auch in Reimes Kurzgeschichte der Fall war, kommen in Reuleckes Roman die schwedischen Reitersignale, mit denen die Türmerstochter die Bürger rechtzeitig vor dem Überfall einer »beutelüsterne[n] Reiterschar« warnt, dann auch später zum Einsatz.[30] Danach heißt es nicht mehr reden, sondern handeln, und der Roman widmet sich Beschreibungen von Aktionssequenzen statt Gesprächen. Aus dem Blickwinkel des Breiten Turms werden die Kämpfe zwischen den Delitzschern und einigen Schweden auf der einen Seite und den als »schwedischen Horden« bezeichneten Feinden auf der anderen Seite beschrieben.[31] Am Beispiel der Bürger macht der Roman klar, dass nicht die Reitersignale die Delitzscher bzw. Deutschen retten, sondern sie sich selbst aus der Not helfen, indem sie sich »vereint« erheben und für ihr Land kämpfen.

Am Ende des Romans, nachdem die plündernden Reiter abgewehrt wurden, stimmt der sonst pessimistische Kantor Schulze einen ganz anderen Ton an als vorher:

> »So mögen die Fanfaren tönen fort,
> sich weisen weiter als ein Segenshort.
> Und rüttelnd kling' ihr Ruf ins deutsche Land,
> so oft im Elend fehlt die starke Hand.«[32]

Dieses Lob auf die Reitersignale stellt Schulzes Sinneswandel dar, denn nach der erfolgreichen Verteidigung der Stadt bleibt er nicht mehr so ganz der »Schwarzseher« von vorher. Obwohl der Kantor am Anfang des Romans Unei-

---

28 Ebd., S. 49.
29 Ebd., S. 51.
30 Ebd., S. 91 f.; 94.
31 Ebd., S. 92–146.
32 Ebd., S. 164–166.

nigkeit gestiftet hat, schaut er zusammen mit den anderen Bürgern am Ende hoffnungsvoll in die Zukunft. Indem selbst der Kantor in den Reitersignalen einen »Segenshort« findet, erschafft der Roman ein Vorbild, an dem sich pessimistische Lesende auch im Jahre 1922 ein Beispiel nehmen können. Und darin liegt der didaktische Impetus des Textes: der Roman ist nicht nur »Die schwedischen Reitersignale« benannt, sondern im übertragenen Sinne ist er die schwedischen Reitersignale selbst, indem er versucht, sein zeitgenössisches Publikum aus der Trägheit des Schwarzsehens zu erwecken und die Lesenden dazu zu ermuntern, gemeinsam für eine bessere Zukunft zu kämpfen.

Aber warum unbedingt die »schwedischen« Reitersignale, wenn der Text aus einer eindeutig »deutschen« Perspektive geschrieben wurde? Die Antwort ist einfach: weil es in Delitzsch echte schwedische Reitersignale gibt, die seit dem Dreißigjährigen Krieg überliefert worden sind und die zweimal in der Woche seit etwa 1632 bis zum Kriegsausbruch 1914 vom sogenannten »Breiten Turm« geblasen wurden.[33] Die Noten derselben sind auch heute noch vollständig zu finden (siehe Anhang B). Dass sie schwedisch sind, ist historisch bedingt, denn jedes Regiment im Dreißigjährigen Krieg hatte ihre eigenen Signale, um Truppen über längere Distanzen verständliche Befehle zu erteilen. Die »Delitzscher« Reitersignale stammen wahrscheinlich von einem der vielen schwedischen Reiterregimenter, die sich um 1632 in der Stadt aufgehalten haben.[34] Dieser historische Stoff, der als belegte Tatsache dem historischen Roman einen legitimierenden Schein verleiht, dient als vermeintlich geschichtlich übergreifendes, sprich »transzendentes« Material, auf dem ein Mythos gebaut werden kann.

## Fazit: Aus einer alten Tradition wird eine neue Geschichte

Mit seinem Roman »Die schwedischen Reitersignale« hat August Reulecke aus dem Dreißigjährigen Krieg ein Sinnbild für die frühe Weimarer Republik erschaffen. Indem »Die schwedischen Reitersignale« Themen wie Geldnot literarisch verarbeitet, um Überlappungen in den Zeitschichten von 1637 und 1922 aufzuzeigen, partizipiert er an einem Diskurs, der die einmaligen Kriegsfolgen in der Weimarer Republik nicht als einzigartig in der Geschichte Deutschlands betrachtet hat. Um den Zuständen des Jahres 1922 einen Sinn zuzuschreiben, wird vom Roman ein Bild des Dreißigjährigen Krieges entworfen, das nicht nur einen Rahmen für einen Vergleich zwischen den Zeitschichten bietet, sondern

---

33 Ebd., S. 3; Bitthorn, Otto Ludwig: Geschichte der schwedischen Reitersignale. Berlin: Schlesing'sche Buch- u. Musikhandlung 1910. S. 6.
34 Bitthorn, Geschichte. 1910, S. 6; Schöttge, Hartmut. Schwedensignale und Delitzscher Türmerstochter. Hrsg. von »Die alten Schweden von 1637«, Historische Gruppe im »TCL 1969« e.V. Delitzsch: 12.11.2017. S. 1–3.

auch eine Moral für die Lesenden. Diese Moral wird sodann in den sogenannten schwedischen Reitersignalen verkörpert, weil sie die Kraft besitzen, Menschen aus ihrer schwarzseherischen Trägheit zu erwecken. Da die Reitersignale nicht von Reulecke erfunden wurden, sondern einer über die Jahrhunderte überlieferten Tradition entnommen sind, nehmen sie auch mythische Dimensionen an. Weil es nicht genau bekannt ist, wie diese Signale ein Teil der Delitzscher Geschichte geworden sind, kann eine literarische Geschichte wie die der Türmerstochter diese Lücke ausfüllen. Als sowohl vorgetäuschte historische Persönlichkeit als auch Allegorie Deutschlands überbrückt Reuleckes Wächterin der Stadt die Kluft zwischen dem, was als »Fakt« akzeptiert wird, und dem, was als »erfunden« trotzdem gern geglaubt wird.

August Reuleckes »Die schwedischen Reitersignale« (1922)  **111**

## Anhang A

Die Notgeldscheine von 1921 herausgegeben von der Stadt Delitzsch[35]

(Kopfseite)

---

35 Aus der persönlichen Sammlung der Autorin.

(Zahlseite)

## Anhang B

Die schwedischen Reitersignale

hatte sich ein Flügel aufgetan, und eine klassisch gebildete Mädchenbüste erschien dort, der schöne Kopf von reichem Blondhaar umrahmt, das selbst im düstern Tagesscheine wie gesponnenes Gold flimmerte.

Das in voller Blüte jugendlicher Schönheit prangende Mädchen hob ein Trompeteninstrument aus blitzendem Messing an die schwellenden schöngeformten Lippen, und perlend rein schallte es über den Platz und die ganze Stadt hin:

Hei, wie das lockte und aufmunternd durch alle Nerven ging! Namentlich als nach den ersten, zunächst in Vierteln und dann in Achteln gehaltenen Takten die mit Achteln gemischten Sechzehntel einsetzten und zuletzt die lebendigen Triolenfiguren nachklangen.

Der junge Reitersmann am geöffneten Fenster des „Weißen Rosses" glich einer Bildsäule. Es war schwer zu sagen, was bei ihm mehr angespannt war: Auge oder Ohr.

Nach einer kurzen Pause folgten, dem ersten ähnlich, ein zweites und hierauf ein drittes Signal. Daran schloß sich als viertes und mittleres eins,

27

seiner vergeblich erharrt und die Schwedensignale bis ins Alter zu seinem Andenken vom Breiten Turme geblasen. Doch soll vom Verfasser solcher schwarzseherischen Ansicht, die weder in chronistischen Aufzeichnungen noch mündlicher Ueberlieferung irgend welche Stütze findet, hier nicht das Wort geredet werden.

Gewiß ist wohl, daß der Stadt Obrigkeit nach dem Scheiden der Türmerstochter den von dieser pietätvoll geübten Brauch beibehalten wissen wollte und von Amtswegen fortsetzen ließ. Und so sind denn diese eigenartigen Signale durch die Jahrhunderte hindurch jeden Mittwoch und Sonnabend vom Breiten Turme erklungen, sind bis auf unsre Tage gekommen und haben so manchem das Herz bewegt, der sie als ein rettendes Wahrzeichen aus ferner, unendlich trüber Zeit, da das Vaterland auch wie heute am Versinken war, angehört hat bis zu der Schlußfanfare:

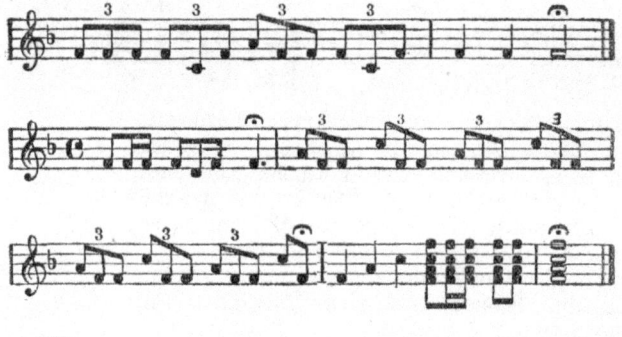

182

Aus Reuleckes »Die schwedischen Reitersignale« (1922): Das VII. Signal (links) sowie das Ende des VI. Signals und das VII. Signal (rechts).

August Reuleckes »Die schwedischen Reitersignale« (1922)  **115**

Die kompletten schwedischen Reitersignale

Aus Bitthorns Geschichte der schwedischen Reitersignale (1910).

Reflexive Spiegelungen

Andreas Solbach

## *Narratio magistra vitae:* Golo Manns Entschuldungsnarrativ in seinem Geschichtsdenken

Golo Mann,[1] der Geschichte sehr selektiv im Nebenfach studierte und 1932 bei Jaspers in Philosophie über Hegel promovierte, steht lange auch schriftstellerisch im Schatten seines berühmten Vaters, von dem er sich nur langsam lösen kann. Anders als bei seinen älteren Geschwistern Erika und Klaus fehlt ihm die Möglichkeit, sich unmittelbar künstlerisch nach außen als Schauspieler und Dichter zu artikulieren, aber ebenso wie sie nutzt er journalistische Foren, um sich zu äußern. Seit 1933 ist er zunächst in Frankreich tätig, wo er kleinere Lehraufträge wahrnimmt und für die Exil-Presse schreibt. In dieser Zeit bessert sich die problematische Beziehung zum Vater nach und nach, der seinen zweitältesten Sohn langsam als ernstzunehmenden Gesprächspartner akzeptiert. 1936 beginnt Golo Mann seine Arbeit an seiner Studie zu Friedrich von Gentz, die er erst 1942 im amerikanischen Exil beendet und die ihm eine Anstellung am Olivet College in Michigan verschafft.[2] Mit Erlangung der amerikanischen Staatsbürgerschaft 1943 tritt er in die US Army ein, in der er bis 1946 in verschiedenen Propagandaabteilungen arbeitet; ab 1947 unterrichtet er schließlich am Claremont College in Kalifornien mit teilweise längeren Unterbrechungen bis in die späten fünfziger Jahre. Er verstärkt seine publizistischen Aktivitäten vor allem von der Schweiz aus, wo die Familie seit 1952 lebt. Seine Arbeiten widmen sich häufig neben zeitgenössischen Problemen historischen Themen, und vor allem nach dem Tod des Vaters wird er in fachwissenschaftliche Zusammenhänge als Historiker hineingezogen: 1957 wird er einer der Hauptherausgeber und Autor der großen Propyläen Weltgeschichte (12 Bände, 1960–1965), 1958 erscheint als Auftragsarbeit seine als Ergänzung zu Ricarda Huchs Darstellung der deutschen Ge-

---

1 Es gibt mehrere größere Darstellungen zu Golo Mann; die wichtigsten sind Koch, Jeroen: Golo Mann und die deutsche Geschichte. Eine intellektuelle Biographie. Paderborn: Schöningh 1998, Bitterli, Urs: Golo Mann. Instanz und Außenseiter. Eine Biographie. Berlin: Kindler 2004, und Lahme, Tilmann: Golo Mann. Biographie. Frankfurt a. M.: Fischer 2009. Lahme und Koch bieten gute Bibliographien.
2 Das Buch erscheint allerdings erst 1946 auf Englisch und 1947 in deutscher Sprache.

schichte gedachte »Deutsche Geschichte des 19. und 20. Jahrhunderts«, die seinen Ruf als eleganter Stilist und vorzüglicher Schriftsteller zementiert.

Tatsächlich ist Golo Mann ein produktiver Publizist, der seinen Ruf – neben seiner Familiengeschichte – der Distanz zu ostentativ journalistischen Verfahren (Emil Ludwig, Egon Erwin Kisch) verdankt, ohne dass er die grundlegenden Fähigkeiten des Fachhistorikers je gründlich erlernt oder praktiziert hätte, und schon früh melden sich kritische Stimmen, die bemängeln, dass er die wissenschaftlichen Gepflogenheiten der Historikerzunft ganz offenkundig und gezielt missachtet. Dennoch gelingt es ihm, zumindest in der breiten Öffentlichkeit den Ruf eines der bedeutendsten deutschen Geschichtsschreibenden des 20. Jahrhunderts zu erwerben.[3] Davon kann in streng wissenschaftlichem Sinn allerdings nicht die Rede sein, und Mann muss zu seinem Unmut erfahren, dass die akademische Geschichtswissenschaft ihn nicht akzeptiert;[4] letztlich gehört er zum international verbreiteten Typus des erfolgreichen historischen, nicht-akademischen historisch-politischen Publizisten.

Er selbst sieht sich allerdings lieber in der Rolle eines Edmund Burke und Alexis de Toqueville als in derjenigen etwa Emil Ludwigs, des erfolgreichsten deutschen historischen Belletristen der ersten Hälfte des 20. Jahrhunderts, obgleich ihn mit Ludwig einige zentrale Anliegen und Verfahren verbinden, etwa dessen ostentative antifaschistische politische Parteinahme und die nachprüfbare Verwendung von historischen Dokumenten.[5] Dagegen bezeichnet dessen

---

3 Zu diesem Problem siehe Hennig, Hans Christian: Erklären – Verstehen – Erzählen. Die wissenschaftstheoretische Analyse der Historiographie. In: Theorien der Geschichtswissenschaft. Hrsg. von Jörn Rüsen u. Hans Süssmuth. Düsseldorf: Schwann 1980, S. 60–78; Stone, Lawrence: Die Rückkehr der Erzählkunst. Gedanken zu einer neuen alten Geschichtsschreibung. In: Vom Umschreiben der Geschichte. Neue historische Perspektiven. Hrsg. von Ulrich Raulff. Berlin: Wagenbach 1986, S. 88–102; Wehler, Hans-Ulrich: »Moderne« Politikgeschichte? Oder: Willkommen im Kreis der Neorankeaner vor 1914. In: Geschichte und Gesellschaft 22, 1996, S. 257–266; Wehler, Hans-Ulrich: Literarische Erzählung oder kritische Analyse? Ein Duell in der gegenwärtigen Geschichtswissenschaft. Wien: Picus 2007, und vor allem: Theorie und Erzählung in der Geschichte. Hrsg. von Jürgen Kocka u. Thomas Nipperdey. München: DTV 1979, der sich explizit der Auseinandersetzung mit Golo Mann widmet.
4 Nicht ganz ohne Grund, denn Golo Mann hätte keinen Einführungskurs in die Methodik der Geschichtswissenschaft mit Handschriften- und Münzkunde, Archiv- und Inschriftenkunde etc. unterrichten können, was schon früh im Verlauf der gescheiterten Berufung nach Kiel von wenig wohlmeinenden Gutachtern bemerkt wird. Dem entsprach auf seiner Seite ein fast völliges Desinteresse am Austausch mit anderen Historikern, um den er sich so wenig bemühte, wie er sich für Fragen der Fachmethodologie interessierte. Wissenschaftliche Gepflogenheiten, wie sie sich in dem komplexen System von Zitaten, Belegen, Dokumenten etc. seit langer Zeit etabliert hatten, waren ihm überwiegend lästig, und nur im »Wallenstein« konnte er sich zu einem ›wissenschaftlichen Apparat‹ (Bibliographie u. Belegstellen) durchringen.
5 Ludwigs Erfolgsbiographie über Wilhelm II. nutzt den zu Beginn hervorgehobenen Verzicht auf kritische Stimmen zum Kaiser und die enge Verifikation alles Gesagten durch offizielle Dokumente und publizierte Äußerungen von Freunden und Unterstützern des Kaiserhauses

Tendenz zu skandalträchtigen Themen und sein starkes Interesse an öffentlichkeitswirksamen Auseinandersetzungen die exakte Gegenposition zu Golo Mann, dessen Wirksamkeit eben darauf beruht, dass er im Kontext der Diskurse des Kalten Kriegs eine spezifische Form der Darstellung besetzt, die ideologisch-politisch von weittragender Bedeutung ist. Es handelt sich dabei kurz gesagt um die von akademischen Diskursivitäten distanzierte Darstellung historischer Persönlichkeiten und Ereignisse, die als schwache und indirekte Analogien zu politisch-historischen Gegenwartsfragen dienen können, so dass im Vergleich der historischen Begebenheiten die kontroversen und unangenehmen Details der unmittelbaren Vergangenheitsbewältigung vermieden werden können, weil die historischen Parallelen nur ansatzweise greifen und so vor allem eindeutige Wertungen und Schuldzuweisungen vom Publikum relativiert werden können. Zu dieser Aufgabe scheint Golo Mann einer breiten Öffentlichkeit besonders geeignet, weil er nicht nur von der noch kurz zuvor vehement abgelehnten antifaschistischen Grundhaltung seiner ganzen Familie profitiert, sondern auch, weil er vor diesem Hintergrund für den öffentlichen deutschen Geschmack weitaus konzilianter und sprachlich gemäßigter auftritt als seine älteren Geschwister und weil er erkennbar – Antikommunist ist.

Als Golo Manns »Wallenstein« 1971 nach mehrjähriger Arbeit erscheint, fragt sich die Kritik zunächst danach, was den Autor dazu bewogen hat, über eine so gegenwartsferne Gestalt wie den änigmatischen Feldherrn des Dreißigjährigen Kriegs zu schreiben, der bis zu seinem Tode nur gut die Hälfte dieses ersten tatsächlichen Weltkrieges erlebt, womit aber auch schon eine Teilantwort gegeben ist: Dieser langwierige europäische Konflikt darf in der Tat als Ursprung und Modell für die folgenden Weltkriege verstanden werden, und als solcher hat er, abgesehen von der menschlichen und intellektuellen Sympathie für Wallenstein, sicher das Interesse des Autors erweckt. Der Ausgangspunkt des historischen Konflikts liegt dabei ebenso in religiös-weltanschaulichen Differenzen wie in den damit verbundenen nationalen und separatistischen Bewegungen.

Die komplexen Probleme der Habsburger Monarchie und ihrer nach Eigenständigkeit drängenden Völker sind zweifellos der Auslöser des Konflikts, von dessen schneller Beilegung alle Beteiligten zu Beginn überzeugt sind, weil sie gegenseitig die Kräfteverhältnisse und die Hartnäckigkeit des Gegners unterschätzen, so dass aus einem vermeintlichen Lokalkrieg schließlich ein kaum zu kontrollierender europäischer Konflikt wird. Anders als in den napoleonischen Kriegen oder in den beiden Weltkriegen des 20. Jahrhunderts sind aber die Macht- und Interessenverhältnisse am Anfang des 17. Jahrhunderts nicht stabil,

---

für seine rhetorische Strategie der unbeabsichtigten Selbstdemaskierung des Kaisers. Siehe dazu Mommsen, Wilhelm: »Legitime« und »illegitime« Geschichtsschreibung. Eine Auseinandersetzung mit Emil Ludwig. München/Berlin: Oldenbourg 1930.

sie befinden sich in stetem Wandel, folgen nicht durchgehend religiösen oder nationalen Interessen und sind kaum prognostizierbar. Der Krieg wird im Laufe der Zeit zu einem Chaos von sich kreuzenden Interessen und Unübersichtlichkeiten auf allen Ebenen, einer Textur von zwanghaft dissimulierenden politisch und militärisch Handelnden, einer kaum noch zu entwirrenden Verquickung von kurzfristigen persönlichen Partikularinteressen und mittelfristigen Staatsinteressen und damit zu einem Symbol für die äußerst moderne Erfahrung der Gegenwartskrise als chaotische und unberechenbare Entgleisung aller gesellschaftlicher Werte und Standards, des Verlusts von Sicherheit und realistischer Zukunftserwartung, wie sie auch für die Weimarer Republik bis in die unmittelbare Nachkriegszeit charakteristisch war.

Mann interessiert sich allerdings schon als Student für die Gestalt Wallensteins; für eine durch die Machtergreifung 1933 abgebrochene Lehramtsprüfung schreibt er einen Forschungsbericht zur Wallenstein-Forschung, den er teilweise noch in seine große Darstellung einarbeiten kann. 1934 veröffentlicht er erstmals in der Exilzeitschrift seines Bruders Klaus, »Die Sammlung«, einen Aufsatz über Wallenstein,[6] der ihm durch Schillers Drama und historischen Schriften, Leopold von Rankes Biographie[7] und vor allem durch Ricarda Huchs Charakterstudie[8] nahegebracht wird. Schon in dieser relativ kurzen Darstellung geht es um die Frage historischer Analogien und aktualisierbaren Parallelen, deren Unhaltbarkeit Mann behauptet, nur um drei Zeilen später zu konzedieren: »In der Praxis hat sich die Analogie dennoch als fruchtbar und übrigens unvermeidbar erwiesen«,[9] und er folgert weiter: »immer ist es das Bewusstsein, dass es damals so war wie heute, dass es in der Vergangenheit menschlich-lebendig zugegangen, welches Vergnügen macht«.[10] Er entwirft mehrere Gründe für die Beschäftigung mit Wallenstein, die einerseits auf die Möglichkeiten historischer Analogien abzielen, andererseits aber schon den späteren Duktus der großen Biographie erkennen lassen:

---

6 Mann, Golo: Wallenstein und die deutsche Politik. In: Die Sammlung 1, 1934, H. 10, S. 509–517.
7 Ranke, Leopold von: Geschichte Wallensteins [1869]. Hrsg. von Hellmut Diwald. Düsseldorf: Droste 1967.
8 Huch, Ricarda: Wallenstein: Eine Charakterstudie [1915]. Leipzig: Insel 1919.
9 Mann, Wallenstein und die deutsche Politik. 1934, S. 509. Er erkennt die verführerische Dimension der Aktualisierung des historischen Stoffes deutlich, vgl. ebd., S. 510: »Dem Gelehrten schmeichelt die Aktualität seines Forschungsgegenstandes. Den Verdacht, als handle er nur mit Scheinbarem, als sei es die Gegenwart, von der die Vergangenheit abhänge, von sich abzutuen [sic], die Wirklichkeit und Macht seiner Gestalten greifbar zu machen, ist sein heimlicher Wunsch«. Schon hier wird die Nähe zu literarischen Verfahren der Vergegenwärtigung deutlich.
10 Ebd., S. 509.

»Die Geschichte Wallensteins und des dreissigjährigen Krieges ist von doppeltem Reiz: welchen der furchtbare Roman einer politischen, der unseren verwandten Zeit und welchen die Reflexion bietet, dass sie der unseren vorausging und Gegensätze begründete oder auf den Höhepunkt ihrer Macht führte, die ungelöst blieben. Der Weltmoment als ein dem unsern ähnlicher [...] nimmermehr begreifliche Ereignis des dreissigjährigen Krieges und dreissigjährigen Verhandelns, diese vor allem psychische Katastrophe wie jede Krise und jeder Krieg; ein ununterbrochenes, vom blinden Tagesvorteil bedingtes Handeln aller gegen alle [...]; Fanatismus ohne Substanz; überkommene Confessions- und Kampffronten, einander ihre Länder verwüstend, aber ohne konkreten Inhalt [...]. Die Gegenstände, um die damals gerungen wurde, und – scheinbar – heute noch gerungen wird: die Befestigung der Grossmächte zum Beispiel und der Aufbau Deutschlands und Österreichs.«[11]

Wallenstein scheint Mann schon 1934 die zentrale Schlüsselfigur in diesem frühen ›Weltkrieg‹ zu sein, nicht zuletzt wegen seiner Sympathie für die Person, der er attestiert, in seinem militärischen und politischen Handeln immer weiter und kühner gedacht zu haben als Kaiser, Fürsten, Stände und Volksgruppen, so dass während seines zweiten Generalats »Friede, nichts als Friede das Ziel seiner Politik«[12] gewesen sei. Gescheitert sei er an den blinden Partikularinteressen der Fürsten, eine Illoyalität dem Kaiser gegenüber sei ihm nicht nachzuweisen. Wallenstein habe den großen Gedanken einer staatlichen Einigung Deutschlands unter Führung Habsburgs und mit Tolerierung der Konfessionen verfolgt. »Damals eben kamen die Deutschen mit dem nicht zu Stande, was die Zeit von ihnen wollte, und was den andern, besonders der gegen sie gerichteten andern, vorzüglich gelang«[13] – gemeint ist die Nationalstaatsbildung.[14] Er schließt mit einer kritischen Bemerkung in die Richtung Bismarcks und der frühen Außenpolitik des Nationalsozialismus:

»Dem vorschnellen Geschichtsgenießer ist zu sagen, dass es nicht angeht, Ereignissen der Gegenwart den Wert beizumessen, der ihnen allerdings zugekommen wäre, wenn sie in ferner Vergangenheit stattgefunden hätten [...]. Gegenstand und Widerstand von Wallensteins Politik erinnern an diejenigen der deutschen Politik von heute, sind sogar teilweise dem Namen und dem Boden nach mit ihnen identisch. Jedoch spüren wir das Unwahre dieses Vergleichs eines Echten mit einer späten Karikatur«.[15]

Hitlers Außenpolitik sollte in den Augen von Golo Mann sich demnach nicht durch die Rückverlängerung bis zu Wallenstein legitimieren lassen; 1971, nach

---

11 Ebd., S. 510f.
12 Ebd., S. 513.
13 Ebd., S. 516.
14 Diese Annahme lässt sich allerdings durchaus bestreiten, denn die Mann vorschwebenden zentralstaatlichen Monarchien Frankreichs und Spaniens sind keine Nationalstaaten wie später das Bismarck-Reich oder sogar das englische Königtum nach der Revolution. Schon die Annahme, dass es Mitte des 17. Jahrhunderts »die Deutschen« gab, ist anachronistisch.
15 Mann, Wallenstein und die deutsche Politik. 1934, S. 517.

dem 2. Weltkrieg, ist dann ein anderes Kalkül an diese Stelle getreten, wie wir sehen werden.

Es gibt aber noch zusätzliche Motive für die Wahl dieses Sujets, das als offenbar populäre Biographie so ungewöhnlich in der Zeit der Studentenrebellion der späten sechziger und frühen siebziger Jahre erscheint.[16] Einerseits dürfen wir Wallenstein und seinen Biographen als Melancholiker verstehen, und wir sollten die bestimmende Kraft dieses analogen Persönlichkeitsmerkmals nicht geringschätzen, andererseits muss der »Wallenstein« als bewusstes Gegenstück zum »Doktor Faustus« seines Vaters verstanden werden, der zu Lebzeiten einen guten Teil der kreativen Potenzen seines zweitältesten Sohnes blockierte. Der bedeutende, aber kontroverse Nachkriegsroman entwirft dabei ein komplexes und nicht widerspruchsfreies Bild des deutschen Verhängnisses und seiner weltanschaulichen Quellen, deren Aussagen zu den von Golo Mann am heftigsten abgelehnten historischen Theorien gehören. Vor diesem Hintergrund muss der »Wallenstein« in mehrfacher Hinsicht verstanden werden: erstens als Ausdruck einer sympathetischen Teilidentifikation mit dem Titelhelden, zweitens als partiell mögliche Parallele zur modernen Kriegs- und Krisenerfahrung in universell chaotischen Weltzuständen, drittens als direkte Analogie einer spezifischen Zukunftsungewissheit, die durch den Verlust jeglicher prognostischer Sicherheit gekennzeichnet ist und viertens schließlich als Exerzierfeld konkurrierender historischer Erklärungsversuche den Nationalsozialismus und den Holocaust betreffend. *Last not least* dürfen wir die spezifische Darstellungstechnik Golo Manns, das von ihm mit Leidenschaft gegen alle fachwissenschaftliche Einreden und heftige Kritik vertretene Prinzip einer narrativen Historik, nicht aus den Augen verlieren, denn es markiert das womöglich bedeutendste Motiv des Autors: Mit seinem »Wallenstein« will er den großen Romanen des Vaters und Onkels, aber auch dem Werk des Bruders ein gleichwertiges Pendant zur Seite stellen – der »Wallenstein« soll sein »Doktor Faustus«, sein »Henri Quatre« und sein »Mephisto« werden.[17]

Bevor wir uns den historiographischen Elementen dieses schon durch seinen schieren Umfang von über 1300 Seiten bemerkenswerten Buches analysieren, lohnt sich ein Blick auf Golo Manns etwas allgemeinere weltanschauliche Denkvoraussetzungen. Ebenso wie für die anderen Mitglieder der Familie mit Ausnahme seines Onkels Victor, der in Deutschland geblieben war, war für ihn sein

---

16 Die fachwissenschaftliche Publikation von Hellmut Diwalds »Wallenstein. Eine Biographie« von 1969 wird in der breiten Öffentlichkeit erst rezipiert, als Manns Biographie für eine Taschenbuchausgabe 1975 den Weg bereitet hatte. Mit Diwald, der Manns Arbeit sehr positiv rezensiert, gerät er später in eine heftige Auseinandersetzung anlässlich von dessen Beurteilung des Nationalsozialismus. Die Empörung gegenüber Diwald ist allerdings allgemein und kein Ressentiment Golo Manns.

17 Vgl. auch Koch, Golo Mann und die deutsche Geschichte. 1998, S. 225 u. 227.

Status als Exilant von prägender Wirkung, während die Bindung an die USA, deren Bürger er wird und bleibt, zeitlebens prekär erscheint – wie bei den meisten Mitgliedern der Familie. Als Exilant versteht er sich als Intellektueller in einer von ihm besonders spezifizierten Art und Weise, denn ebenso wie viele Zeitgenossen in Deutschland und im Exil teilt er große Vorbehalte gegen den angeblich herrschenden Typus des Intellektuellen in der Weimarer Republik, den er als Parteigänger rechter und linker radikaler Ideen wahrnimmt. Noch stärkere Ablehnung erfährt schließlich diejenige Art der Intellektuellen, deren Radikalkritik sich nicht mehr auf konkrete politische und kulturelle Ziele bezieht, sondern ›nihilistisch‹ die gesamte Gesellschaft verhöhnt.[18]

Nach der Befreiung 1945 scheint sich für die Intellektuellen die Möglichkeit zu eröffnen, die Unarten dieser früheren intellektualistischen Kritik abzulegen und zu einer konstruktiven Rolle in der Nachkriegsgesellschaft zu finden. Der Intellektuelle neuen Typs sollte nach Mann bei aller Kritikfähigkeit aufrichtig am Aufbau einer neuen demokratischen Gesellschaft mitarbeiten, aber vor allem sollte er sich durch eine von ethischen Überzeugungen gekennzeichnete Haltung auszeichnen. Jeroen Koch fasst das in seiner umfangreichen Studie zu Golo Manns Geschichtsdenken folgendermaßen zusammen:

> »Solche moralisch engagierten Intellektuellen verfügten über das, was Golo Mann einen ›schöpferischen Geist‹ nannte. [...] der schöpferische Geist brachte die höchst erreichbare Weisheit hervor. Charakteristisch für den ›schöpferischen Geist‹ war, was Mann Demut nannte. [...] Der gute Schriftsteller war in rationaler und moralischer Hinsicht bescheiden.«[19]

Neben der Bescheidenheit und der konstruktivistischen Intention ist für Mann noch ein anderes Motiv von zentraler Bedeutung, seine Vorstellung von der menschlichen Freiheit. Mann betrachtete

> »die menschliche Freiheit als eine moralische Freiheit: Der Mensch hatte die freie Wahl zwischen Gut und Böse. Er konnte seinem Gewissen gehorchen, konnte es aber auch lassen. Gut und Böse wurden dabei nach einem überzeitlichen moralischen Maßstab unterschieden. Dies alles galt genauso für den Kritiker. Dieser durfte seinen Mitmen-

---

18 Golo Mann nennt für keinen dieser Intellektuellen-Typen Namen; es dürfte auch schwirig werden, sie von der erstgenannten Gruppe eindeutig abzugrenzen; Tucholsky, den Sohn und Vater ablehnten, kann hier als Prototyp verstanden werden. Mann wird bei seiner Modellbildung dabei weniger von den aktuellen soziologischen Theorien etwa Karl Mannheims (›freischwebende Intelligenz‹) beeinflusst als durch seinen verehrten Lehrer am Salemer Internat, Kurt Hahn, der lebenslang eine starke Vorbildfigur für ihn behalten sollte und dabei fast als Vaterersatz fungiert. Hahn war allerdings ein deutlich konservativ-nationalistisch gesinnter Pädagoge mit nicht ganz deutlicher Abgrenzung zum Nationalsozialismus; siehe auch Koch: Golo Mann und die deutsche Geschichte. 1998, S. 193 u. 201.
19 Ebd., S. 196.

schen einem ethischen Urteil unterwerfen und das sollte er laut Mann auch tun, doch war er sich dabei auch bewußt, dem Urteil anderer unterworfen zu sein.«[20]

Der überzeitliche Maßstab, der zur Letztbegründung der ethischen Werte dient, soll sich nun in Kants moralischem Imperativ finden, der tatsächlich nichts anderes ist als die Überlieferung einer jahrtausendealten moralischen Alltagsmaxime. Ernsthaft kann diese Formel allerdings nicht als zentrales Element zur Begründung einer politischen Ethik dienen. Der kategorische Imperativ ist eine Konsequenz moralischer Theoriebildung und keinesfalls ihre Voraussetzung, und ebenso ist die Kennzeichnung dieser argumentativen Verknüpfung bei Golo Mann als Moralphilosophie unzutreffend. Es liegt hier keine Philosophie vor, sondern eine *de facto* recht unspezifisch-undifferenzierte persönliche Wertung, die weder adäquat hergeleitet wird, noch Anspruch auf Allgemeingültigkeit machen kann, was vor allem an der holzschnittartigen Kategorie der Freiheit liegt, deren persönlich-begrenzte Struktur offen zu Tage liegt; hier fehlt jede theoretische Reflexion, und es entsteht der Eindruck einer unterkomplexen, zeitgenössisch-existenzialistische Färbung annehmenden Unbestimmtheit.[21] Trotz dieser offenbaren Mängel wird diese absolute Moralkonfiguration in Manns politischem und historischen Denken zu einer dominanten Denkvoraussetzung. Die wohl bedeutendste Konsequenz seiner Annahmen ist dabei die Rolle des »schöpferischen Schriftstellers«, als Richter:

> »›Der Historiker‹, sagt Mann, ›muß sich, mit Maß, die Rolle des Richters anmaßen; er muß menschliche Schuld feststellen dürfen‹. Er selbst hatte das in seiner Geschichtsschreibung häufig getan. Schuld, moralische Schuld war ein häufig vorkommender Begriff in seinem Werk […]. Es ging ihm vor allem um moralische Schuld, nicht um Schuld in strikt juristischem Sinne. […] Nicht nur sollte der Historiker menschliche Schuld feststellen dürfen, menschliche Taten, Entschlüsse und Entscheidungen sollten außerdem an einem absoluten Maßstab gemessen werden.«[22]

> »Manns Geschichtsschreibung wurde denn auch durch eine gewisse Spannung zwischen der Fähigkeit zu erklären und dem Drang zu urteilen gekennzeichnet. Zwischen Urteil und Erklärung gab er dem Urteil den Vorzug.«[23]

---

20 Ebd., S. 197.
21 Sicher inspiriert von Jaspers, möglicherweise auch von Camus.
22 Koch, Golo Mann und die deutsche Geschichte. 1998, S. 199f. Hier spielten offenbar moralische Wertungen Kurt Hahns eine Rolle; vgl. ebd., S. 201.
23 Ebd., S. 205. Siehe auch ebd., S. 212: »Erstens gibt es eine bemerkenswerte Diskrepanz zwischen Manns Drang zu urteilen und der Fähigkeit, Ursachen festzustellen. Auch ohne eine Erklärung für die Geschehnisse zu haben, kann der Historiker sehr wohl urteilen, argumentierte Mann. […] Wußte er als Historiker, daß die Freiheit des Menschen eingeschränkt ist, als Moralphilosoph benutzte Mann einen absoluten Freiheitsbegriff, nämlich die Freiheit des Menschen, zwischen Gut und Böse zu wählen. Dieser Zwiespalt wurde bei Mann fast immer zugunsten des Moralisten entschieden«.

Eine weitere problematische Konsequenz, die aus der Annahme absoluter Freiheit und sicherer Erkenntnis von Gut und Böse folgt, ist seine Vorstellung, dass sich Geschichte immer und grundsätzlich offen und unvorhersehbar vollzieht, weil sie auf den freien Willensakten einzelner Menschen beruhe.

Auch diese Überlegung ist an die Hauptaufgabe des Historikers, zu urteilen und Schuld festzustellen angebunden, denn da bei Mann große Männer Geschichte machen, geht es immer um die moralische Bewertung ihrer Handlungen. Vorhersehbarerweise gerät er bei der Analyse und der Bewertung des Nationalsozialismus in Schwierigkeiten, denn er erkennt, dass es über die eindeutig als Schuldige identifizierbaren politischen Führern hinaus eine sehr große Anzahl von Schuldigen gibt, denen juristisch nur sehr schwer etwas nachgewiesen werden konnte – auch und nicht zuletzt aufgrund des sogenannten Befehlsnotstands. Dafür hatte Golo Mann keine praktikable Lösung, und hier rächt sich die relativierende Einordnung des Holocausts als einfacher Teil der Naziverbrechen wie auch die unzureichende Begründung der benutzten Terminologie von Moral, Urteil, Schuld und Strafe.

Thomas Mann machte nicht erst in seinem »Doktor Faustus« eine lange ideengeschichtliche Tradition und ein nicht selten obskures nationales Geschichtsnarrativ mitverantwortlich für die Machtergreifung der Nationalsozialisten und die offenbar so reibungslose und affirmative Gleichschaltung der deutschen und österreichischen Bevölkerung. Er betont dabei selbstkritisch seine eigene aktive und passive Rolle in diesen Zusammenhängen, die er bis zu Luther zurückführt und in die seine Haushieligen Nietzsche und Wagner tief verstrickt seien, ohne direkt Verantwortung zu tragen.[24] Gegen diese, der Vorstellung vom ›deutschen Sonderweg‹ nahestehende Auffassung polemisiert Golo Mann, und darauf, wie auch auf Thomas und Heinrich Manns affirmative Einschätzung des sowjetischen Stalinismus bezieht sich sein Diktum von der politischen Unzurechnungsfähigkeit von Vater und Onkel, womit er allerdings zumindest im Fall der Einschätzung der Sowjetunion recht hatte.

Die Wallenstein-Biographie kombiniert dabei vor diesem Hintergrund mehrere Projektstränge im Leben Golo Manns; sie repräsentiert eine Figur, die ihn seit seiner Jugend faszinierte, sie konnte als Projektionsfläche für seine weltanschaulichen Auffassungen und abweichenden Meinungen zu Fragen der Philosophie, Historik, Ästhetik und Politik dienen, vor allem aber war sie das Paradestück seiner Version einer »Erzählung«, die sich nicht nur mit den großen Narrativen der Geschichtswissenschaft von Gibbon bis Mommsen messen lassen

---

24 Andererseits beharrt er darauf, dass mit 1933 eine markante Zäsur in der Geschichte eintritt, die zu analysieren er aber ablehnt, denn es sei zu ekelerregend, was sich hier abgespielt habe – ein Historiker müsse aber notwendig Sympathie für seinen Untersuchungsgegenstand empfinden. Die argumentativen Schwächen liegen auf der Hand und bedürfen keiner weiteren Diskussion.

will, sondern auch mit literarisch-fiktionalen »Geschichten«. Letztlich versucht Mann nichts anderes als die Weiterführung der Verwandlung der *historiae*, der immer gleichen Beispielgeschichten, in die *historia* als Kollektivsingular (Koselleck) hin zu einer narrativisierten, die Grenze des Fiktionalen in der Art der Darstellung berührenden Geschichtsschreibung. Tatsächlich liegt Mann damit zumindest teilweise im Trend der internationalen Geschichtswissenschaft, denn nur wenige Jahre später beginnt sich im Medium der Mittelalter- und Frühneuzeitforschung ein neues Forschungsparadigma durchzusetzen, das bis heute beachtliche Ergebnisse produziert. Die Rede ist von der Mentalitäts- und Alltagsgeschichte, Varietäten der Sozialgeschichtsschreibung wie sie von den Vertretern und Vertreterinnen der französischen Annales-Schule schon seit den vierziger Jahren praktiziert werden. Einerseits aber verhindert Manns Desinteresse an fachwissenschaftlichen, besonders theoretisch unterfütterten Diskussionen eine frühe Kenntnisnahme,[25] andererseits steht ihm seine historistisch-moralische und poetische Vorstellung einer Geschichte großer, einsam entscheidender Männer bei der Wertschätzung dieser Schule im Weg, denn ihre VertreterInnen lassen die Diplomatiegeschichte weitgehend unberücksichtigt und widmen sich, von neuen Dokumenten und intensiven archivalischen Studien ausgehend, regionalen Aufständen und Lebensformen, ohne biographische Formen zu verschmähen, nur dass es sich bei ihnen nicht um Könige, Fürsten und Potentaten handelt, sondern um einfache Leute, Bauern, Handwerker, Händler. Dafür interessierte sich Mann aber zeitlebens nicht, auch wenn er sein Interesse an den Lebensformen unterstrich; es geht ihm viel mehr darum, eine historische Persönlichkeit »präsent« werden zu lassen,[26] so als ob wir dabei gewesen wären.[27]

Empirische Fakten, Strukturen und statistisches Material sind für Mann immer uneindeutig, je nach Maßgabe der Auslegungsperspektive im Parteisinn

---

25 Er kennt aber Marc Blochs »La société féodale« (2 Bände. Paris 1939/40), ohne dass in seinen Bemerkungen dazu ein tieferes Verständnis spürbar würde; die zahllosen bedeutenden Forschungen der Mitglieder der Annales-Schule bleiben unberücksichtigt.
26 »Einen solchen Menschen [F. v. Gentz, AS] stellt man weder durch das, was er lehrte, noch durch das, was er wirkte, ausreichend dar. Man muß seine Präsenz glaubhaft machen« (Mann, Golo: Friedrich von Gentz. Geschichte eines europäischen Staatsmannes. Frankfurt a. M./Berlin/Wien: Ullstein 1972, S. 329).
27 Es ist dies eine rhetorische Technik, die als Vergegenwärtigung in der fiktionalen Literatur ihren festen Platz hat und von Gotthard Heidegger schon im 17. Jahrhundert kritisch analysiert wird; sie ist in literaturwissenschaftlichen Zusammenhängen Gegenstand der Narratologie, einer Disziplin, die Golo Mann verabscheut hätte, weil sie – zusammen mit der Rhetorik – den Werkzusammenhang und seine Mechanismen analysiert und demaskiert, ein Verfahren, das schon dem Vater unsympathisch war. Vgl. auch Gotthard Heidegger: Mythoscopia Romantica: oder Discours Von den so benanten Romans (Zürich 1698).

manipulierbar,[28] gleichzeitig sind sie aber auch Abstraktionen menschlichen Empfindens, Planens und Handelns:

»Obgleich der Gegenstand der Historiker die Menschen sind, mithin menschliches Bewußtsein wenigstens *ein* Hauptgegenstand der Historie ist, geht die Wirklichkeit doch in keiner Gleichung auf. [...] [Abstraktionen, AS] müssen sein, wenn man verstehen, nicht nur beschreiben will; aber sie sind Anschnitte der Wirklichkeit, Annäherungen an sie [...]. Der Begriff ist arm, das vergangene Leben unendlich reich.«[29]

Der Zentralbegriff ist hier für Mann der ›Stil‹, »die Verwandlung des auch essentiell Unliterarischen ins Literarische«[30]:

»Durch das scharfe Bad der Analyse muß man gegangen sein. Begnügt man sich mit ihr, so entfällt das erzählerische Element, so fehlt die Vielfalt, und Fülle und Kraft vergangenen Lebens, so geht die ihm eigene Atmosphäre verloren.«[31]

Der ›Stil‹ bedient sich dabei der Imaginationskraft, sowohl aktiv für die Geschichtsschreibenden, wie auch passiv für das Publikum:

»Hier setze ich Imagination gleich, mit den Fähigkeiten: an die Vergangenheit sinnvolle Fragen zu richten. Vergangenes sich vorzustellen oder, wie man sagt, vor das geistige Auge zu rufen, sich in Fremdes oder halb Fremdes zu versetzen, es zu verstehen oder doch sich ihm verstehend anzunähern. Phantasie ist ein alledem eng benachbarter Begriff, so auch Intuition. Phantasie nicht im Sinn des Phantastischen, sondern eben als die Kraft, sich einzubilden und sich vorzustellen, Vergangenes, mitunter [...] auch Zukünftiges, aus dem Vergangenen und dem Gegenwärtigen her«.[32]

Koch resümiert diese Gedankengänge folgendermaßen:

»Der Historiker gab der Vergangenheit auf die gleiche Art und Weise Stil, in der ein Literat seinem Erdichteten Gestalt verlieh, mit den gleichen Mitteln und Techniken. [...] genau wie der Romancier konstruierte der Historiker Erkenntnisse und Zusammenhänge, von denen er nicht beweisen konnte, daß sie unabhängig von seinem Bewußtsein existierten. Ein Biograph versetzte sich in eine historische Person hinein, genau wie der Romanschriftsteller das bei seinen Figuren tat. [...] Jeder Versuch, die Geschichte wiederzugeben, ›wie es eigentlich gewesen ist‹, würde unerträglich langweilig werden.

---

28 Vgl. Mann, Golo: Noch ein Versuch über Geschichtsschreibung. In: Ders.: Zwölf Versuche. Frankfurt a. M.: Fischer 1973, S. 7–31, hier S. 8: »Eindeutige Information wird vieldeutig in ihrem Sinn, sobald sie überhaupt Sinn erhält, nämlich befragt wird, nämlich in den einen oder anderen Sinnzusammenhang gestellt wird«.
29 Ebd., S. 16. Siehe auch ebd., S. 20: »Verkürzung ist der historischen Kunst oberstes Gesetz. Sie geschieht durch Abstraktion [...]. Immerhin darf man vermuten: So muß es nicht, so könnte es gewesen sein«.
30 Ebd., S. 23.
31 Ebd., S. 17.
32 Ebd., S. 11.

Ein Geschichtswerk war nach Manns Meinung kurz ein ›wahrer Roman‹, wenn auch ein Roman mit Lücken.«[33]

In der Tat geht es Mann nicht um die Rekonstruktion historischer Objektivität, ›wie es eigentlich gewesen‹ (Ranke), sondern um die Vergegenwärtigung der lebendigen Szene in der Imagination der Leserschaft. Dieser trügerische Effekt bezieht sich auf das, was Mann ›Stil‹ nennt, und was keinen Unterschied zwischen faktualem und fiktionalem Erzählen kennt; tatsächlich ist es ein sehr wirksames Mittel, nicht nur um den Eindruck der Einheit eines Werkes zu erwecken, sondern auch um der erzählerischen Vermittlungsinstanz eine markant persönliche Dimension zu verleihen, also um der Sprecherinstanz des Textes Körper, Stimme und Persönlichkeit zu geben. Kurz gesagt wird aus der Chronisten- oder Berichterstatterfunktion eine Erzählinstanz, die an der Schwelle vom heterodiegetischen zum homodiegetischen Erzählen steht. So sehr bei fiktionalen Texten eine kategoriale Trennung von Autor- und Erzählinstanz greift, werden bei faktualen Texten die Autor- und Berichterstatterfunktion miteinander identifiziert, eine Trennung, die Mann ganz gezielt unterläuft und destabilisiert.

Jeroen Koch hebt Manns Auffassung hervor, dass der Historiker hauptsächlich als Künstler verstanden werden muss, der es mit dem Scheinhaften zu tun hat[34]; auf der anderen Seite finden sich dann Historiker und Historikerinnen, die sammeln, sichten, ordnen, kontextualisieren und zusammenfassend darstellen; in seiner Wallenstein-Biographie bemüht sich Mann dann offenkundig um eine strikt auf Dokumente gegründete Darstellung, die, erstmals bei ihm, auch die Belege liefert. Das gelingt ihm weitgehend: Sein »Wallenstein« präsentiert die Resultate der internationalen Forschung auf der Grundlage des bisher Bekannten, allerdings unter Vernachlässigung sozialhistorischer Ordnungsparameter. Seine Biographie ist sicher nicht völlig fehlerfrei, aber sie ist es in einem sehr hohen Maße, indem sie eine geradezu erdrückende Masse an Material aufhäuft, das eigentlich dazu dienen soll, die Persönlichkeit des Helden präsent zu machen, durch ihre wachsende Beschwerlichkeit jedoch gerade dieses Ziel kompromittiert. Dabei konzentriert sich der Autor auf diejenigen Dokumente, die das persönliche Charakterbild Wallensteins erhellen, »Staatsakten, statistische Unterlagen, quantifizierbare Daten interessierten diesen Historiker weniger«[35]: Wallenstein

> »glaubte sich frei, wenigstens auf der Höhe des Lebens. Worauf es mir ankam, war, zu zeigen, daß er es niemals war; ein originaler, hochfahrender, hochbegabter Geist, sich tummelnd in einer Welt, deren wandelbare Bedingungen er momentan auszunutzen verstand, die er aber beherrschte nie und nirgendwo; wissend und wollend, was er nicht

---
33 Koch, Golo Mann und die deutsche Geschichte. 1998, S. 230f.
34 Ebd., S. 231.
35 Bitterli, Golo Mann. 2004, S.104.

durchsetzen konnte; immer nur fürchtend, regierend, improvisierend; zum Schluß nicht einmal das.«[36]

Handelt es sich hier nicht vielleicht um ein verdecktes, nur halb bewusstes Selbstporträt des Autors, der in der Abschlussvorstellung in Salem in Schillers Stück den Titelhelden spielt? Koch resümiert: »Zweifellos war dies das Thema, das Golo Mann zur Darstellung reizte: der Widerstreit zwischen der inneren Souveränität des freien Individuums und den objektiven Zwängen«.[37]

Bei der Durchführung seiner Studie hält sich der Autor an seine eigenen theoretischen Vorgaben und an seine Vorgänger, insbesondere die von ihm wegen ihrer ›Gerechtigkeit‹ besonders geschätzte Ricarda Huch. Dieser Begriff konvergiert bei Mann mit der Kategorie der Objektivität, verstanden als direkte Darstellung von Sachlagen, Handlungen und Personen und als Gegensatz zu dem von ihm verabscheuten ›theoretischen Vorgriff‹ der modernen Geschichtstheorie. Statt einer derartigen determinierenden theoretischen Präformation setzt Golo Mann auf die *evidentia* des Unmittelbaren und die Selbstentschlüsselung des historischen Materials. Koch bemerkt: »Der Historiker sollte sich jedoch dessen bewußt sein, daß die Vergangenheit durch eine Theorie oder auch durch eine Vielfalt an Theorien niemals ganz erschlossen werden konnte«.[38] Dabei war ihm vollkommen bewusst, dass auch sein eigener narrativer Zugang keineswegs Eindeutigkeiten gewährte, aber in diesem Falle ist das ein gewünschtes Ergebnis; Mann zielt darauf ab, die narrativen Elemente keiner durch theoretische Präformationen erreichten Ordnung zu unterwerfen, sondern ihnen die Möglichkeit zu geben, »die Rätsel um den Feldherrn zu verdeutlichen und den Mangel an historischen Kenntnissen zu betonen. Außerdem wollte Mann das Chaos des Dreißigjährigen Krieges darstellen«.[39] Er betont immer wieder die Unsicherheit historischer Kenntnisse, die Lückenhaftigkeit der Überlieferung und die Unmöglichkeit letzte Aufschlüsse über die Motive und die Gründe menschlichen Handelns zu gewinnen; es kommt ihm auf dieses Nichtwissen als zentrales Element seines Geschichtsverständnisses in sehr hohem Maße an, denn es garantiert seine Vorstellung von moralischer Freiheit und nicht-determinierter offener Struktur der Geschichte.[40]

---

36 Mann, Golo: Pro domo sua oder Gedanken über Geschichtsschreibung. In: Neue Rundschau 83, 1972, H. 2, S. 230–242, hier S. 231. Vgl. auch S. 233f.
37 Koch, Golo Mann und die deutsche Geschichte. 1998, S. 251; siehe auch ebd., S. 260: »Annäherung [an Wallenstein] so weit als irgend möglich; aber nicht Identifikation«.
38 Ebd., S. 229.
39 Ebd., S. 232; siehe auch ebd., S. 232: »Während er einerseits davon überzeugt war, daß der Geschichtsschreiber in die ›Wirrsal‹ der Vergangenheit Ordnung bringen sollte, durfte diese Ordnung andererseits nicht zur Zwangsjacke werden«.
40 Siehe auch ebd., S. 233: »Mann hatte den Kausalitätsbegriff stark relativiert. Ursachen konnte man selten oder nie unzweideutig feststellen«.

Dieses Verfahren ähnelt der in der Narratologie beschriebenen externen Fokalisation, bei der die Erzählinstanz weniger preisgibt, als sie tatsächlich weiß; im Falle Golo Manns versucht sie ganz gezielt, Kenntnisse über den weiteren Verlauf der historischen Entwicklung zu marginalisieren, um damit einen spezifischen Zweck zu erreichen: Das historische Handlungssubjekt soll möglichst unmittelbar in der konkreten Entscheidungssituation dargestellt werden – unmittelbar der Umwelt gegenüber und unmittelbar der Leserschaft gegenüber, die immer wieder an die Grenze der Einfühlung gebracht werden soll, und letztlich auch unmittelbar auch Gott gegenüber, wie Ranke es für den Historismus formuliert hat.[41] Das Publikum soll die handelnde Person in der Situation der existenziellen Entscheidung möglichst ohne präformierendes Wissen wahrnehmen, ihr nachfühlen und sie aus der Situation heraus bewerten, d. h. das moralische Urteil der Autorinstanz nachvollziehen. Das steht allerdings narratologisch betrachtet in deutlicher Spannung zu den erzähltheoretischen Prämissen, denn wir haben es mit einer empirisch unzuverlässigen Erzählinstanz zu tun, die ihre Skepsis gegenüber der Autorität der eigenen Erzählung immer wieder betont, eine Haltung, die einerseits notwendig scheint, um die grundsätzliche Offenheit, ja Zufälligkeit historischer Dynamik zu begründen und zu erhalten; andererseits aber auch eine Haltung, die von einer inneren Spannung, ja fast Paradoxie geprägt ist. Die historische heterodiegetische Erzählinstanz versucht, ihre ›naturgegebene‹ Nullfokalisation (d. h. die weitgehend uneingeschränkte spätere Wissensposition) auf eine externe Fokalisation zu begrenzen, womit sie gleichzeitig eine selbstinduzierte Unzuverlässigkeit verbinden will. Narratologisch ist das kein Einzelfall und absolut nicht ungewöhnlich, es ist vor allem in der frühen Gattungstradition der *crime fiction*, also des Kriminalromans vorzugsweise vom Typus des *whodunnit*, die verbreitetste Erzählhaltung. Die Erzählinstanz als DetektivIn hält die Spannung dadurch aufrecht, dass sie Indizien, Umstände und Rationalisationen dem Publikum vorenthält oder sie verschleiert.

---

41 Golo Manns Verhältnis zu Ranke, der erst 22 Jahre vor seiner Geburt starb, ist evident, auch wenn Mann es nicht hervorhebt. Die Literatur zu Ranke und vor allem zum Historismus ist uferlos, ich beschränke mich auf einige Hinweise. Henz, Günter Johannes: Leopold von Ranke in Geschichtsdenken und Forschung. 2 Bände: Bd. 1: Persönlichkeit, Werkentstehung, Wirkungsgeschichte. Bd. 2: Grundlagen und Wege der Forschung. Berlin: Duncker & Humblot 2014; Muhlack, Ulrich: Leopold von Ranke (1795–1886). In: Klassiker der Geschichtswissenschaft. Bd. 1: Von Edward Gibbon bis Marc Bloch. Hrsg. von Lutz Raphael. München: Beck 2006, S. 38–63; Leopold von Ranke und die moderne Geschichtswissenschaft. Hrsg. von Wolfgang J. Mommsen Stuttgart: Klett-Cotta 1988; Müller, Philipp: Wissenspoesie und Historie: Rankes Literaturgeschichte der Renaissance als Rekonfiguration ästhetischer Geschichtsphilosophie. In: German Studies Review 29, 2006, H.1, S. 1–20. Aus Rankes umfänglichem Werk (54 Bände) werden u. a. häufig herangezogen: Ranke, Leopold von: Über die Epochen der Neueren Geschichte. Hrsg. von Theodor Schieder u. Helmut Berding. München/Wien: Oldenbourg 1971, und: Die großen Mächte. Politisches Gespräch. Hrsg. von Ulrich Muhlack. Frankfurt a. M./Leipzig: Insel 1995.

Historiker und Historikerinnen verfahren ganz ähnlich wie Detektive und Ermittlerinnen im Kriminalroman, diese beschreiben die Szenerie der Tat, die direkt und indirekt Beteiligten wie auch die näheren und ferneren Kontexte und lassen das Lesepublikum quasi mitermitteln. Dabei unterdrücken sie weder Fehlvermutungen noch Wertungen und Urteile, denn ihre Unzuverlässigkeit ist als empirisch gegebene unvermeidbar und gleichzeitig offen für Korrekturen. Das gleiche gilt für Historiker und Historikerinnen in Manns Sinne: So sehr Ermittelnde soziale Strukturen, psychologische Befunde und materielle Interessen berücksichtigen müssen, so sehr scheint es kontraproduktiv zu sein, zu Beginn der Ermittlungen eine Theorie als Wegweiser zugrunde zu legen.[42] So auch die Geschichtsschreibenden:

»Hier ist auch der theoretische Vorgriff, das Hantieren mit schon zuhandenen Interpretationen ungeeignet; hier waltet [...] Interpretations-Eklektizismus. Warum? Weil das Treiben der Menschen im großen und ganzen nicht durch eine einzige Triebkraft, Motiv, Interessenkonflikt bewegt wird. Weil wir es hier mit einer Wirrsal miteinander, aufeinander, gegeneinander wirkender Mächte und Motive zu tun haben.«[43]

Ein weiteres Problem sieht ansatzweise auch Golo Mann, aber statt es zu entschärfen, knüpft er eine äußerst prekäre Argumentation daran. Ausgangspunkt ist die immanente Tendenz des narrativ-historischen Verfahrens zur Ästhetisierung; »es entstand ein Bild der Geschichte, das ästhetische Befriedigung verschaffen konnte. [...] Es war laut Mann die zeitliche Distanz, die es ermöglichte, historischen Ereignissen Stil zu verleihen«,[44] und in seiner »Deutschen Geschichte« unterstreicht er:

»Auch der Historiker ist ja wohl ein Künstler. Er bewegt keine wirklichen Massen, er tut nur so, als ob er sie bewegte. Je tiefer die Dinge in die Vergangenheit entschwinden, desto weniger irdisches Schwergewicht bleibt ihnen. Leid, das einmal erlitten wurde, ist nicht mehr; Schönes erscheint. Jede Begegnung mit Vergangenem ist schön.«[45]

---

42 Zu seinem Verhältnis zum hier und im Folgenden mitgemeinten Historismus vgl. Jaeger, Friedrich u. Rüsen, Jörn: Geschichte des Historismus. Eine Einführung. München: Beck 1992, Heitmann, Klaus: Das Verhältnis von Dichtung und Geschichtsschreibung in älterer Theorie. In: Archiv für Kulturgeschichte 52, 1970, S. 244–279; Krise des Historismus – Krise der Wirklichkeit. Wissenschaft, Kunst und Literatur 1880–1932. Hrsg. von Otto Gerhard Oexle Göttingen: de Gruyter 2007.
43 Mann, Golo: Theoriebedürftigkeit der Geschichte. Gespräch mit Historikern der neuesten Schule. In: G. Mann: Zeiten und Figuren. Schriften aus vier Jahrzehnten. Frankfurt a. M.: Fischer 1979, S. 432–448, hier S. 434f.
44 Koch, Golo Mann und die deutsche Geschichte. 1998, S. 234.
45 Mann, Golo: Deutsche Geschichte des 19. und 20. Jahrhunderts. Stuttgart/Hamburg o.J. [überarb. Auflage], S. 14. Mann fährt ebd. mit einer Prolepse fort, die auf den »Wallenstein« verweist: »Vielleicht wäre die Wahrheit dieses Satzes durch eine Darstellung deutscher Charaktere und Begebenheiten im 17. oder 18. Jahrhundert deutlicher zu zeigen gewesen«.

An anderer Stelle gibt er zu, dass Schiller »Wallenstein« eben durch Ästhetisierung verzerrt:

> »Die Wirklichkeit aber, die hier zum Schönen verklärt wurde, war gar nicht schön; sie war gemein und schmutzig und grauenvoll. [...] Auf der anderen Seite: gelte er, der Unterschied zwischen dem Häßlichen des Gegenstandes und dem Schönen des Kunstwerkes, nicht auch für die historischen Prosaschriften?«[46]

Tatsächlich muss er für die moderne Geschichte seit 1933 einen Ausnahmestatus reklamieren, der seine Annahmen zutiefst erschüttert. Das, was sich im Nationalsozialismus abspielte, war für Mann von solch unerträglicher Grässlichkeit, dass es ihm nicht mehr gelingen will, diesen Dingen ›Stil‹ zu geben und sie ›umzuerzählen‹,[47] und hier tritt dann unter anderem der »Wallenstein« teilweise als Ersatz-Analogie ein. Das ästhetisierend Schöne dient ja der Versöhnung mit dem Geschehen, je weiter zeitlich entfernt, um so einfacher, was bei gerade einmal 30jähriger Distanz kaum möglich schien und was er angesichts des Ausmaßes und des besonderen Charakters der Untaten auch niemals möglich zu sein glaubte – zumindest für sich.[48]

Dieser moralisch-theoretische Antagonismus bleibt für Golo Mann aber auch deshalb unauflösbar, weil er zur Erklärung des Nationalsozialismus, des Antisemitismus und des Holocausts keine tragfähige Erklärung besaß und die Wallenstein-Biographie als Beispiel und Analogie für die Un/möglichkeit der historisch-narrativen Auseinandersetzung mit Nationalsozialismus und Holocaust wurde. Er bettet dabei gerne den Zivilisationsbruch des Nationalsozialismus, den er als solchen so nicht definieren und verstehen würde, in die Syntax des historischen Gesamtgeschehens des 20. Jahrhunderts ein, so dass er neben dem 1. Weltkrieg, den stalinistischen Mordorgien und dem Einsatz der Atombombe in Hiroshima und Nagasaki als ein weiteres Element einer Geschichte der Atrozitäten erscheint. Seine Geschichtsauffassung verlangt dies von ihm, denn alle Begebenheiten des 20. Jahrhunderts hätten seiner Überzeugung nach wegen der essentiellen Offenheit und Unbestimmtheit der Geschichte unterbleiben

---

46 Mann, Golo: Schiller als Geschichtsschreiber. In: Ders.: Zeiten und Figuren. 1979, S. 98–116, hier S. 114.
47 Vgl. Mann, Geschichtsschreibung als Literatur. 1964, S. 49: »Vor Auschwitz, vor Hiroshima wirft der Historiker die Hände in die Höhe und kapituliert. Hier kann seine Kunst nichts mehr machen«.
48 Eugen Kogons »Der SS-Staat. Das System der deutschen Konzentrationslager« (1945) war allerdings ein beeindruckendes Gegenbeispiel für den Versuch der Darstellung des Naziterrors; Kogon, ein politischer Moralist, setzte schon 1949 Thomas Mann bei dessen Besuch in Weimar anlässlich der Goethefeiern heftig unter Druck, indem er ihn aufforderte, seinen Gastgebern gegenüber die Weiterexistenz des KZ Buchenwald mit weit über 10.000 sowjetischen Gefangenen zu thematisieren. Thomas Manns ablehnende Reaktion ist das wohl beschämendste Zeugnis einer böswilligen politischen Ignoranz und der eitlen und egozentrischen Ruhmsucht des bedeutendsten Repräsentanten deutscher Kultur im 20. Jahrhundert.

können. Zudem darf es keine determinierende ideengeschichtliche Herleitung des Nationalsozialismus und des Antisemitismus, so wie sie Thomas und Heinrich Mann skizzieren,[49] geben. Für Golo Mann, der sich in dieser Frage sein Leben lang eng ausgerechnet an Hermann Rauschning anschließt, ist der Nationalsozialismus keine Weltanschauung und darf auch keine haben, und gerade das macht dann seinen Charakter aus.

»*Macht* und *Auflösung* sind Nenner und Ziel und Zweck der deutschen Revolution [des Nationalsozialismus, AS]; sie hat keinen andern. [...] Desgleichen hilft die Widerlegung der von den Machthabern vorgeschützten und gewaltsam verbreiteten Ideen, etwa der rassistischen, nichts. Sie glauben selbst nicht an diese Ideen. Die Energie, welche im Dritten Reich am Werk ist, kommt nicht aus ihnen; sie kommt aus dem Willen zur Macht und zur Auflösung. Der Nationalsozialismus ist keine Weltanschauung; er *besitzt* bloß eine Weltanschauung als ein Instrument der Massenbeeinflussung, der Auflösung und der Macht, und er würde, wenn dieses einmal versagen sollte, auch wohl ein ganz anderes, ganz andere Weltanschauungen in Bereitschaft haben. Macht als Selbstzweck, Zerstörung als Selbstzweck oder als ein Mittel der Macht; die Weltanschauung als *Kulisse* [...] : das ist eine Revolution des Nichts, die Revolution des Nihilismus.«[50]

Bitterli resümiert:

»Hitlers ›Bewegung‹ war, in seinen Augen, nichts mehr und nichts weniger als das, was es in der Geschichte immer wieder gegeben hatte und immer wieder geben würde: der Kampf um die Macht um ihrer selbst willen. Die ›Ideologie‹ des Nationalsozialismus hatte keinen Wahrheitsgehalt, sondern war blosses Instrument im Kampf um Macht und Machterhalt.«[51]

Das ist auch nach damaligem und vor allem auch heutigem Verständnis nichts weniger als eine vollständige Kapitulation vor der Aufgabe der historischen Forschung; Mann steht den Phänomenen von Nationalsozialismus und Holocaust vollständig hilflos gegenüber, seine relativierende Nivellierung, seine Ablehnung der Sonderwegs-Theorie wie auch sozialhistorischer Ansätze, die Ablehnung der Totalitarismustheorie wie auch der Kollektivschuld lassen kaum noch Platz für eine analytische Einordnung oder das Verständnis des Holocausts als einmaligem Zivilisationsbruch. Für Golo Mann ist alles das sicherlich schrecklich und persönlich ekelerregend, aber es ist für ihn essentiell ein zufälliges Resultat zufälliger Umstände um einen zufällig charismatischen Volksverführer – es hätte in seiner Sicht der Dinge nicht geschehen müssen, und, mehr

---

49 Vgl. a. seine Auseinandersetzung mit den bizarren Thesen des englischen Historikers Taylor; Mann, Golo: Die Geschichtsschreibung A. J. P. Taylors. In: Der Monat 38, 1951, H.4, S. 262–282.
50 Mann, Golo: Hermann Rauschning »Die Revolution des Nihilismus« (1939). In: Ders.: Geschichte und Geschichten. Frankfurt a. M.: Fischer 1961, S. 26–34, hier S. 27.
51 Bitterli, Golo Mann. 2004, S. 186.

noch, es ist nur der extreme Ausdruck eines Machtkampfes, der – *historia magistra vitae* – immer wieder stattfinden würde.

Die Schuldfrage erscheint für Mann dabei trotz allerlei Komplikationen relativ einfach zu sein, denn vor dem Hintergrund der Forderung, Schuld immer individuell zu untersuchen, ist die Schuld der NS-Elite kaum bestreitbar, diejenige der Mitläufer, Denunzianten, Profiteure sowie passiv und aktiv an der Katastrophe Beitragenden jedoch nur schwer nachweisbar. Genau das aber ist das Bild, das die Wallenstein-Biographie entwirft. »In solch ungeordneter, schwer durchschaubarer Umgebung erscheint der Einzelne, gerade auch der Mächtige, der moralischen Verantwortung, die auf ihm lastet, kaum mehr gewachsen«,[52] resümiert Bitterli und zitiert Golo Mann:

> »Unersättlich ist die Lust am Plagen, Intrigen-Ersinnen, Gegner-zur-Strecke-bringen, am Legen von Fallen, am Wieder-Verrücken dessen, was gerade leidlich zurecht gerückt wurde bei denen, die in der Nähe der Macht nisten. Unergründlich ist die Schadenfreude, die Wildheit, Grausamkeit bei denen, die unten wohnen, wenn man ihnen nämlich Gelegenheit gibt, den Teufel in ihrem Innern zu entdecken und freizulassen.«[53]

Das könnte auch als Beschreibung des SS- und Gestapo-Staats verstanden werden, aber die Wallenstein-Biographie kann nicht einfach als Ersatz für die fehlende oder unzureichende Auseinandersetzung mit dem Holocaust dienen, auch wenn es thematische Analogien und Anklänge gibt. Aber auch seine »Deutsche Geschichte des 19. und 20. Jahrhunderts« marginalisiert die Shoah und die Konzentrationslager trotz vorliegender umfangreicher Dokumentationen und historischen Studien bis zur Unkenntlichkeit. Allerdings gibt Mann immer dann, wenn er das Thema des »Judenmords« streift, seinem sicher tief empfundenen Abscheu Ausdruck, aber weder nennt er die anderen Opfergruppen neben der europäischen Judenschaft, noch gelangt er zu einem Verständnis der Außerordentlichkeit des Holocaust – er wendet sich ab und erklärt sich persönlich als Historiker für unzuständig. Der Grund für seine Abwendung liegt allerdings nicht nur in dem individuellen Ekel und der Unmöglichkeit der narrativen Ästhetisierung der Vorgänge, sondern auch in seinem eigenartig verkürzten Verständnis des Nationalsozialismus und des Antisemitismus. Er hat dies in zwei Aufsätzen über Hermann Rauschning 1939 und 1963[54] sowie in zwei weiteren Arbeiten über den Antisemitismus 1960[55] und 1966[56] dokumentiert, vor deren Hintergrund der »Wallenstein« als *exercice de style* einer Geschichtsschreibung

---

52 Bitterli, Golo Mann. 2004, S. 262.
53 Zitiert ebd., S. 262.
54 Mann, Golo: Hermann Rauschning (1963). In: Ders.: Zeiten und Figuren. 1979, S. 117–131.
55 Mann, Golo: Über Antisemitismus (1960). In: Ders.: Geschichte und Geschichten. 1961, S. 169–201.
56 Ebd., S. 170–182.

im und für den Kalten Krieg mit dem Ziel der Relegation des moralischen Urteils an die Leserschaft zugunsten einer quasi-existenzialistischen Verschiebung des Holocausts in eine Reihe von tragischen Ereignissen eines in seinen dunklen Möglichkeiten immer unerklärlich bleibenden Menschheitsschicksals erscheint, das so oder ähnlich schon immer passiert ist und wieder an anderer Stelle passieren kann und wird – wie Hiroshima und Nagasaki angeblich zeigen.

Dabei geht sein Verständnis des Nationalsozialismus, das er bis an sein Lebensende nicht mehr modifiziert, auf die Thesen zurück, die der ehemalige überzeugte Nationalsozialist Hermann Rauschning in seiner »Revolution des Nihilismus« 1939 formuliert. Es wird in Manns Aufsätzen schnell deutlich, dass er Rauschnings Buch als »Erleuchtung und Erlösung«[57] und als Befreiung aus argumentativen Sackgassen versteht; deren populärste erklärten den Nationalsozialismus entweder als letzten verzweifelten Ausdruck des Imperialismus oder als letzte Konsequenz des preußischen Militarismus, eine These, die auch von Marxisten und Thomas und Heinrich Mann in Betracht gezogen wird und später einen Teil der Sonderweg-Theorie ausmacht. Gegen diese für Golo Mann unzureichenden Versuche wird Rauschnings Buch als »Grundbuch des deutschen Widerstands«[58] geradezu mythisch verklärt. In der Grundauffassung unterscheidet es sich allerdings nicht von dem bereits zitierten Aufsatz von 1939 – allenfalls wird der Autor hier in seinen Auffassungen deutlicher:

> »Es ist eine Verschwörung mit dem Zweck, Macht zu begründen, Macht zu erweitern und alles zu zerstören, aufzulösen, zu entwurzeln, was der Macht und Machterweiterung im Wege steht. Er ist darum der Feind aller echten Bindungen, aller Traditionen, auch aller Staaten und eigentlich aller Menschen […]. An ihre ›Ideen‹, Nationalismus, Rassismus, Brauchtum, Volkstum, oder was es sei, glauben die Machthaber selber nicht. […] Das Wesen dieses Herrschafts-Unternehmens ist Nihilismus. Alles wird ihm zum Schein, zur ›Kulisse‹, alle Zwecke haben nur *einen* Zweck. Sie vernichten das Judentum, ohne selber an die ›jüdische Gefahr‹ zu glauben.«[59]

Vor der absoluten Idee der Macht um der Macht willen verlieren schließlich bei Mann die Zentralbegriffe zur Erklärung des Nationalsozialismus ihre Inhalte, und dies betrifft nicht nur die Beliebigkeit und Austauschbarkeit seiner politischen Programmpunkte Nationalismus, Rassismus und Volkstum, sondern auch die Konzeptionen von Weltanschauung, Judentum und selbst die Rolle des Antisemitismus. In seinem Antisemitismus-Artikel von 1960 knüpft er dann auch an diese Überlegungen an, wenn er konstatiert:

---

57 Mann, Hermann Rauschning. 1979, S. 119.
58 Ebd., S. 120. Er entwickelt nebenher einige Überlegungen, die seine Theorieübernahmen illustrieren; so habe 1939 niemand den Krieg sicher voraussehen können, weil Hitler »Krieg in der Tat nicht wollte, sondern die unblutige Eroberung vorzog, […] und daß er recht gern noch eine Weile so fortgefahren hätte [sic]« (ebd., S. 121).
59 Ebd., S. 123 u. 126.

> »das Grundmotiv [der Geschichte, AS] ist dasselbe: der Trieb zur Selbstbestätigung, der Machttrieb. Ohne ihn und ohne die ihm verwandte Lust an Wettstreit und Streit, an der Gefahr, an der Zerstörung, wäre die Menschheitsgeschichte nicht das gewesen, was sie war«,[60]

Nationalsozialismus und Antisemitismus sind demnach nur weitere Erscheinungsformen geschichtlichen Handelns seit ewigen Zeiten, letztlich unergründbar und weitgehend unerklärbar: »Der Katastrophe der deutschen, der europäischen Juden voraussagbare Notwendigkeit beimessen [sic], würde heißen, ihr einen Sinn zu geben, den sie nicht hatte«,[61] aber ebenso wie die Toten der Weltkriege sei ihr Tod weder logisch noch notwendig gewesen.[62]

Grundsätzlich stellt Mann die Existenz eines allgemeinen und übernationalen jüdischen Volkes in Frage:

> »Denn schließlich bestand das Gros des deutschen Judentums, der Synagoge wie des getauften, des ehemaligen Judentums, weder aus ungekämmten, polnischen Kaftanjuden, noch aus überwitzigen, Frankreich verherrlichenden Literaten. [...] Es war deutsch in seinen Tugenden, deutsch in seinen Untugenden, es war patriotisch, es war überwiegend konservativ [...] – es gab gar nichts Deutscheres.«[63]

Dieser Befund gilt für ihn tatsächlich ganz allgemein:

> »Ich frage mich, ob in diesem Sammelbegriff [europäisches Judentum, AS], nicht schon eine Einräumung an den Wahnwitz liegt, der diesen Mord vollbrachte. Denn was da ermordet wurde, das waren nicht Juden; das waren Deutsche, Franzosen, Holländer und so fort, denen man eine sinnlos gewordene Gesamtbezeichnung anheftete. [...] weil sie alle ›Juden‹ seien, in dieser unwirklichen Abstraktion lag die Quelle des Wahnsinns, an dem Europas Juden zugrunde gingen.«[64]

Die Nationalsozialisten hätten überhaupt nicht zwischen Juden und Nicht-Juden zu unterscheiden vermocht, und deshalb obliege es der Nachwelt, »dem Aberglauben von einem gleichmäßig schlechten, schwarzen Judentum nicht einen menschenfreundlicheren aber gleichfalls unwirklichen Begriff von einem überall gleichmäßigen, gleich guten, gleich schuldlosen, gleich angepaßten Judentum gegenüberzustellen«.[65] Gemeint ist mit dieser unglücklichen Formulierung, dass es unter den Juden sowohl gute wie auch weniger gute Menschen gäbe, woran der

---

60 Mann, Über Antisemitismus. 1961, S. 171.
61 Ebd., S. 170.
62 Der Autor beabsichtigt hier sicher keine Demütigung der tatsächlich nicht einheitlichen Opfer von großenteils von ihrer Sache überzeugten Soldaten und millionenfach hingemordeten Juden; gerade in ihrer Nicht-Vergleichbarkeit besteht aber eine Herabsetzung der Opfer in den Konzentrationslagern; Mann erwähnt übrigens neben den jüdischen Opfern nur politische Gefangene.
63 Ebd., S. 180.
64 Ebd., S. 181.
65 Ebd., S. 182.

Autor, erneut stilistisch und argumentativ höchst problematisch, die Bemerkung anschließt, es sei »heute überaus heikel, überaus gefährlich, von jüdischer Schuld zu sprechen«.[66] Die argumentative Verbindung zur »jüdischen Schuld« wird erst zwei Seiten später evident, wenn er auf die Repräsentanz der jüdischen Bevölkerung in der sich wandelnden Gesellschaft der Weimarer Republik zu sprechen kommt:

> »Richtig aber war, daß in diesem Strom auch zahlreiche Menschen jüdischer Abstammung schwammen, daß viele Juden in ihm und kraft seiner gesellschaftlich aufstiegen: offenbar war die Versuchung stark, die Schuld an alle dem, was dem einzelnen Widriges geschah und was er in seinen Zusammenhängen nicht verstehen konnte und wollte, einer kleinen Minderheit, einer Gruppe von Individuen in die Schuhe zu schieben. [...] Einen Schuldigen zu suchen, wenn uns eine widrige Erfahrung trifft, liegt offenbar im menschlichen Charakter überhaupt. Dabei mögen die führenden Antisemiten der Frühzeit durchaus ehrliche Männer gewesen sein, der Hofprediger Stöcker war ein tapferer, integrer, wenn man will, ein bedeutender Mann.«[67]

Tatsächlich versucht Golo Mann den Antisemitismus mit der bekannten volksläufigen, aber wissenschaftlich völlig unzureichenden Sündenbock-Theorie zu erklären, wobei er ausführlich die Berechtigung der gegen die jüdische Bevölkerung erhobenen Vorwürfe diskutiert; etwa denjenigen, die Juden seine Ruhestörer und Revolutionäre:

> »Allein, wir dürfen hier nichts verschweigen, wenn es uns um die Wahrheit, die ganze Wahrheit zu tun ist. Nicht das Judentum – *das gibt es gar nicht* – aber einzelne Menschen jüdischer Abstammung haben durch ihre revolutionäre Agitation, ihre revolutionären Experimente in der Politik in Mitteleuropa zu gewissen Zeiten tatsächlich eine schwere Schuld auf sich geladen. [...] Es gab eben doch entschieden mehr unter ihnen, als ihrer Gesamtzahl entsprochen hätte«.[68]

Mann beteuert immer wieder, dass es natürlich historische Gründe für diese Überrepräsentation der jüdischen Bevölkerung gebe, die in ihrer jahrhundertelangen Benachteiligung und Unterdrückung lägen, aber die Art und Weise, wie er darüber spricht, lässt doch aufhorchen; etwa über die Erscheinungsweise des ›jüdischen Intellektuellen‹:

---

66 Ebd.
67 Ebd., S. 184. Die Exkulpation Stöckers, eines berüchtigten Scharfmachers, der allerlei Unheil angerichtet hat steht in einer Kontinuität im Denken Manns, wie er denn auch dem für seine Hohenzollern-Verehrung wie auch für seinen Antisemitismus berühmten Historiker Treitschke, der den dem Historiker-Streit vergleichbaren ›Antisemitismus-Streit‹ hervorgerufen hat, verständnisvoll begegnet. Von den osteuropäischen Juden »verlangte er [Treitschke, AS] Anpassung, Umlernen, ehe sie in den Genuß voller Bürgerrechte kämen und ehe sie in gar zu großer Zahl sich in der Hauptstadt niederlassen könnten. Die Forderung erscheint nicht unmenschlich, nicht unvernünftig. [...] Jedenfalls, wäre es in Deutschland bei dieser Art von Antisemitismus geblieben, der wäre auszuhalten gewesen«. (Ebd., S. 179f.)
68 Ebd., S. 187 (meine Hervorhebung).

> »man soll auch eingestehen, daß der in der Weimarer Zeit gängige Ausdruck ›jüdisch-zersetzend‹ nicht völlig ohne Boden war. Ja, es gab jüdische Literaten, die ihren alten Glauben längst verloren hatten, die den christlichen nicht im Ernst bekannten, die wohl auch zu intelligent waren, um die marxistische Pseudo-Religion auf die Dauer bekennen zu können, kurzum, die eigentlich im positiven Sinne des Wortes an gar nichts glaubten und die nichts anderes bieten konnten als Kritik, als Witz, als Hohn. [...] Gestehen wir aber ein, daß es ihnen an Takt, an Bescheidenheit, an dem Rückhalt einer festen, bejahenden Tradition, wohl auch an Schöpferkraft fehlte, gestehen wir ein, daß im Seelenhaushalt einer Nation es wohl einige solche Kritiker, einige solche Versemacher, einige solche Soziologen geben darf, *aber nicht zuviele von ihnen; und daß es in den zwanziger Jahren eher zuviel als zuwenig von ihnen gab.*«[69]

Hinter der Feststellung des übergroßen Anteils an jüdischen Unruhestiftern schleicht sich fast verborgen eine Bemerkung ein, die nicht erst heute ungeheuerlich ist: Das Judentum gäbe es gar nicht. So krass wirklichkeitsfremd und demütigend sie auch auf den ersten Blick erscheinen mag, sie ist doch ein unverzichtbarer Teil seiner Antisemitismus-Ideologie, die zunächst das Jüdische hinter dem jeweiligen Nationalen verschwinden lässt, um es schließlich gänzlich zu leugnen, denn wenn es keine Juden mehr gibt, sondern nur noch Deutsche etc. kann es auch keinen Judenmord gegeben haben, sondern ›nur‹ den massenhaften Mord an Gegnern des Regimes, die rein zufällig weit überwiegend Juden waren und auch als solche deportiert wurden. Da den Nationalsozialisten der Antisemitismus nur eine auswechselbare Ideologie war, konnte es auch keine wirkliche essentielle Judenverfolgung geben. »Hier sind Millionen Menschen umgebracht worden, von einem Gespenst, Antisemitismus genannt, das man, wenn man es ergreifen will, überhaupt nicht recht finden kann«.[70]

All das zielt letztlich auf eine Exkulpation des deutschen Volkes, das sich in einer ganz ähnlichen Situation befindet wie die Bewohner des 17. Jahrhunderts: Von den Wellen einer undurchschaubaren und chaotischen Machtpolitik umhergeworfen und den Ideologien und Mentalitäten der Zeit preisgegeben sind sie allenfalls Handlanger des Bösen. Dazu passt, was Mann den Deutschen entschuldigend bescheinigt:

> »Ich selber kann mich des Verdachts nicht erwehren, daß der Judenmord von Deutschland ausging, von Deutschen besorgt wurde, weil die deutsche Obrigkeit es befahl; nicht aber, weil in Deutschland ein besonders starker Judenhaß geblüht hätte. [...] Und gerade in den zwei bis drei Jahren vor Hitlers Machtergreifung hat in ihrer Propaganda der Judenhaß eine ganz geringe Rolle gespielt. [...] Erst nach der Machtergreifung ist sie [die jüdische Frage, AS] wieder in den Vordergrund getreten, und zwar

---

69 Ebd., S. 191 (meine Hervorhebung).
70 Ebd., S. 199.

in dem Maße mehr, in dem die Machthaber sich nun sicher im Sattel fühlten. *Es war ihr eigenster, persönlichster Spaß, dem sie nun frönen konnten.*«[71]

Die saloppe und der Sache höchst unangemessene letzte Formulierung deutet an, dass sich der Autor in diesen Fragen nicht ganz sicher war, oder doch zumindest ahnte, dass seine Überzeugungen nicht für jedes Publikum taugen konnten, und so hat er für seinen Vortrag für den Jüdischen Weltkongress 1966 in Brüssel seine Argumentationslinie von der Fragwürdigkeit der Existenz von Judentum und Antisemitismus wie auch der Auffassung, dass der Antisemitismus kein unverzichtbares Element des Nationalsozialismus sei, verschwiegen und stattdessen den Schwerpunkt darauf gelegt, die Deutschen in ihrer Mehrzahl als ohnmächtige Befehlsempfänger und allenfalls sekundäre Handlanger zu beschreiben und als weitgehend schuldlos zu erweisen. Dabei erlaubt er sich einige Extravaganzen wie etwa die Behauptung, *der* deutsche Antisemitismus, um den es aktuell gehe, sei ein Nachkriegsphänomen; der Antisemitismus vor 1918 sei im Vergleich gleichsam eine benigne Erscheinung, die nicht überschätzt werden dürfe. Dafür unterstreicht er hier vor einem Publikum von überlebenden Juden die Zufälligkeit des Holocaust:

»Die Katastrophe des deutschen und mit ihm des europäischen Judentums war in der deutschen Geschichte nicht vorgezeichnet. [...] Um ihre Katastrophe herbeizuführen bedurfte es einer völlig unvorhersehbaren Verkettung von Umständen«.[72]

Es ist nun keine Rede mehr davon, dass es gar kein Judentum mehr gibt, und auch die früheren abschließenden Bemerkungen über die Bundesrepublik hat er in weiser Voraussicht seinen jüdischen Zuhörern erspart:

»Wenn die Bundesrepublik heute mehr Glück hat, wenn dies Gebäude, trotz seines sehr fragmentarischen Charakters, einer Mehrheit von Deutschen viel mehr als ihr eigenes Heim gilt, als die Weimarer Republik es je tat, so liegt das zweifellos zu einem guten Teil daran, daß es in der Bundesrepublik praktisch keine Juden mehr gibt. Was ich hier sage, klingt zynisch und ist in der Tat eine äußerst gefährliche, bedenkliche Beobachtung. Aber auch sie muß gemacht werden. Der befremdende Erfolg der Bonner Republik im Inneren und dadurch auch nach außen hin, die vergleichsweise Entspanntheit, die heute das öffentliche Leben in Deutschland bezeichnet, sie haben damit zu tun, daß die deutschen Juden geflohen oder ausgemordet sind.«[73]

---

71 Ebd., S. 198 (meine Hervorhebung). Gerade bei der Behandlung dieses Themenkomplexes zeigt Mann überraschend oft stilistische Unsicherheiten und sogar grammatische Fehler; so spricht er am Beginn seines Aufsatzes (S. 172) von »antisemitische[n] Lausbübereien«; ob gewollt oder nicht, ist dies eine unzulässige Verniedlichung, wie sie aber auch schon Thomas Mann unterlaufen waren. In der Antisemitismus-Rede von 1966 ändert er die Formulierung vom »persönlichsten Spaß« in »teuflische Passion« (Mann, Golo: Der Antisemitismus (1966), in: Ders.: Zeiten und Figuren. 1979, S. 170–182, hier S. 178).
72 Ebd., S. 181.
73 Ebd., S. 193.

Christoph Schmitt-Maaß

## Editionspraxis als Erinnerungskultur. Nach- und Neudrucke deutscher Barockanthologien in der Zwischenkriegszeit

Es war kein Geringerer als Walter Benjamin, der 1925 in seiner nicht angenommenen Habilitationsschrift »Der Ursprung des deutschen Trauerspiels« festhielt:

> »Frappante Analogien zu dem gegenwärtigen Stande des deutschen Schrifttums haben immer neuen Anlaß zu einer, wenn auch meist sentimentalen so doch positiv gerichteten Versenkung ins Barocke gegeben.«[1]

Doch stimmt das? Ich möchte im Folgenden überblicksartig aufzeigen, welche Anthologien barocker Literatur (und speziell barocker Lyrik) zwischen 1918 und 1948 publiziert wurden. Anschließend werde ich durch eine knappe Auswertung der Paratexte zu konturieren versuchen, dass diese Editionspraxis einer Erinnerungskultur verpflichtet ist. Mein besonderes Augenmerk gilt dabei einem Aspekt, der bislang ignoriert wurde, nämlich den verwendeten Fraktur-Schrifttypen. Erinnert sei in diesem Zusammenhang, dass 1941 die Fraktur-Schrift im ›Großdeutschen Reich‹ als »Schwabacher Judenlettern« verboten wurde.

Bibliographiert man die Zahl der zwischen 1918 und 1948 publizierten Anthologien, und zwar ausschließlich solche Anthologien, die Barocklyrik verschiedener Autoren versammeln (und nicht etwa die Autoranthologien, die beispielsweise eine Auswahl von Gryphius-Gedichten bieten),[2] dann kommt man

---

1 Benjamin, Walter: Der Ursprung des deutschen Trauerspiels (1928). In: Ders.: Gesammelte Schriften. Hrsg. von Rolf Tiedemann und Hermann Schweppenhäuser. Bd. I. Frankfurt a. M.: Suhrkamp 1972, S. 203–429, hier S. 234.
2 Zu denken wäre auch an die Logau-Adaption von Curschmann (von Logau, Friedrich: Hundertfünfzig Sinngedichte für unsere Zeit. Hrsg. von Fritz Curschmann. Reichenberg: Stiepel 1925), die Logau als ›völkisch-nationales‹ Vorbild adaptiere (vgl. Klin, Eugeniusz: »Die vnartige Zeit« – Zur Rezeption von Friedrich von Logaus Sinngedichten in der Nachkriegszeit. In: Salomo in Schlesien: Beiträge zum 400. Geburtstag Friedrich von Logaus (1605–2005). Hrsg. von Thomas Althaus und Sabine Seelbach. Amsterdam u.a.: Rodopi 2006, S. 413–428, hier S. 416). Zu den Gryphius-Anthologien vgl. Redl, Philipp: Andreas Gryphius und die Barocklyrik in der Weltkriegsepoche (1914–1949). In: Der Zweite Dreißigjährige Krieg Deutungskämpfe in Literatur und Literaturwissenschaft der Moderne. Hrsg. von Fabian Lampart, Dieter Martin und Christoph Schmitt-Maaß. Baden-Baden: Ergon 2019, S. 57–76, hier S. 58, Anm. 6.

auf die Zahl von 17 Anthologien, von denen vier im selben Zeitraum eine zweite Auflage erlebten. Um einen Nachweis über die tatsächliche ›Barockbegeisterung‹ des Lesepublikums zu führen, ist es notwendig, alle Nachdrucke und Neuauflagen mit heranzuziehen. Betrachtet man dann die Publikationsgeschichte dieser Anthologien, so scheint die Wirtschaftskrise, der bevorstehende Kriegsbeginn sowie das Kriegsende die Nachfrage nach Barockliteratur und speziell nach Barocklyrik beflügelt zu haben.

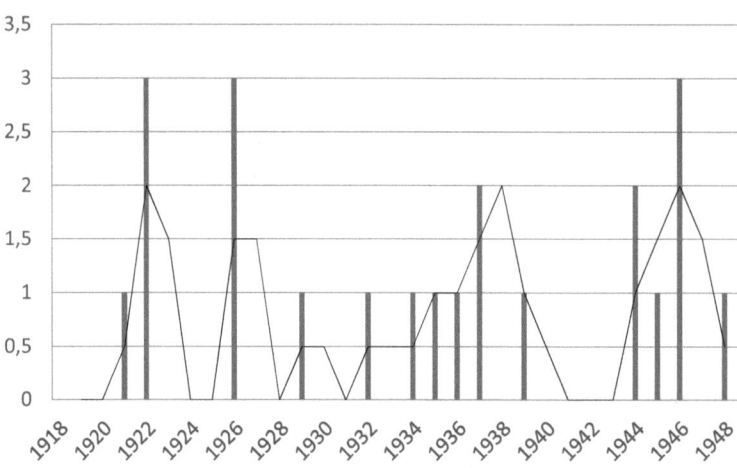

Zwischen 1918 und 1948 publizierte Barockanthologien inkl. Nachdrucke

Zwischen 1937 und 1944 hingegen scheint – ausweislich der Publikationsgeschichte – ein Desinteresse an Barockanthologien geherrscht zu haben. Damit ist zugleich das Bild revidiert, das die literaturwissenschaftliche Anthologien-Forschung bislang von der Barock-Lyrik in toto wie auch der Kriegslyrik im Besonderen gezeichnet hat.[3]

---

Redls Aufsatz bildet die bibliographisch ergänzte Grundlage vorliegenden Aufsatzes. Nicht berücksichtigt habe ich einige Anthologien, die keine Vorrede o. ä. enthalten (Wem Zeit ist wie Ewigkeit. Bleibende Lyrik aus dem Barock zum Lesen und Lernen im Jahr 1939. Hrsg. von Elfriede Kauffmann. Tübingen: Wunderlich 1939 (2. Aufl. 1948); Die Vergessenen. Hundert deutsche Gedichte des 17. und 18. Jahrhunderts. Hrsg. von Heinrich Fischer. Berlin: Cassirer 1926) oder die sich in ihrer Auswahl auf Liebeslyrik beschränken (Das deutsche Liebeslied in Barock und Rokoko. Hrsg. von Max Pirker. Zürich u. a.: Amalthea 1922; Pallas und Cupido. Deutsche Lyrik der Barockzeit. Hrsg. von Richard Wiener. Wien: Konegen 1922).

3 Die berühmtesten Gedichte. Auf der Grundlage von 200 Gedichtsammlungen ermittelt und zusammengestellt von Hans Braam. Mit einem Vorwort von Helmut Schanze. Stuttgart: Körner 2004, S. 283–288.

## Expressionistische Anthologisten

Den Anfang der Barockanthologien macht erst 1921 (also drei Jahre nach Kriegsende) der Münchner Germanist Fritz Strich (1882-1963) mit einer Auswahl von Barockpoesie in der expressionistischen Zeitschrift »Genius«, darunter auch die »Tränen des Vaterlandes« von Andreas Gryphius (1616-1664).[4] In der Einleitung stellt Strich die Nähe von expressionistischer bildender Kunst und Barockkunst heraus, um diese für die Dichtung genauer zu konturieren. Dabei geht es ihm vor allem darum, mit dem Urteil von der »Gelehrtenpoesie«[5] aufzuräumen. Der »Atem des Lebens« wehe den Leser vielmehr vor dem Hintergrund seiner eigenen Erfahrung des »gewaltigsten Krieg[es]« in diesem Jahrhundert direkt an.[6] Die Sprache des Barock sei aus der Erschütterung und dem Pathos hervorgegangen, die der Dreißigjährige Krieg seinerseits mit sich gebracht hätte. Die religiöse Komponente habe erst durch den Krieg wieder Einzug in die Dichtung gehalten,[7] Strich greift diesen Umstand mit der Nietzscheanischen Formel von der »Geburt der Lyrik aus dem Geiste der Einsamkeit und der Sehnsucht nach Rückkehr und Versöhnung.«[8] Strich kontrastiert die heitere Lyrik und das positive Selbstbild der Dichter der Renaissance mit der endzeitlich orientierten Dichtung des Barock, die in der Erfahrung des Dreißigjährigen Krieges wurzele. Daraus leite sich eine Appellationsfunktion der Barockliteratur ab: »Die Dichtung wurde Aufruf, Warnung, Mahnung«.[9] Signifikant ist die typographische Absetzung der in Antiqua gesetzten Einleitung und der barocken Quelltexte, die an die eigene Gegenwartssprache angepasst wurden, aber in der Breitkopf-Fraktur gesetzt wurden.

Gleichfalls dem Münchner Expressionismus im Umkreis des Verlages Kurt Wolff war der Bankangestellte und Privatgelehrte Walther Unus (1872-1939) verbunden.[10] 1618 sei der Dreißigjährige Krieg ausgebrochen, der »nicht eher enden sollte, als bis scheinbar alles Leben in Deutschland für immer vernichtet war.«[11] Dieser Krieg habe zwar eine Reihe von Dichtungen hervorgebracht (Unus

---

4 Deutsche Barocklyrik. Ausgewählt und eingeleitet von Fritz Strich. In: Genius 3 (1921), S. 106–118.
5 Ebd., S. 106.
6 Ebd.
7 Vgl. ebd.
8 Ebd.
9 Ebd., S. 107.
10 Die deutsche Lyrik des Barock. Ausgewählt und eingeleitet von Walther Unus. Berlin: Reiß 1922. Unus war befreundet mit dem expressionistischen Dichter Klabund (i. e. Alfred Henschke (1890-1928), der 1916 eine Gryphius-Auswahl herausgab: Das dunkle Schiff. Auserlesene Sonette, Gedichte, Epigramme des Andreas Gryphius. Hrsg. von Klabund. München: Roland 1916).
11 Die deutsche Lyrik des Barock. 1922, S. 5.

druckt die kanonischen Kriegsdichtungen ab, wie etwa »Thränen des Vatterlandes« von Gryphius), die den herbeigewünschten Frieden besingen, doch gelte festzuhalten: »Je länger das Elend dauerte, desto mehr verging der Nation das Singen.«[12] Auch mit dem Friedensschluss 1648 sei das Land nicht zur Ruhe gekommen, »die Ruhe glich vielerorts der Ruhe des Grabes.«[13] Echte Volksdichtung sei durch den Dreißigjährigen Krieg zerstört worden[14] und an ihre Stelle sei eine »allgemeine Unbildung und Roheit« getreten.[15] Die am italienischen und französischen Literaturbarock orientierte galante Dichtung habe es nicht vermocht, »ein nationales Geschehen und Erleben« zu erschließen.[16] Historisch umfasst der Terminus Barockdichtung bei Unus die Epoche von Georg Rudolf Weckherlin (1584-1653) bis zum jungen Johann Wolfgang von Goethe (1748-1832). Die »Modernisierung der Orthographie« entspreche zwar nicht den philologischen Standards, doch richte sich seine Ausgabe nicht an Philologen, sondern an Leser, »die diese Gedichte als lebendig empfinden möchten«.[17] Dieser Verlebendigung entspricht auch die Verwendung einer gut lesbaren Fraktur, in diesem Fall – bei bereits bei Strich – der Breitkopf-Fraktur.

In der Schriftenreihe des Kunstwart-Verlages Callwey erschien die Anthologie des Berliner Studienrats Hans Böhm (1876-1946), der u. a. in München studiert hatte.[18] Sie muss im Kontext der Lebensreformbewegung (spezieller: des Dürerbunds) und des Münchner Expressionismus verortet werden. Konsequent verwendet sie die spät entwickelte Unger-Fraktur von 1794, mit der der Berliner Drucker und Schriftgießer Johann Friedrich Unger (1753-1804) einen Reformversuch des »Gotischschnörkelichten« der Frakturschrift unternahm. Böhm baut auf der Anthologie von Unus und der literaturwissenschaftlichen Studie »Deutsche Barockdichtung« (1924) des Münchner Ordinarius Herbert Cysarz (1896-1985) auf.[19] Die »Katastrophe des Dreißigjährigen Krieges« sei durch »politische Zersetzung«, »Niedergang des Großbürgertums« und die »religiöse und wirtschaftliche Spaltung« des Landes bedingt. Diese ideengeschichtlichen Voraussetzungen will Böhm in seiner Anthologie anschaulich machen:

> »Die vorliegende Anthologie hat nun nicht die Absicht, dergleichen formengeschichtliche Wandlungen zu belegen oder Ereignisse und Geist der Zeit zu veranschaulichen

---

12 Ebd., S. 23.
13 Ebd., S. 16.
14 Vgl. ebd.
15 Ebd.
16 Ebd., S. 20.
17 Ebd., S. 24.
18 Deutsche Barocklyrik. Ausgewählt und eingeleitet von Hans Böhm. München: Callwey 1926 (Kunstwart-Bücherei 37).
19 Ebd., S. 3.

[...]; sie will einfach einmal die schönsten Gedichte dieses übel beleumundeten Jahrhunderts sammeln.«

Folglich fallen »Halb- oder Undichter« wie Lohenstein aus, da nur »echte Dichter« Eingang in die Anthologie erhalten. Diesem Konzept ist auch das Editionsprinzip verpflichtet: Böhm arbeitet mit »Kürzung[en]« und gleicht die Dichtung sprachlich und orthographisch an die Gegenwartssprache an. Sein Ziel lautet: der Barocklyrik »zu neuem poetischen Leben zu verhelfen«.[20]

Doch gegen die Vereinnahmung der Barocklyrik durch den Expressionismus formiert sich auch Widerstand. So erschien 1926 in der von Gustav Wenz (1890–1969) herausgegebenen »Deutschkundliche Bücherei« die Barockanthologie des Mühlhausener Oberstudiendirektors Hans Schauer (1889–1957), die 1932 eine zweite Auflage erlebte.[21] Schauer war 1921 an der Universität Leipzig mit einer Arbeit über Christian Weises biblische Dramen promoviert worden und zwischen 1926 und 1930 als Herausgeber von Briefen Johann Gottfried Herders als Philologe in Erscheinung getreten. Die »Deutschkundliche Bücherei« setzte das reformpädagogische Programm des Leipziger Ordinarius Walther Hofstaetter (1883–1968) um, indem sie eine »Gesamtwissenschaft vom Deutschtum« (Sprache, Literatur, Musik, Bildende Kunst, Völkerkunde etc.) propagierte. Der Übergang von Deutschkunde zu nationalsozialistischer Erziehung war teilweise fließend.[22] Schauer betont die Bedeutung der Barocklyrik für die Dichtung von Aufklärung und Klassik. Doch greife die »wohlfeil[e] Formel vom Verfall der Dichtung im dreißigjährigen Krieg« nicht, und weder seien Grimmelshausens »Simplicissimus« noch die Kirchenlieder das einzig überkommene Erbe dieser Epoche.[23] Schauer konturiert die Barocklyrik als im Wesentlichen konfessionell geprägt, nämlich durch den »protestantischen deutschen Norden.« Aus Perspektive von »Kulturgeschichte« und »Deutschkunde« soll die Literatur »zwischen Opitz und Gottsched« in »knappe[r] Auswahl« dargestellt werden.[24] Schauer greift auf eine Reihe von Barockdrucken zurück, ohne in den Gedichttext einzugreifen;[25] einzig wo er auf kritische Textausgaben zurückgreift, folgt er deren Editionsprinzipien. Diese Entscheidung rechtfertigt er mit der »Willkür der Schreibung im 17. Jahrhundert«.[26] Letztlich betont Schauer die Historizität

---

20 Ebd., S. 9.
21 Dichtungen des deutschen Barock. Hrsg. von Hans Schauer. Leipzig: Quelle & Meyer 1926 (Deutschkundliche Bücherei 44).
22 Hegele, Wolfgang: Literaturunterricht und literarisches Leben in Deutschland (1850–1990). Historische Darstellung – Systematische Erklärung. Würzburg: Königshausen & Neumann 1996, S. 70–73.
23 Dichtungen des deutschen Barock. 1926, S. 3.
24 Ebd.
25 Vgl. ebd., S. 5.
26 Ebd.

der Barocklyrik: »Um die Einheit des Barock auch in der Dichtung aufzuweisen, nicht um diese Lyrik wiederzubeleben, ist diese Auswahl zusammengestellt.«[27] Damit wehrt Schauer noch einmal die expressionistische Anverwandlung der Barocklyrik ab. Was in dieser Perspektive völlig fehlt, ist die Lyrik des Dreißigjährigen Krieges; und auch typographisch bleibt die Edition durch Verwendung der Offenbacher Schwabacher von 1898 zwar konsequent in der Ablehnung des Expressionismus, jedoch zugleich inkonsequent in der barocken Typographie.

## Antiqua statt Fraktur: Die Anthologie von Martin Sommerfeld

Völlig konträr zu den bisherigen Anthologien, die durchgehend auf die Fraktur zurückgriffen, verhält sich die nach Motiven gegliederte Edition des Frankfurter Literaturhistorikers Martin Sommerfeld (1894–1939), der 1933 emigrieren musste und 1939 in den USA verstarb: Sommerfeld wählt für seine 1929 erschienene Anthologie keine Fraktur-Schrift, sondern eine Antiqua, behält aber das lange S bei.[28] Sein äußerst problembewusstes Nachwort[29] liest sich wie eine Abrechnung mit den expressionistischen Anthologisten, die eigene Gegenwart und Barock verklammert haben. Sommerfeld geht aus von der Kunstgeschichte, in der der Stilvergleich etablierte Praxis ist. Sommerfeld will keine Einheit des Barock vermitteln, sondern

> »aufmerksam […] machen auf die Problematik, ja die Vieldeutigkeit des scheinbar so einheitlich-klaren (und vielfach leider schon wieder starr gewordenen, ja als Spielmarke gebrauchten) Begriffs«

Barock. Die von Sommerfeld angesprochene Vergleichsebene bezieht sich auf die Vergleichbarkeit der »Motive«, wobei er auch Übersetzungen in seine Anthologie aufnimmt, da sie einen »Formwillen« der Barockdichtung anschaulich machen. Da Sommerfeld bereits das antiquierte Schriftbild verabschiedet hat, hält er auch nicht an einer barocken Schreibweise fest, sondern ediert die Texte, »lautgetreu, nicht buchstabengetreu, also in moderner Orthographie und Interpunktion«.[30] Der (mutmaßlich) für die Frankfurter Lehrpraxis entstandenen Anthologie fehlt – wie Sommerfeld einräumt – nicht nur das »patriotische Motiv«,[31] sondern auch die Kriegslyrik (die Vanitas-Lyrik ist aber als eigenes Kapitel enthalten).

---

27 Ebd.
28 Deutsche Barocklyrik. Nach Motiven ausgewählt und geordnet von Martin Sommerfeld. Berlin: Junker & Dünnhaupt 1929. 1934 erschien eine zweite Auflage.
29 Deutsche Barocklyrik. 1929, S. 183–189.
30 Ebd., S. 189.
31 Ebd., S. 188.

## Nationalsozialistische Anthologisten

Nach der sogenannten ›Machtergreifung‹ 1933 dünnt die Anthologiendichte merklich aus. Von 1935 datiert noch eine von der Akademikerhilfe der »Notgemeinschaft der deutschen Wissenschaft« (der Vorgängerorganisation der heutigen DFG) herausgegebene Anthologie.[32] Sie ist sehr knapp und besitzt nur ein einseitiges Vorwort. Der Herausgeber – in der zweiten Auflage von 1944 (möglicherweise in ›arisierender‹ Absicht) kenntlich gemacht als der Münchner Literaturprofessor Edgar Hederer (1909–1962)[33] – postuliert Leitgedanken, die mit den nationalsozialistischen Doktrinen nicht vereinbar sind. Zwar entbehrt Hederers Band der Kriegslyrik, doch verweist er auf den »laute[n] Kriegslärm« jener Epoche, der »jäh in Todesahnung und Grabeshauch« verstumme; Barocklyrik sei »Ausdruck des damaligen Menschentums« und habe der »immerwährenden Menschlichkeit Sprache verliehen«. Dass die Edition, die in der Alten Schwabacher gesetzt ist, trotzdem 1944 eine Folgeauflage erlebte, ist erstaunlich.

Voll auf der Linie des neuen NS-Staates war hingegen der Münchner Philologe Herbert Cysarz, der 1937 die dreibändige Sammlung von Barocklyrik im Leipziger Reclam-Verlag verantwortete, die vornehmlich dem literaturgeschichtlichen Studium dienen sollte.[34] Die drei Bände sind durchgehend in der Breitkopf-Fraktur gesetzt. Cysarz, der bereits 1924 mit einer umfangreichen Abhandlung zur Barockdichtung in Wien habilitiert worden war, sich seit den 1920er Jahren dem sudetendeutschen »Volkstumskampf« verschrieben hatte, hatte seit 1928 den Lehrstuhl in Prag, ab 1938 dann in München inne. 1931 hatte er zudem mit seinem Werk »Zur Geistesgeschichte des Weltkrieges« Nationalismus, Philosophie und Philologie verbunden und die literarischen Produktionen der Kriegs- und Nachkriegszeit verklammert mit dem Ziel, die »dichterische Widerkunft des Kriegs« als »Bürgschaft und Hoffnung der Erhebung« zu proklamieren.[35] Die Anthologie nun folgt diesem Schema weitgehend: der »tiefversunken[e] Schatz« der Barocklyrik sei als »Spiegel unseres leidensschwersten Jahrhunderts« zu verstehen,[36] der die Dichtung der Weimarer Klassik, der Romantik und Gegenwart vorbereite:

---

32 Dichter der Barockzeit. Hrsg. von der Deutschen Akademie München. Berlin: Oldenbourg, 1935.
33 Deutsche Gedichte Bd. 5: Dichter der Barockzeit. Hrsg. von Edgar Hederer. 2. veränd. Aufl. München: Oldenbourg 1944. Ob das Vorwort geändert wurde, müsste überprüft werden.
34 Deutsche Literatur, Teil 13/A. 3 Bde. Hrsg. von Herbert Cysarz. Leipzig: Reclam, 1937 (Bd. 1: Vor- und Frühbarock; Bd. 2: Hoch- und Spätbarock, Bd. 3: Schwund- und Kirchenbarock). Hier: Bd. 1.
35 Cysarz, Herbert: Zur Geistesgeschichte des Weltkrieges. Die dichterischen Wandlungen des deutschen Kriegsbilds 1910–1930. Halle: Niemeyer 1931, S. 173.
36 Deutsche Literatur, Teil 13/A. Bd. 1. 1937, S. 5.

»Was deutsche Seele und Sitte seit dem Verfall der mittelalterlichen Blüte an Form errang, was nach all den Glaubenszwisten, während der Glaubenskriege an Einheit des deutschen Wesens erkämpft werden konnte, ist erstlich ihr [der Barocklyrik] Werk.«[37]

In dieser Barocklyrik drücke sich der »deutsch[e] Willen zum Äußersten« aus. So programmatisch-flach sich das Vorwort auch ausnimmt: In der Editionspraxis und der Textauswahl ist Cysarz weniger belastet und tritt für einen breiten Barockbegriff ein, auch durch »Bewahrung des barocken Zeichen- und Buchstabenwalds«, um den »wahren Barock-Charakter« kenntlich zu machen.[38] Daher plädiert Cysarz für »äußerste Zeichen- und Buchstabentreue«, »konservativ bis zum Äußersten«, keine »Anbiederung« an den heutigen Leser.[39] »Es kommt aber auch gar nicht darauf an, das Deutsch des 17. Jahrhunderts in das Deutsch des 20. zu übersetzen«;[40] vielmehr bedürfe es einer intensiven Auseinandersetzung mit der barocken Wortbedeutung, die sich vom Mittelalter herleite, erst dann ist eine »Begriffsvermittlung«[41] denkbar. Die Verwendung der Breitkopf-Fraktur stützt nur scheinbar das philologische Anliegen von Cysarz, da die barocken Satztechniken keine Anwendung finden. Dieses philologische Programm wird gleichsam konterkariert durch die völkische Einfühlungsästhetik, die dahinter steht:

»Und gönnt uns die Geschichte Schöneres als dieses Aug-in-Aug von Bruder und Bruder über Jahrhunderte? Können wir unserer herrlichen Sprache, können wir unseres Volks erschauernder und beglückter innewerden als indem wir immerzu auch in seine fernste lebendige Tiefe hineinleben?«[42]

Hier nun geben sich Philologie und Ideologie die Klinke in die Hand. Barocke Lyrik sei weniger »Bekenntnis als Bemeisterung [des] Lebens.«[43] Daher erkläre sich auch der »Wille[n] zur Form«, der in der Barocklyrik insgesamt, vor allem am »Jahrhundert des Dreißigjährigen Glaubenskrieges« zu beobachten sei.[44] Das »neuere Deutschland« nun habe durch den »Kampf um die Form« die »durch politische und religiöse Zwiste tief bedrohte Einheit und Ganzheit seiner Kultur behauptet.«[45] Der Dreißigjährige Krieg habe einen »barocke[n] Aufbruch zur Form« ermöglicht, der ein »Jahrtausend-Verhängnis der deutschen Seele« eingeleitet habe. Auch habe er nicht allein die »Lebensumstände«, sondern »auch die

---

37 Ebd.
38 Ebd., S. 6f.
39 Ebd., S. 7.
40 Ebd., S. 8.
41 Ebd.
42 Ebd.
43 Ebd., S. 10.
44 Ebd.
45 Ebd., S. 11.

rassischen Stoffe des deutschen Volks beträchtlich verändert«.[46] Für diese Neuausrichtung der deutschen Lyrik sei nicht die Standesgesellschaft oder die religiösen Konfliktpotentiale von entscheidender Bedeutung, sondern ein »eigengesetzlicher Gang deutschen Selbststreits und deutscher Selbstgestaltung.«[47] Die Einlassungen von Cysarz lesen sich wie eine Einschwörung auf künftige Kriege und Entsagungen.

## Bibliophile Anthologisten

Dass jenseits von Expressionismus oder Nationalismus auch ein völlig anderer Weg gangbar war, belegen die nächsten vier Editionen, zunächst die Edition von Ernst L. Hauswedell (1901–1983)[48] von 1936 sowie die Edition von Curt von Faber du Faur (1890–1966)[49] aus demselben Jahr. Beide Anthologisten waren bibliophile Büchersammler. Doch gestaltet sich die Auswahl der Texte völlig unterschiedlich, stammten doch die Textbeispiele aus den (damals noch reichen) Beständen der Hamburger Staatsbibliothek bzw. aus einer der größten privaten Barock-Büchersammlungen. Hauswedell schmückt seine Edition mit ausgewählten Emblemata-Picturae, die nicht immer in Verbindung mit dem abgedruckten Gedicht stehen, auch den ursprünglichen Emblemata-Zusammenhang von Motto, Inscriptio, Pictura und Subsciptio vermissen lassen, aber doch einen Eindruck von der barocken Bild-Schriftlichkeit vermitteln. Hauswedell räumt nachwortlich ein, dass seine Edition »keinerlei philologische[n] Ansprüche« stelle,[50] sondern nur der Barockforschung der vergangenen Jahre eine Leseausgabe zur Seite stellen zu wollen. Im Wesentlichen stützt sich Hauswedell in der Textauswahl jedoch auf Barockanthologien der Zwischenkriegszeit,[51] die er durch Abdruck der Picturae um den »sinnbildlichen Gehalt der Gedichte«[52] ergänzt. Als Schrifttype wählt er keine barocke Fraktur, sondern eine des Aufklärungszeitalters, nämlich die 1750 geschnittene Breitkopf-Fraktur. Sie zeichnet sich gegenüber barocken Frakturschriften durch eine größere Eleganz und eine bessere Lesbarkeit aus. Die Perspektive Hauswedells auf die Literatur des Barock ist in typographischer Hinsicht also eine Rückschau vom 19. Jahrhundert aus.

---

46 Ebd.
47 Ebd.
48 Dichter des deutschen Barock. Weltliche und geistliche Lieder des 17. Jahrhunderts. Hrsg. von Ernst Hauswedell. Hamburg: Hauswedell 1937. 1946 erschien eine zweite Auflage – ob Hauswedell im Vorwort eine andere Motivation ausweist, habe ich nicht überprüft.
49 Deutsche Barocklyrik. Eine Auswahl aus der Zeit von 1620–1720. Hrsg. von Curt von Faber du Faur. Salzburg/Leipzig: Pustet 1936.
50 Dichter des deutschen Barock. 1937, S. 109.
51 Vgl. ebd., S. 110.
52 Ebd., S. 109.

War es bei Hauswedell die Barockforschung der Zwischenkriegszeit, die seine Textedition motivierte, so legte Faber du Faur mit seiner Anthologie eine lange vorbereitete Auswahl seltener und auch abseitiger Werke vor, die allenfalls der Forschung bekannt war und der immensen Büchersammlung Faber du Faurs entstammten. Der Anteil des Georgianers Karl Wolfskehl (1869–1948), zum Zeitpunkt der Edition 1936 bereits zwei Jahre im italienischen Exil, lässt sich nicht exakt ermitteln, er dürfte jedoch entscheidend gewesen sein, zumal auch Faber du Faur bereits seit 1931 in Italien lebte und 1941 nach den USA emigrierte.[53] In seinem ausführlichen Vorwort rechtfertigt Faber du Faur den langwierigen Editionsprozess indirekt mit den Entstehungsbedingungen.[54] Vor allem aber rahmt er seine Ausführungen durch den Aktualitätsbezug: Sowohl am Beginn wie auch am Ende seines Vorworts kommt er auf die quasi-barocke Dichtung des Expressionismus zu sprechen.[55] Dieser Dichtung stellt er die echte Barocklyrik entgegen und behauptet, dass die Barockdichter Brüder sind

> »für uns aus ihrer Not heraus und aus unserer, wir hören ihre Stimmen zu uns schreien über die Jahrhunderte hinweg, *denn sie reden unsere Sprache.*«[56]

Begründet wird die Einschätzung, dass »die Lyrik der Barockzeit unserer Generation näher« sei »als früheren Jahrhunderten« und zugleich näher als »der Dichtung nicht weit zurückliegender Jahrzehnte« durch deren »Echtheit« und zugleich deren »Gefährdetheit«.[57]

Faber du Faur setzt jedoch einen neuen Akzent: Er reklamiert natürlich die Kriegsdichtung des Barock für die eigene Gegenwart, doch geht er entschieden weiter: das Verdienst der deutschen Dichtung nach 1648 sieht er in der Entwicklung einer Hochsprache, die einen Aufschluss zu den übrigen europäischen Literaturen ermöglicht. Daher verwirft er auch die traditionelle literarhistorische Ablehnung des barocken Deutsch als ›schwulstig‹. Dieser Vorwurf trifft in Faber du Faurs Perspektive viel eher die expressionistische Dichtung der eigenen Gegenwart. Gegen die »Überfremdung«[58] der deutschen höfischen Kultur durch das Französische und der Gelehrtenkultur durch das Lateinische habe die deutsche Barockdichtung eine eigenständige Dichtersprache entwickelt:

---

53 Zu Wolfskehls barocker Enzyklopädik vgl. Schmitt-Maaß, Christoph: Zwischen Vitalismus und Verfall: Die Rezeption des Dreißigjährigen Krieges und der Barockliteratur bei Dichtergermanisten des George-Kreises (1915–1945). In: Der Zweite Dreißigjährige Krieg. Hrsg. von Lampart/Martin/Schmitt-Maaß. 2019, S. 94–101.
54 Vgl. Deutsche Barocklyrik. 1936, S. 31.
55 Vgl. ebd., S. 6, 31.
56 Ebd., S. 31. Hervorhebung durch Faber du Faur.
57 Ebd.
58 Ebd., S. 9.

»die Ansätze zur Sprache Kants und Hegels waren entstanden sowohl wie zu der Schillers und Hölderlins und späterhin der Stephan [sic] Georges.«[59]

Gryphius begegnet schließlich als Dichter »des großen Kriegs«, gekennzeichnet von »grandiose[r] Lebensangst«, »düster und schwerblütig«, der mit »den Schrecknissen seiner Zeit nicht fertig wurde.«[60] Auch wenn seine Dramen gegenwärtig vergessen seien, so »steigt seine Lyrik immer lebendiger auf«[61] und kann in ihrem »mächtige[n] Pathos«[62] noch für die Gegenwart Geltung beanspruchen. Dieser für Gryphius und die Barocklyrik formulierte Aktualitätsanspruch erklärt sich auch aus der Exil-Situation Faber du Faurs, der in Italien von der deutschen Sprachheimat abgeschnitten war und sich einen Freundeskreis schuf. »Echtheit« und »Gefährdetheit«[63] der Barocklyrik werden so zu Signa der eigenen Gegenwart. Die Kriegsdichtung von Gryphius und die Barocklyrik im Allgemeinen werden von Faber du Faur daher als für die aktuelle Gegenwart relevant reklamiert: »das Allgemein-Menschliche erleidet wenig Wandlungen.«[64]

Symptomatisch ist denn auch der Aufbau von Faber du Faurs Anthologie: Er setzt ein mit den Dichtergedichten Weckherlins und endet mit Barthold Hinrich Brockes (1680–1747), gliedert aber diese »Evolution«[65] der deutschen Barockliteratur durch personale und inhaltliche Schwerpunktsetzungen. Am Anfang steht daher die Sprach- und Dichtungsreflexion, und in der Mitte steht Gryphius mit seinen Gedichten zum Dreißigjährigen Krieg. Seine Editionspraxis behält die barocken Schreibweisen der Erstdrucke weitgehend bei und greift nur gelegentlich glättend ein.[66] Zudem ist mit der Alten Schwabacher eine Type gewählt, die fünf Jahre später durch die Nationalsozialisten verboten werden sollte. Gerade die Wahl dieser (im Vergleich zu Fraktur oder Textura) stärker gerundeten Schrift macht sie gefälliger und erhöht ihre Lesbarkeit.

## Schweizer Anthologisten

Nicht nur in Italien entstanden Anthologien von Exilanten, sondern auch in der Schweiz. Die beiden Schweizer Editionen zeichnen sich dadurch aus, dass sie nicht auf die Fraktur-Schrift zurückgreifen (war doch bereits in der Mitte des 18. Jahrhunderts ein erbitterter Literaturstreit zwischen Leipzig und Zürich

---

59 Ebd., S. 8.
60 Ebd., S. 21.
61 Ebd. Verb umgest., CSM.
62 Ebd.
63 Ebd., S. 31.
64 Ebd., S. 25.
65 Ebd., S. 10.
66 Vgl. ebd., S. 352.

entbrannt, der sich nicht zuletzt an der Frage der Schrifttypen entzündete). Stattdessen verwenden die Schweizer Verlage die hergebrachte Renaissance-Antiqua.

Der Schauspieler und Rezitator Ernst Ginsberg (1904–1964), 1933 vor den Nationalsozialisten in die Schweiz geflohen, wo er am Zürcher Schauspielhaus eine dauerhafte Bleibe fand, betont im Vorwort seiner 1944 erschienenen Anthologie,[67] dass er kein philologisches Anliegen habe, sondern die »Landschaft des Geistes und der Sprache« wieder sichtbar machen wolle mit seiner Auswahl. Ginsberg erinnert sich, dass die »vom Unstern des Krieges umgetriebenen deutschen Lyriker«[68] von der Generation von Ginsbergs Eltern vergessen gewesen seien, was er auf ein Gefühl der »geistigen Unterlegenheit« gegenüber der französischen oder italienischen Dichtung zurückführt. Die »oft maßlos scheinende Wildheit« der Barocklyriker sei der »Verzweiflung über das deutsche Zeitgeschehen« zu verdanken:

> »die Gefahr, in unsern Tagen vor dem Seelen- und Geisteszustand des barocken Dichters noch immer in Befremdung zu verharren, ist wohl in den geistigen Erdbeben der Jetztzeit einem besser mitfühlenden Verständnis gewichen. Der heutige Leser ist fast bedrängt von der Gegenwartsnähe, die ihn hier auf Schritt und Tritt anspricht, ja, er muß sich hüten, dies oder jenes Gedicht allzu aktuell aufzunehmen, so, als wäre die Not, die aus den alten Versen ruft, die unserer Tage. Aber wenn auch die geschichtlichen Voraussetzungen des deutschen Elends im Dreißigjährigen Krieg wesentlich andere waren als die der Katastrophe, deren Zeugen wir selbst sind, so werden doch gewisse, schicksalhaft anmutende Ähnlichkeiten der Zeitaspekte eine Art brüderlichen Verstehens und Mitempfindens wecken.«[69]

Entsprechend erfolgte die Textauswahl nach diesen Kriterien. »Um den Zugang zu dieser Lyrik auch von der formalen Seite her zu erleichtern«[70] sei die Sprache aktualisiert worden.

> »Was diesen Gedichten aber über ihre sprachlichen Werte hinaus die Fortdauer sichert, ist der Geist, der sie beseelt und der noch die schwächeren unter ihnen adelt. All diesen Dichtern, so verschieden an Herkunft, Weg und Ziel, ist die hohe Menschlichkeit des Charakters gemeinsam. Mit der Macht ihres Wortes brandmarken sie den verhaßten Krieg und verherrlichen den geliebten Frieden.«[71]

Der Zürcher Privatdozent Max Wehrli (1909–1998), 1937 mit einer Arbeit über »Das barocke Geschichtsbild in Lohensteins ›Arminius‹« an der Universität

---

67 Komm, güldner Friede. Ausgewählte Lyrik des siebzehnten Jahrhunderts. Hrsg. von Ernst Ginsberg. Zürich: Artemis 1944.
68 Ebd., S. 190.
69 Ebd., S. 190f.
70 Ebd., S. 192.
71 Ebd., S. 193.

Zürich habilitiert,⁷² veröffentlichte 1945 im Basler Verlag Schwabe seine Barockanthologie,⁷³ die thematisch aufgebaut ist, aber im Kapitel »Proteus. Verwandlung und Vergänglichkeit« kaum die üblichen Lamentationes zum Dreißigjährigen Krieg versammelt (vgl. Gryphius' »Vantitas! Vanitatum vanitas!«⁷⁴), sondern etwa mit der »Grabschrift Mariannae Gryphiae« aufwartet.⁷⁵ Grimmelshausens »Vorpruch zum ›Simplicissimus‹« lässt sich jedoch mit seiner Leseradressierung als Selbstverständigung deuten, heißt es doch:

»Was war das? Ich habs in dies Buche gesetzt,
Damit sich der Leser, gleichwie ich itzt tue,
Entferne der Torheit und lebe in Ruhe.«⁷⁶

Insgesamt fällt auf, dass Wehrli auf einen reichen Lyrikbestand zurückgreifen kann, der offensichtlich langjährigen eigenständigen Lesefrüchten zu verdanken ist, aber auch auf Cysarz' Reclam-Edition zurückgreift.⁷⁷ Sprachlich ist die Version deutlich geglättet. Im Nachwort betont Wehrli die in der Barocklyrik »scharf gestellte Daseinsfrage«,⁷⁸ markiert aber auch die Distanz zwischen Gegenwart und Barock, das er als »ungemütlich« und »unromantisch« charakterisiert, »lockend nicht für bürgerlich-harmonische Zeiten, aber für Epochen, die keine Illusionen hegen und doch ihr wesentliches Erbe nicht verraten wollen.«⁷⁹ Wehrli markiert deutlich die Differenz zwischen Barock und Moderne, gehe es in der Barockdichtung doch nicht um das »Erlebnis«, sondern um die »Form«.⁸⁰ Erst die Formanalyse führe auf die Lebenswirklichkeit, die in ihr gebunden sei: »Der pathetische Wille zur Repräsentation setzt eine gewaltige innere Gefährdung barocken Daseins voraus.«⁸¹ Der »groß[e] Krieg« wird zwar als Stofflieferant für die barocke Vanitas-Dichtung aufgerufen, jedoch nicht mit einem Aktualitätsbezug versehen.

---

72 Gemäß Zürcher Usancen umfasste das Lehrgebiet Ältere deutsche Literatur auch die Literatur bis 1700 (freundlicher Hinweis von Andreas Solbach).
73 Deutsche Barocklyrik. Hrsg. von Max Wehrli. Klosterberg/Basel: Schwabe 1945 (Sammlung Klosterberg – Europäische Reihe). Die Ausgabe erlebte bis 1967 noch vier Auflagen und wurde 1977 vom Manesse-Verlag übernommen.
74 Deutsche Barocklyrik. 1945, S. 54.
75 Ebd., S. 52.
76 Ebd., S. 60.
77 Ebd., S. 213.
78 Ebd., S. 193.
79 Ebd.
80 Ebd., S. 195.
81 Ebd., S. 198.

## Vergangenheitsbewältigung in Anthologien der unmittelbaren Nachkriegsjahre

Nach dem Krieg setzt der Schriftsteller Otto Heuschele (1900–1996), dessen Anthologie (die auch Prosa enthält) zwischen 1944 und 1946 zusammengestellt wurde und 1946 erschien, einen völlig anderen Akzent.[82] Heuschele setzt Dreißigjährigen Krieg und Weltkriegsepoche parallel:

> »Für uns, die wir mitten innen stehen in einer Epoche, die seit mehr als drei Jahrzehnten von zwei gewaltigen Kriegen und von Krisen unerhörten Ausmaßes erschüttert wurde, scheint dieses Jahrhundert immer näher zu rücken, das, wie das unsere, heimgesucht war von Not und Leiden, von Kriegen und Zerstörung, in dem Weltanschauungs- und Religionskämpfe sich in Machtkämpfe verwandelten, eben das siebzehnte, das lange fast völlig verdunkelt war von der Erinnerung an die ungeheure Not, die der Dreißigjährige Krieg über das deutsche Land gebracht hat.«[83]

Signifikant ist ein Zitat von Josef Nadler, das Heuschele erst am Ende seines Vorwortes anbringt: »Barock ist nicht sklavischer Verfall an die Fremde, sondern heroischer Ausdruck des ewig Deutschen.«[84] Durch dieses Zitat relativiert Heuschele zugleich sein gesamteuropäisches Kulturkonzept und führt es auf die eigentlichen Wurzeln zurück: Für die deutsche Kultur und Literatur sieht Heuschele eine Brückenfunktion vor, müsse man den Blick doch nicht länger ausschließlich auf »das deutsche Volk und den deutschen Geistesraum« richten, sondern die deutsche Barockdichtung als »im Herzen Europas« situiert denken,[85] Deutschland gar als »Mittelland« wahrnehmen.[86]

Damit folgt er den Visionen, die der Kunsthistoriker Albert Erich Brinckmann (1881–1958) in seinem Werk »Europageist und Europäer« entworfen hatte, das im selben Jahr und im selben Verlag wie Heuscheles Anthologie erschien. Darin entwirft Brinckmann – und Heuschele zitiert seinen Namen wohl zustimmend – großbürgerliche Europavorstellungen im Sinne späterer Abendlandstheorie. Daher wird auch verständlich, dass Heuschele nicht nur die Schrecken des Dreißigjährigen Krieges und des zweiten Weltkriegs parallel setzt. Vielmehr propagiert Heuschele, dass sich im Barock ein »Lebensgefühl« ausdrücke, das dem »deutschen Geistes- und Seelenraum am stärksten und eigenartigsten« entspreche.[87] Besonders Gryphius versteht Heuschele als »Identifikationslyri-

---

82 Deutsches Barock. Eine Anthologie. Hrsg. von Otto Heuschele. Hamburg: Hoffmann & Campe 1946.
83 Ebd., S. 6.
84 Ebd., S. 21.
85 Ebd., S. 7.
86 Ebd., S. 8.
87 Ebd., S. 11.

ker«,[88] der erst vor dem Hintergrund der Weltkriegsepoche verstehbar sei, wobei es Heuschele nicht um die barocke Formensprache geht, sondern um das von ihm konstatierte und dieser Formensprache entgegengesetzte und an Dilthey gemahnende »innere Erlebnis der Dichtung«.[89]

Auf der Grundlage eines spezifischen deutschen Lebensgefühls, das im Barock seine Entsprechung finde, leitet Heuschele eine besondere Empfänglichkeit, ein »verwandtes Lebensgefühl [...] unserer Epoche« ab,[90] konstruiert gar »wahlverwandte Kräfte«.[91] Aus der Parallelführung ergäben sich, so Heuschele, die Konstituenten der »deutschen Seele«.[92] Deren Realisierung jedoch blieb – wie die Anzitierung des Dichterfürsten vermuten ließ – der Goethezeit vorbehalten, waren die Barockdichter doch nicht mehr als »Vorbereiter« und »Bahnbrecher«. Der Dreißigjährige Krieg habe jedoch der »Nation« das »geistig[e] Erbe«[93] bewusst gemacht – und in Verlängerung der historischen Perspektive auf die Zukunft darf wohl vermutet werden, dass Heuschele darin auch das Potential des Zweiten Weltkriegs sieht. Außer auf dem Titelblatt bemüht Heuschele keine Fraktur-Schrift – nach der Überwindung des Nationalsozialismus scheint für Heuschele kein Rückgang auf die Vorkriegszeit denkbar, sondern es zählt allein die »Gegenwart«.[94]

In dieser Linie argumentiert auch Fritz Martini (1909–1991) in seiner 1948 erschienenen Anthologie.[95] »Wir spüren heute stärker denn jemals den Atem und die Not der verwandten Zeiten«[96] heißt es eingangs, um dann weiter auf die formale Gestaltungskraft der Barocklyrik zu sprechen zu kommen: »Form bedeutete [im Dreißigjährigen Krieg] den einzigen Widerstand gegen das Chaos des Lebens«,[97] der »Wille zur Form« bestimme gar wesentlich die Lyrik des Barock. Martini betont jedoch zugleich die Bedeutung des (wie wir heute sagen würden) Kulturtransfers für die Herausbildung einer spezifischen deutschen Barocklyrik und verwahrt sich gegen den Vorwurf der »Überfremdung«, der der Barocklyrik gemacht worden sei. Die »fast expressionistisch[e] Steigerung des Ausdrucks«[98] sei ein Beitrag zur Lebensbewältigung in finsteren Zeiten: Die Dichter des Barock »wollten im Gedicht das Leben meistern«. Die Volte, die Martini nun vollzieht,

---

88 Redl, Gryphius. 2019, S. 71.
89 Deutsches Barock. 1946, S. 20.
90 Ebd., S. 13.
91 Ebd., S. 13.
92 Ebd., S. 13, 15.
93 Ebd., S. 32.
94 Ebd., S. 5.
95 Gedichte des deutschen Barock. Eine Auswahl. Herausgegeben und eingeleitet von Fritz Martini. Stuttgart: Körner 1948 (Die Parthenon-Bücher).
96 Ebd., S. 5.
97 Ebd., S. 7.
98 Ebd.

lässt sich vor dem Hintergrund seiner eigenen Verstrickungen in das NS-Regime verstehen. Es gehe nämlich bei dieser Lebensbewältigung der Barock-Dichter mittels Dichtung nicht um ein »persönliche[s] Bekennen«, sondern um

> »ein Allgemeines, [welches] das Leid und Schicksal und Trieb des einzelnen aufnahm und in eine höhere Ordnung und Dauer eingliederte. [...] Es geht stets um das Erleben des Menschen schlechthin, nicht um die eigne private Seele.«[99]

Was gegenwärtig als Schwulst kritisiert werde, verdanke sich der Integration gegensätzlicher Elemente im Barock (also etwa die Gleichzeitigkeit von petrarkistischer Liebeslyrik und pikarischem Schelmenroman), und dabei handele es sich um ein »sehr deutsches irrationales Seelentum«.[100] Martinis Fazit bindet dann (unausgesprochen) noch einmal Barock und Weltkriegsepoche zusammen, wobei der vormalige Sturmmann der SA, Schulungsleiter der Reichsschrifttumskammer und Propagandist des »Kriegseinsatzes der Deutschen Geisteswissenschaften« auf ein vertrautes Vokabular zurückgreift:

> »Wer immer zu ergründen sucht, was dem Wesen dieses [deutschen] Volkes möglich ist, wird in den geistigen Zeugnissen dieses so reichen wie tragischen, in Leid und in Leistung fruchtbaren Jahrhunderts reiche Anschauungs- und Erkenntnisquellen finden. Gerade unsere Zeit wird den barocken Menschen besser verstehen, als es die gesicherten Zeiten unserer Geschichte vermochten, sie wird in ihm auch ein Versprechen eigener Zukunft finden dürfen.«[101]

Martinis Anthologie gliedert sich nach inhaltlichen Schwerpunkten, und so lautet das zweite Kapitel »Zwischen den Flammen des Krieges«. Signifikant ist der Umgang mit der Schriftart: Zwar sind Vorwort und Quellen in der unverdächtigen Breitkopf-Fraktur gesetzt, kehren also zu einer vor 1941 weit verbreiteten Fraktur zurück. Daher könnte man einen Willen zum Überwinden der NS-Zeit und ein Anschließen an die Zeit vor 1933 (wenn nicht gar an das Aufklärungszeitalter, wurde die Breitkopf doch für die Offizin des Leipziger Verlegers Johann Gottlob Immanuel Breitkopf (1719–1794) entwickelt, der seit der Mitte des 18. Jahrhunderts wirkte und u. a. die Schriften Johann Christoph Gottscheds (1700–1766) publizierte). Doch die Überschriften sprechen eine andere Sprache: Hier greift der Setzer auf die 1933 von Rudolf Koch (1876–1934) entwickelte (aber erst 1937 durch die Gießerei Klingspor realisierte) Schrifttype namens Claudius zurück, die in Folge der Expansionspolitik der Nationalsozialisten zunächst aufgrund ihrer (im Vergleich zu älteren Schrifttypen) besseren Lesbarkeit als ›Deutsche Schrift‹ gefördert wurde, schließlich aber doch dem Verbot anheimfiel.

---

99 Ebd., S. 8.
100 Ebd., S. 10.
101 Ebd., S. 12.

## Fazit

Summiert man den Durchgang durch die Barockanthologien der Zwischenkriegszeit, so lassen sich zunächst vier Typen von Barockanthologien unterscheiden: Expressionistische, Nationalsozialistische, Bibliophile und Exilierte (wozu auch die Schweizer rechnen). Alle Anthologien sind von einem Gegenwartsbezug geprägt und enthalten eine Appellationsfunktion: Barocklyrik kann als Warnung vor dem Krieg aufgefasst werden oder als Einstimmung auf einen zukünftigen Krieg. Daraus resultierend, lässt sich eine Erklärung für den Rückgang an Barockanthologien ab 1933 ausmachen: Zu den Agitations- und schließlich Durchhalteparolen des Endsiegs passte eine historische Vergegenwärtigung der Kriegsfolgen nicht, daher flaut zwischen 1933 und 1945 die Anthologien-Publikation deutlich ab. Die nur auf dem ersten Blick barocke Typographie zahlreicher Anthologien erweist sich bei näherer Betrachtung als Trugschluss: Die Typographie wurzelt maximal in der Mitte des 18. Jahrhunderts, kein Anthologist nutzt echte Barocklettern und keiner nutzt eine barocktypische Typographie (hochgestellte Umlaute etc.). Zudem variiert die Epocheneingrenzung; verschiedentlich wird der Barockbegriff vom Späthumanismus des 16. Jahrhunderts bis zum jungen Goethe ausgedehnt. Auch unterscheidet sich die Gliederung der Anthologien erheblich: manchmal wird nach Themen und Motiven, manchmal nach Mikroepochen unterteilt. Häufig wird Barocklyrik diskutiert im Zusammenhang mit der Frage der nationalen Rückständigkeit gegenüber Frankreich und Italien, dabei wird ein originär deutsches Dichten propagiert, das sich in der Leidenserfahrung und im (Sprach-)Patriotismus erfüllt.

Kerstin Wiedemann

# Ricarda Huchs Wallenstein-Figurationen im Diskursfeld der Moderne

»Ich bin glücklicherweise einmal wieder wie ein Tiger aufs Arbeiten«, vermeldet Ricarda Huch (1864–1947) ihrer Freundin Marie Baum im Januar 1915 und spielt damit auf ihre Charakterstudie über Wallenstein an, die im selben Jahre erschien.[1] Der Dreißigjährige Krieg und seine Protagonisten hielten die Schriftstellerin und promovierte Historikerin bereits seit 1911 in ihrem Bann, als sie mit der Arbeit an ihrer dreibändigen Darstellung des Kriegsgeschehens begann, die sie zwischen 1912 und 1914 veröffentlichte.[2] Zunächst unter dem Titel »Der große Krieg in Deutschland« publiziert, bevor dieser ab 1929 in »Der Dreißigjährige Krieg« umgewandelt wurde, steht das Werk bis heute zusammen mit Alexander Döblins nur wenige Jahre später erschienenem Wallenstein-Roman für eine Erneuerung historischen Erzählens.[3] Eine Art Verlängerung erfuhr dieses um-

---

1 Baum, Marie: Leuchtende Spur. Das Leben Ricarda Huchs. Tübingen: Wunderlich 1950, S. 204.
2 Huch, Ricarda: Der große Krieg in Deutschland (1912–1914). In: Dies.: Gesammelte Werke. Hrsg. von Wilhelm Emrich. Bd. 3. Berlin: Kiepenheuer & Witsch 1967. Im Folgenden wird nach dieser Ausgabe zitiert.
3 Während Alfred Döblin ein »neues Paradigma des ›anderen‹ historischen Romans« etabliere, überschreite Huch, so Peter Sprengel, die Schwelle zu avantgardistischeren weltanschaulichen und literarischen Positionen allerdings nicht und bleibe in einem »konservativen Vorbehalt« verhaftet, der sie von »konsequenteren Vertretern eines modernen Bewusstseins« trenne. Sprengel, Peter: Geschichte der deutschsprachigen Literatur 1900–1918. Von der Jahrhundertwende bis zum Ende des Ersten Weltkriegs. München: Beck 2004, S. 151–153. Auch die Geschichtswissenschaft zollte dem Text in neuerer Zeit erhöhte Aufmerksamkeit und Anerkennung. Vgl. Schaser, Angelika: Der große Krieg in Deutschland: Literarische Geschichtsschreibung als weibliche Geschichtsschreibung. In: Denk- und Schreibweisen einer Intellektuellen im 20. Jahrhundert. Über Ricarda Huch. Hrsg. von Gesa Dane und Barbara Hahn. Göttingen: Wallstein 2012, S. 56–80, insbesondere S. 61. Eine umfassende Einordnung Huchs in das geschichtliche Denken der Moderne findet sich u. a. bei Gutjahr, Ortrud: Das gerettete Ich: Ricarda Huchs romantischer Historismus. In: Deutschsprachige Autorinnen des Fin de Siècle. Hrsg. von Karin Tebben. Darmstadt: Wissenschaftliche Buchgesellschaft 1999, S. 247–265.

fangreiche Fresko dann in der minutiösen Charakterstudie, die Huch darauf dem Feldherrn Wallenstein widmete.⁴

Beide Texte stehen im Mittelpunkt des folgenden Beitrags, aufgrund ihres produktionsgeschichtlichen Zusammenhangs und auch, weil sie in einen Zeitraum fallen, der als eine Phase der Neuorientierung im Schaffen Ricarda Huchs gilt.⁵ Diese zeigt sich zunächst in der Wahl der behandelten Stoffe. Huch, die bis dahin in ihren historisch orientierten Arbeiten hauptsächlich Themen der italienischen Geschichte bearbeitet hatte, konzentrierte sich ab der Behandlung des Dreißigjährigen Kriegs und der Untersuchung zu Wallenstein auf die deutsche Geschichte. Dazu zeigt sich in formaler Hinsicht in dieser Zeit eine allmähliche, sich später als dauerhaft erweisende Abwendung der Autorin von den Gattungen des rein fiktionalen Schreibens zugunsten einer literarischen Praxis, die offenere historiographische Formate und essayistische Textformen bevorzugt. So ist »Der große Krieg in Deutschland« eigentlich nicht der Gattung des Romans zugeordnet, sondern gibt sich im Paratext der ersten Ausgabe lediglich als Darstellung aus.⁶ In der Tat weist der Text eine hybride Form auf, in dem faktuale und fiktionalisierende Erzählmodi alternieren. Auch die Charakterstudie zu Wallenstein neigt aufgrund ihrer Nähe zum Essay einem gemischten Register zu. Zwar bediente sich Ricarda Huch auch früher schon nicht-fiktionaler Genres – erwähnt sei hier nur ihre um die Jahrhundertwende erschienene zweibändige Studie zur deutschen Romantik. Ab 1914 lässt sich nun jedoch auch eine Veränderung im Rollenverständnis der Autorin feststellen. Die Texte der folgenden Jahre weisen eine deutlichere weltanschauliche Verankerung sowie zudem oft eine kulturkritische Tönung auf.⁷ Huch löste sich aus dem in der Öffentlichkeit vorherrschenden Bild einer dem gesellschaftlichen Geschehen eher distanziert gegenüberstehenden ›reinen‹ Dichterin und nahm zunehmend die Haltung einer gelehrten Schriftstellerin und Intellektuellen ein, die ihren Anspruch zum Ausdruck brachte, im breiten Feld der nationalen Historiographie an einer »nicht-

---

4 Huch, Ricarda: Wallenstein. Eine Charakterstudie. In: Dies.: Gesammelte Werke. Hrsg. von Wilhelm Emrich. Bd. 9: Geschichte 1. Berlin: Kiepenheuer & Witsch 1968, S. 519–657.
5 Vgl. Skidmore, James: The Trauma of Defeat. Ricarda Huchs Historiography during the Weimar Republic. Bern: Peter Lang 2005, S. 87–93.
6 Das Titelblatt der Erstausgabe des ersten Bandes von »Der große Krieg in Deutschland« trägt lediglich den Vermerk »Dargestellt von Ricarda Huch«. Vgl. Bendt, Jutta u. Schmidtgall, Karin: Ricarda Huch 1864–1947. Marbach am Neckar: Deutsche Schillergesellschaft 1994, S. 188 (Marbacher Kataloge 47).
7 Zu den Schriften zur Weltanschauung im engeren Sinne werden folgende Titel gezählt: »Vom Wesen des Menschen. Natur und Geist« (1914), »Luthers Glaube« (1916), »Der Sinn der Heiligen Schrift« (1919), »Entpersönlichung« (1921) sowie »Der wiederkehrende Christus. Eine groteske Erzählung« (1925) und der späte Essay »Urphänomene« (1946). Vgl. Fielmann, Heike: Mythos und Interpretation. Ricarda Huchs Versuch einer Rettung des christlichen Glaubens. Frankfurt a. M.: Peter Lang 2007, S. 134f.

spezialistischen Geschichtsschreibung« mitzuwirken.[8] Diesen Bruch in der Autorinszenierung nahmen bereits auch zeitgenössische Leser wahr.[9]

Den Begriff ›Weltanschauung‹ liest man bei Huch zum ersten Mal in einer Rezension über den Kunsthistoriker Heinrich Wölfflin (1864–1945), die sie 1916 unter dem Titel »Kunst und Weltanschauung« in der »Neuen Rundschau« publizierte. Kunst sei, so heißt es dort in vorsichtiger kritischer Distanzierung zu Wölfflin, »anschaulich gewordene Weltanschauung« und verlange, als »Geschichte vom Sichselbsterkennen des menschlichen Geistes« erzählt zu werden.[10] Ihre eigenen weltanschaulichen Leitgedanken entwickelte Huch seit 1914 zunächst in einem Text, der unter dem Titel »Natur und Geist als die Wurzeln des Lebens und der Kunst« erschien.[11] Es handelt sich um den Entwurf einer philosophischen Anthropologie, der auch die knappe Skizzierung einer Art Geschichtssystematik enthält und einen prägenden Einfluss insbesondere auf die Gestaltung des Wallenstein-Bildes der Autorin ausübt, wie die Figur des Feldherrn überhaupt die beschriebene Neuorientierung Ricarda Huchs spiegelt, indem sich ihr die Konturen des neuen Weltbildes der Autorin aufprägen.

Die folgende Untersuchung nähert sich den Wallenstein-Figurationen Ricarda Huchs in ihrer Kriegsdarstellung und der nachfolgenden Charakterstudie deshalb mit einem doppelten Fokus. Sie betrachtet sie zum einen im Hinblick auf die Frage, inwiefern die Autorin vor dem Hintergrund der Krise des Historismus und in kritischer Auseinandersetzung mit Bewusstseinskonzepten der Moderne neue Akzente im erinnerungskulturellen Kontext des Dreißigjährigen Kriegs und der Wallenstein-Historiographie setzt. Zum anderen soll herausgearbeitet werden, wie Ricarda Huch ihre Bearbeitung des Wallenstein-Stoffes nutzt, um ihr neues Profil als Intellektuelle und Schriftstellerin zu schärfen. Mit Wallenstein be-

---

8 Dane, Gesa: Einleitung. In: Denk- und Schreibweisen einer Intellektuellen im 20. Jahrhundert. Über Ricarda Huch. Hrsg. von Ders. und Barbara Hahn. Göttingen: Wallstein 2012, S. 7. Es klingt hier sicher auch jene kontroverse Debatte um die Funktion von Autoren und Literatur an, die um die »Entweihung« der Dichterpersönlichkeit kreiste und die Weimarer Republik prägen sollte. Vgl. Becker, Sabine: Experiment Weimar. Eine Kulturgeschichte Deutschlands 1918–1933. Darmstadt: wbg 2018, S. 173.
9 So der Germanist Oskar Walzel, der irritiert auf diesen Bruch reagiert und ihn bezeichnenderweise am Kontrast zwischen den beiden genannten Texten festmacht, siehe Walzel, Oskar: Ricarda Huch. Ein Wort über die Kunst des Erzählens. Leipzig: Insel 1916, S. 11: »Künstlerische Objektivität in der Dichtung, ungebändigte Subjektivität in der nichtdichterischen Darstellung – so könnte der Gegensatz umschrieben werden.«
10 Huch, Ricarda: Kunst und Weltanschauung. Bemerkungen zu Wölfflins ›Kunstgeschichtlichen Grundbegriffen‹. In: Dies.: Gesammelte Werke. Hrsg. von Wilhelm Emrich. Bd. 7: Schriften zur Weltanschauung. Berlin: Kiepenheuer & Witsch 1968, S. 95. Huch kritisiert den wissenschaftlichen Ansatz des mit ihr gut befreundeten Kunsthistorikers, der sich in ihren Augen zu Unrecht mit rein »begrifflichen Scheidungen« (ebd.) begnüge.
11 Huch, Ricarda: Vom Wesen des Menschen. Natur und Geist. In: Dies.: Gesammelte Werke. Hrsg. von Wilhelm Emrich. Bd. 7: Schriften zur Weltanschauung. Berlin: Kiepenheuer & Witsch 1968, S. 13–81.

mächtigt sie sich einer wirkungsträchtigen, populären Symbolfigur der nationalen Erinnerungskultur und stößt auf diese Weise in ein in der damaligen Zeit bewegtes Feld der deutschen Geschichtsschreibung vor.[12] Insbesondere die intertextuellen Bezüge, die zu Friedrich Schillers Wallenstein-Bild geknüpft werden, vor allem im Rekurs auf dessen »Geschichte des Dreißigjährigen Kriegs«,[13] verraten die Ambitionen Ricarda Huchs, in einen literarisch vermittelten Dialog mit jenen Stimmen zu treten, die die nationale Erinnerungsdebatte maßgeblich prägten.

Den Ausgangspunkt der Untersuchung bildet eine knappe narrative Analyse der Wallenstein-Figur in »Der große Krieg in Deutschland«. Sie dient als Hintergrundfolie für die im Anschluss betrachtete, dem Feldherrn gewidmete Charakterstudie, die sich durch ihr stärker konzeptualisiertes Urteil und ihr modernekritisches Kolorit deutlich von dem Vorgängertext abhebt.

## Die Figur Wallensteins in »Der große Krieg in Deutschland«

In Huchs Kriegsdarstellung dominiert ein zwischen Faktischem und Fiktionalem schwebender Erzählmodus, in dem sich die Erzählstimme mit der Stimme der Autorin deckt und allenfalls arrangierend in das Geschehen eingreift. Huch selbst betont gegenüber Lesern explizit ihren Willen zu einer strengen Orientierung an den historischen Quellen und sieht ihre Arbeit als wirklichkeitsgetreue Vergegenwärtigung des Geschehens.[14] Und auch wenn der Text bis heute oft unter den Vorzeichen der Fiktion rezipiert und der Gattung des Romans zuge-

---

12 Zur Bedeutung der Wallensteinthematik im Kontext nationaler Erinnerungskultur siehe Bahlke, Joachim u. Christoph Kampmann: Wallensteinbilder im Widerstreit. Eine historische Symbolfigur in Geschichtsschreibung und Literatur vom 17. Jahrhundert bis zum 20. Jahrhundert. Köln: Böhlau 2011. Huchs Charakterstudie erfährt in den Jahren 1915–1920 immerhin drei Neuauflagen und partizipiert somit an einer neuen Konjunktur der Figur, die »um 1900 zögerlich einsetzt, nach dem ersten Weltkrieg Fahrt aufnimmt und in den 1930er Jahren ihre größte Dichte erreicht« (so Süßmann, Johannes: Wallenstein in der deutschsprachigen Erzählliteratur des 19. und 20. Jahrhunderts. In: Ebd., S. 159).
13 Angelika Schaser bescheinigt Huch eine genaue Kenntnis von Schillers historischen Schriften; siehe Schaser, Der große Krieg in Deutschland. 2012, S. 64f.
14 In einem Brief an den Schriftsteller und Dichter Paul Remer vom 24. Januar 1913 heißt es z. B.: »ich habe streng auf historische Zuverlässigkeit geachtet, höchstens einmal etwas zusammengefasst [...]. Ich glaube, ich darf behaupten, dass Zeit und Menschen wirklich so waren, wie ich sie dargestellt habe.« Zitiert nach Bendt/Schmidgall, Ricarda Huch. 1994, S. 190. Als Form der »historischen Vergegenwärtigung« bezeichnet Gesa Dane Ricarda Huchs erzählerisches Verfahren geschichtlicher Ereignisse und historischer Figuren, siehe Dane, Gesa: Historische Vergegenwärtigung. Ricarda Huchs ›Romantik‹ und der ›Dreißigjährige Krieg‹. In: Gendered Academia. Wissenschaft und Geschlechterdifferenz 1890–1948. Hrsg. von Miriam Kauko, Sylvia Mieszkowski u. Alexandra Tischel. Göttingen: Wallstein 2005, S. 127–145, hier S. 127.

ordnet wird, überzeugt er nicht weniger als historische Darstellung.[15] Als vermeintlich neutrales gestaltendes Prinzip fungieren Kontingenz und Zufall. Dies lässt sich insbesondere an der Inszenierung der illustren Kriegsherren und Truppenführer der Zeit deutlich ablesen. Kaum je verwehrt die Autorin einem jener zahlreichen Waffenträger den Auftritt auf der Bühne des Geschehens. Zumeist lässt sie sie allerdings auch durch einen betont unvermittelt geschilderten Tod schnell wieder abtreten. Dass es sich bei diesem Bemühen um einen »neutralen Chronistenstil« sehr wohl auch um eine literarisch geschickt ins Werk gesetzte Illusion handelt, ist in der Forschung bereits betont worden.[16] Die Erzählung wahrt nicht immer nüchterne Distanz zu ihren zentralen Figuren, wie sich vor allem an Wallenstein nachweisen lässt.

Der Feldherr und sein Gegenspieler, der schwedische König Gustav Adolf, profitieren von einer narrativen Sorgfalt, die aufmerken lässt und die beide von anderen Figuren unterscheidet. Ihre besondere epische Dichte fußt vor allem auf einer heroischen Überhöhung. In deutlicher Anlehnung an Schiller wird sie durch einen Dualismus beider Gestalten erzeugt, der seit der »Geschichte des Dreißigjährigen Kriegs« als eine zentrale Erzählkonvention in der literarischen Erinnerungskultur etabliert ist.[17] Sich diesem gängigen Schema fügend, lässt auch Huch beide Feldherren als gegensätzliche Pole erscheinen, deren Anziehungskraft aufeinander sich entfaltet, noch bevor sie sich ab 1630 tatsächlich als Gegner gegenüberstehen, oder wie es bei Schiller heißt: noch bevor »dem unumschränkten König von Schweden ein gleich unumschränkter Feldherr gegenüber[steht], ein siegreicher Held, dem siegreichen Helden.«[18] Um diese zwei Ausnahmeschicksale bereits im Vorfeld ihres Zusammenstoßes auch erzählerisch miteinander zu verketten und literarische Spannung aufzubauen, nutzt Huch zum Beispiel die Metaphorik des Meeres, in dem sie das antagonistische Machtstreben und den geschichtlichen Geltungsdrang beider Feldherren aufeinander bezieht und spiegelt. So heißt es von Wallenstein, als er 1627 in seinem ersten Generalat, im Verein mit den Truppen der Liga Dänenkönig Christian den IV. aus dem Reich drängte und bis nach Jütland verfolgte:

---

15 Vgl. Schaser, Der große Krieg in Deutschland. 2012, S. 78–80.
16 Ebd., S. 74.
17 Zur eng verknüpften Darstellung beider Figuren in Schillers Darstellung des Dreißigjährigen Kriegs siehe Fulda, Daniel: Wissenschaft aus Kunst. Die Entstehung der modernen deutschen Geschichtsschreibung 1760–1860. Berlin: de Gruyter 1998, S. 228–263. Fulda betont gleichwohl, dass sich Schillers Darstellung nicht auf diesen »Zweikampf« reduzieren lasse (ebd., S. 259).
18 Schiller, Friedrich: Geschichte des Dreißigjährigen Kriegs. In: Schillers Werke. Nationalausgabe. Hrsg. von Karl-Heinz Hahn. Bd. 18.2: Historische Schriften. Weimar: Böhlau 1976, S. 190.

>Wallenstein blieb stundenlang am Strande und starrte auf das unzugängliche Element, das, vor seinen Füßen ausgegossen, ihn durch sein Dasein unterjochte. [...] Es tanzte vor ihm über die Felsen, daß die aufspringenden Tropfen ihn bespritzten, überblies ihn mit dem Dampf seiner Nüstern, und sein jauchzendes Wiehern gellte ihm ins Gesicht, weil es wußte, daß er ihm keinen Zügel überwerfen konnte. [...] Aber da war ein anderer, der es lockte und auf den es horchen mochte, ein junger, rascher König, den sein biegsamer Rücken schon oft getragen hatte, der Schwede Gustav Adolf, der war zu fürchten. [...] Das Sicherste sei, dachte er, ihm zuvorzukommen und sich zuerst auf das schnaubende Ross zu schwingen«.[19]

Wenig später erlebt der Leser in einer analog arrangierten Szene Gustav Adolf an der Ostseeküste bei Danzig, wo er sich während der Belagerung Stralsunds durch Wallensteins Truppen im Frühsommer 1628 mit seiner Flotte in Wartestellung befand:

>Gustav Adolf, dessen Flotte vor Danzig lag, beugte sich über den Rand des Schiffes und sah in das grüne Wasser, das glucksend an den Planken aufschlug [...]. Gehobenen Hauptes blickte er über das Meer, das unter einem feinen biegsamen Goldnetz von Sonnenstrahlen lustig schauderte und sich bäumte, dann nach dem Himmel, über den sich flauschige Wolken wie Felder voll weißer Hyazinthen und Lilien hinstreckten. ›Das ist des Herrn Fingerzeig‹, dachte er freudig, ›der die Fäden geheimnisvoll versammelt und in meine Hand legt [...].‹ Er überdachte seinen Lebenslauf, der in allen seinen Verschlingungen auf ein großes, nur undeutlich geahntes Ziel hinzuführen schien«.[20]

Wallenstein und Gustav Adolf erscheinen als die einzigen Figuren in »Der große Krieg in Deutschland«, denen auf diese Weise poetisch überhöht ein deutlicher Wille zur Geschichtsmächtigkeit zugeschrieben wird, und die diesen auch reflektieren. Sie stehen für unterschiedliche Haltungen zur Geschichte, in einer Darstellung, die sonst auf eine übergeordnete, metageschichtliche Ebene verzichtet. Dem schwankenden Wallenstein wird der naiv auf Gott vertrauende Gustav Adolf als Gegenfigur gegenübergestellt. Die christlich motivierte Zuversicht und heroische Energie des letzteren kontrastieren mit der metaphysischen Skepsis Wallensteins, dem Zweifel an seiner geschichtlichen Mission.

Wenngleich sich auch an beide Figuren Züge geschichtsphilosophischer Perspektivierungen knüpfen, die sie von den anderen Protagonisten unterscheiden, entspricht es dem streng historischen Ansatz Ricarda Huchs, dass der weltanschauliche Horizont der dargestellten frühneuzeitlichen Epoche dabei nicht überschritten wird. Neben das christliche Weltbild, in dem Gustav Adolfs Denken verankert ist, tritt ein zeittypischer kosmologischer Diskurs, der zumeist an Wallenstein gebunden ist und dessen Weltsicht transportiert. Sein mangelnder spiritueller Halt zeigt sich in seiner hilflosen Hingabe an die Weissagungen der

---

19 Huch, Der große Krieg in Deutschland. 1967, S. 441.
20 Ebd., S. 477f.

Astrologie, die er sein Leben lang einholt, ohne ihnen allerdings jemals eine dem religiösen Vertrauen Gustav Adolfs vergleichbare kraftspendende Gewissheit abgewinnen zu können. Das endgültige Verdikt über die Figur Wallensteins, das ihn als eine Art vormodernen Nihilisten beschreibt, legt die Autorin im Übrigen dem Astrologen Johannes Kepler in den Mund, den Wallenstein mehrfach bemüht. Er sieht in Wallenstein eine der »erloschenen Sonnen«, die, von göttlicher Erkenntnis nicht mehr erleuchtet, »kalt und schwarz« zu unsichtbarem Lauf durch das All verdammt seien.[21]

## Wallenstein. Eine Charakterstudie (1915)

Deutlich weniger historisch perspektiviert fällt hingegen das Urteil über Wallenstein in der ihm gewidmeten Charakterstudie aus. Deshalb ist es bezeichnend, dass der Germanist Oskar Walzel (1864–1944), der das Werk Ricarda Huchs über einen langen Zeitraum kommentierend begleitete, der Autorin gerade für diesen Text die Neigung attestiert, »bekennerhaft Stellung« zu nehmen und somit bereits auf den weltanschaulichen Anstrich dieser Studie verweist.[22] In der Tat nutzt die Autorin die Stärkung des »philosophischen und metatextuellen Moments«, das dem Genre der Charakterstudie aus seiner Verwandtschaft mit dem Essay zuwächst,[23] und prägt dem von ihr entworfenen Wallenstein-Bild die Umrisse ihrer eigenen Weltsicht auf, die sie im Jahr zuvor in Auseinandersetzung mit beherrschenden Diskursen der Moderne in ihrer eingangs bereits erwähnten Studie »Natur und Geist als die Wurzeln des Lebens und der Kunst« entwickelt hatte.[24] So wird der vormoderne Nihilist und Zweifler, als der sich Wallenstein in »Der Große Krieg in Deutschland« präsentiert, in der anschließenden Charakterstudie vornehmlich in der Terminologie modernen Dekadenzdenkens erfasst, wie im Folgenden an wenigen Beispielen demonstriert werden soll.

Gleich zu Beginn der Charakterstudie fällt der Begriff »Auflösung«, der in der Formulierung »Zeitalter der Auflösung« von der Autorin zunächst als Kategorie historischer Analyse eingeführt wird und als Epochensignatur der Frühen Neuzeit fungiert:

---

21 Ebd., S. 519.
22 Walzel, Oskar: Ricarda Huch. Ein Wort über die Kunst des Erzählens. Leipzig: Insel 1916, S. 11.
23 Rossi, Francesco: Die Charakteristik. Prolegomena zur Theorie und Geschichte einer deutschen Gattung – nebst komparatistischer Bemerkungen. In: Scientia Poetica 21, 2017, H. 1, S. 38–63, hier S. 46.
24 So sieht es bereits auch bereits Oskar Walzel, vgl. Walzel, Ricarda Huch. 1916, S. 101.

> »Das siebzehnte Jahrhundert war für das Deutsche Reich die Zeit der Auflösung: Die einzelnen Organe des ungeheuren Körpers waren so selbständig geworden, daß die Kraft des Mittelpunktes nicht mehr ausreichte, sie zusammenzufassen.«[25]

Im Folgenden wird der Begriff dann auf Wallenstein übertragen und dient zur Beschreibung seiner persönlichen Entwicklung. Die Figur des Feldherrn avanciert somit zum Spiegel einer allgemeinen Zeitanalyse, wie das abschließende Urteil der Autorin über sie zeigt:

> »Das Überwiegen eines großen, reifen Intellekts über die instinktiven Kräfte, wie es bei Menschen einer hohen Entwicklungsstufe vorkommt, kann insofern als Entartung oder Krankheit aufgefasst werden, als das Gleichgewicht dadurch aufgehoben und der normale Ablauf des Lebens erschwert ist. Wallenstein befand sich in dieser abwärts geneigten Verfassung, doppelt so durch die Altersstufe, auf der er zur Zeit seines zweiten Generalats stand. Er war damals fünfzig Jahre alt, durchlief also den Lebensabschnitt, wo die menschliche Natur vor der Beschränkung oder Erstarrung noch einmal blüht, welches Blühen aber nicht die frühlingshafte Lösung des Sichentfaltens, sondern die herbstliche *Auflösung* ist. Das Auseinanderstreben der Kräfte kann wie beim Jüngling so bei dem zum Alter übergehenden zu einem Verlust des Gleichgewichts und damit zu seelischer und geistiger Haltlosigkeit führen.«[26]

Nicht nur der Begriff »Auflösung« lässt sich zeitgenössischen Dekadenzvorstellungen zuordnen. Die zitierte Passage macht deutlich, dass sich Huch weiterer einschlägiger zeitgenössischer Diskurselemente bedient, wie des Begriffs der »Entartung«. Bereits seit dem 18. Jahrhundert in kulturkritischem Sinn gebraucht, etabliert er sich durch die breite Rezeption der gleichnamigen, 1892/93 publizierten Streitschrift von Max Nordau (1849–1923) zu einem polemischen Schlüsselbegriff für das Unbehagen an der Moderne. Parallel entwickelt er sich auch zu einem zentralen Konzept moderner und später nationalsozialistischer Rassetheorien.[27] Es ist bisher nicht bekannt, ob Ricarda Huch mit Max Nordaus sehr populärer Schrift vertraut war, weshalb hier offenbleiben muss, inwieweit ihre Verwendung des Begriffs »Entartung« direkt darauf rekurriert. Offensichtlicher hingegen ist die Korrelation dieses Begriffs mit einem weiteren für das Denken der Autorin zentralen Konzept, nämlich der Vorstellung vom »dekadenten« Menschen. Zwar wird auch sie in der Charakterstudie ohne explizite Bezugnahmen und in eher diffusem Anklang an gängige Schlagwörter der Zeit verwendet. Allerdings lässt sie sich auf ein von der Autorin in ihrem Essay »Natur und Geist« entwickeltes Konzept zurückführen, das im Folgenden kurz umrissen werden soll.

---

25 Huch, Wallenstein. 1968, S. 521.
26 Ebd., S. 637 [Hervorhebung KW].
27 Marx Nordau: Entartung. Hrsg. von Karin Tebben. Berlin/Boston: de Gruyter, 2013. Das Nachwort der Ausgabe (S. 773–817) bietet eine umfangreiche, auch diskursgeschichtliche Einordnung des Textes, die hier herangezogen wurde.

Im Sinne einer Position, die die Integrität des Subjekts gegen die Auflösungstendenzen der Moderne verteidigt, entwickelt Huch in »Natur und Geist« die Idee menschlicher Bewusstwerdung als einen Kreislauf, wobei ihr »die Entwicklung des Individuums zum ›selbstbewußten‹ Menschen« als »Zelle und Urbild der geschichtlichen Entwicklung überhaupt« gilt.[28] Den Prozess der Bewusstwerdung beschreibt sie als eine Zunahme der Spannung zum ›Unbewußten‹ in und außer dem Menschen. Diese Spannung provoziere die ausgleichende Tat, oder das Kunstwerk, durch die der Mensch versuche, dem ›Anderen‹, als ›Nicht-Ich‹ Erfahrenen, den Stempel der eigenen Persönlichkeit aufzuprägen. Der vollkommen selbstbewusst gewordene Mensch verliere schließlich den Trieb, sich handelnd mit der Außenwelt auseinanderzusetzen. Die Natur sei ›verinnerlicht‹; es gebe kein ›Nicht-Ich‹ mehr. In Huchs Worten: »Auf der Greisenstufe schließt sich dann der Kreis. Der Greis handelt, schafft nicht mehr, er wendet den Spiegel, in dem er die Welt auffängt, nach innen und nimmt sie dort war. Diese Stufe kann man die kosmische oder die Stufe der Vollendung nennen.«[29]

Dieser harmonische Kreislauf kann nun jedoch auch Fehlentwicklungen unterliegen, nämlich dann, wenn der vollkommen selbstbewusst gewordene Mensch auf der Höhe seiner Selbsterkenntnis die Umkehrbewegung nicht eingeht, der Gefahr der »Selbstentzweiung« unterliegt, und einen »Überschuß an Negativität«, d.h. eine überbetonte Intellektualität ausbildet. Er ist dann »denaturierter Geist«, oder »dekadent«.[30] Einer in dieser Weise gespaltenen Persönlichkeit entspricht laut Huch in der Literatur die Gestalt des tragischen Helden. Als Beispiel rekurriert sie bereits hier auf Wallenstein, wie ihn Schiller schildert und sie betont dessen besonders destruktiven Zug.[31]

---

28  Fick, Monika: Sinnenwelt und Weltseele. Der psychologische Monismus in der Literatur der Jahrhundertwende. Tübingen: Niemeyer 1993, S. 332. Die folgenden Ausführungen folgen der Darstellung von Monika Fick.
29  Huch, Vom Wesen des Menschen. 1968, S. 76.
30  Ebd., S. 47: »Wird aber fortwährend Natur in Geist verwandelt und nicht ersetzt, so bleibt zuletzt anstatt schönem natürlich gewordenem Geist und veredelter Natur [...] ein Nichts, das als etwas Einseitiges für die Seele gar keine Verwendung mehr hat, also seelenlos ist. Solche Menschen, die keine Dreieinheit mehr bilden, sondern wesentlich denaturierter Geist sind, erscheinen am Ende einer Entwicklung, und man nennt sie dekadent.« Eine genauere Einordnung des Denkens Ricarda Huchs in die zeitgenössischen Dekadenzdiskurse steht bislang noch aus. Insbesondere der Einfluss Nietzsches sei noch nicht hinlänglich erforscht, wie James Skidmore betont, der in diesem Zusammenhang allerdings auch auf grundlegende Unterschiede hinweist, vor allem im Hinblick auf die Bedeutung der Metaphysik und der bei Huch grundlegend positiven Rolle des Christentums. Vgl. Skidmore, The Trauma of Defeat. 2005, S. 147f.
31  Vgl. Huch, Natur und Geist. 1968, S. 38f.: »die meisten der Schillerschen Helden befinden sich mehr in einer tragischen Lage [...] als das sie wesentlich tragisch wären. Wallenstein jedoch gibt durch die visionäre Einsicht, mit der er zuweilen Blicke in den Abgrund seiner dämonischen Seele tut, reichen Aufschluß über den zwischen dem naiven Gefühl seines Rechtes und dem dunklen Begreifen seiner Verwerflichkeit schwankenden destruktiven Menschen.«

Die Wallenstein-Figur in der ein Jahr später erschienenen Charakterstudie stellt sich vor diesem Hintergrund also als Abweichung vom normalen Verlauf des beschriebenen Individuationsprozesses dar und gilt in diesem Sinne als in ihrem Wesen dekadent oder entartet. Intellekt und Selbstbewusstsein dominieren ihre Konstitution und verhindern die harmonische Entwicklung ihres Bewusstseins, ein Schicksal, an dem laut Huch auch »eine große Anzahl moderner Menschen«, das heißt zeitgenössischer Personen leide.[32] Das Wallenstein-Bild der Charakterstudie transportiert somit implizit auch eine Kritik am Menschen der Moderne. Aufmerksamen zeitgenössischen Lesern ist dies auch nicht entgangen, wie dem jungen Arthur Eloesser, der auf die von Huch betonten »neurasthenischen« Züge des Feldherrn aufmerksam macht.[33] Durch die Verwendung des Begriffs der Neurasthenie, der das Existenzgefühl der Moderne umschreibt, verweist Eloesser auf die der Figur unterlegte Funktion, die Kritik der Autorin am Menschenbild ihrer Zeit zu spiegeln.

Als Folge der von Huch vorausgesetzten disharmonischen Persönlichkeitsanlage Wallensteins, unterliegt sein Bild in der Charakterstudie einer Art doppelten Pathologisierung. Huch erklärt ihn dort kurzerhand als »sehr krank«.[34] Dieses Urteil betrifft allerdings vornehmlich das körperliche Befinden, das heißt die Gichterkrankung des Feldherrn. Somit bezieht Huch eindeutig Stellung im Streit der Historiker um den Einfluss von Wallensteins Gesundheitszustand auf seine Entscheidungsfähigkeit im Kontext seines zweiten Generalats. Allerdings nimmt sie diese Position bereits in ihrer Darstellung des Dreißigjährigen Kriegs ein und legt sie dem Handeln Wallensteins zugrunde. Niemals wird er hier als heroischer Feldherr, etwa im Getümmel einer Schlacht, gezeigt. Selbst anlässlich der großen Entscheidungsschlacht von Lützen im November 1632, in der sein aktives Eingreifen sogar historisch bezeugt ist, inszeniert Huch Wallenstein als einen unter starken Schmerzen leidenden Kriegsführer, der das Kampfgeschehen von einem Tragestuhl am Rande des Schlachtfeldes aus beobachtet.[35]

In der Charakterstudie unterscheidet sie von dieser körperlichen Gebrechlichkeit Wallensteins dann allerdings eine zweite, gleichsam höhere Pathologie im Sinne der oben beschriebenen Entartung seiner psychischen Anlage. In dieser Perspektive verankert Huch dann auch ihre neue Sicht auf die Figur, mit der sie sich vom gängigen Urteil über Wallensteins abgrenzt. Sie tut dies, indem sie auf den Kern der Wallensteinfrage zielt, das heißt auf die Debatte über das Rebellentum des Truppenführers und dessen vermeintlichen Verrat am Kaiser, eine

---

32 Ebd., S. 59.
33 Eloesser, Arthur: Wallenstein. In: Die neue Rundschau 26, 1915, H. 2, S. 1728. Zum Begriff und seiner kulturgeschichtlichen Dimension grundlegend Radkau, Joachim: Das Zeitalter der Nervosität. Deutschland zwischen Hitler und Bismarck. München: Hanser 1998.
34 Huch, Wallenstein. 1968, S. 620.
35 Huch, Der große Krieg in Deutschland. 1967, S. 704.

Kontroverse, die die Erinnerungskultur besonders prägt, obgleich es für Wallensteins Treuebruch gegenüber dem Monarchen bekanntlich keine historischen Beweise gibt.[36] Ihr Urteil über die Frage des Verrats ist dabei nicht moralischer Natur. Sie grenzt sich damit deutlich von der geläufigen, in der Tradition Schillers stehenden Sichtweise ab, in der die Frage des Verrats und des Ehrverlustes eine zentrale Bedeutung für die abschließende Beurteilung Wallensteins einnimmt.[37] Stattdessen sucht sie die Antriebskräfte für Wallensteins Handeln in seiner fehlentwickelten Persönlichkeit und bezieht sie somit auf die von ihr erstellte Bewusstseinstheorie. Huch begründet ihr abweichendes Urteil zunächst historisch, indem sie die kulturelle Bedeutung des Verrats im Wertesystem des Feudalstaates relativiert. In einer knappen Ausführung, die ihren Erläuterungen zu den undurchsichtigen diplomatischen Verhandlungen Wallensteins mit dem protestantischen Lager vorausgeht, stellt sie fest, dass Verrat in dieser Zeit lediglich die Untreue gegen eine persönliche Verpflichtung bezeichne und nicht als Absage an »unwidersprechliche Pflicht« gesehen wird,[38] wie sie der moderne Beamtenstaat kenne. Deshalb zeitige er kein sehr lebhaftes Schuldbewusstsein und könne folglich auch nicht, so ließe sich der Gedankengang fortsetzen, als überzeugender Ankerpunkt für die Beurteilung von Wallensteins Handeln gelten.

Das Motiv des Rebellentums erhält bei Huch insgesamt einen grundsätzlich anderen Stellenwert. Während Schiller in der »Geschichte des Dreißigjährigen Kriegs« einen Wallenstein zeichnet, der die Schmach seiner 1630 erfolgten Absetzung durch Kurfürsten und Kaiser nicht verwindet, im Folgenden dann primär aus Rachsucht handelt und durch sein Scheitern schließlich zum Abtrünnigen wird, der »rebellierte, weil er fiel«,[39] fehlt Huchs Wallenstein-Figur nicht nur die Begabung zur Rache.[40] Sie spricht ihm von vornherein die Fähigkeit zum Rebellentum überhaupt ab. Wallensteins Griff nach der Macht scheitert nicht an den Umständen oder an seiner zaudernden Haltung, sondern weil ihn seine innere Natur nicht zum Rebellen bestimmt:

»damals empfand man überwiegend das Rebellische eines Angriffs auf die Altheiligen Mächte oder Namen. Es gehörte entweder ein leidenschaftlicher Trieb oder eine hohe freie Intelligenz dazu, um sich über die Scheu vor einem gewalttätigen Eingriff hin-

---

36 Das betont auch Huch, vgl. Wallenstein. 1968, S. 649.
37 Schiller, Dreißigjähriger Krieg. 1976, S. 329.
38 Huch, Wallenstein. 1968, S. 610.
39 Schiller, Dreißigjähriger Krieg. 1976, S. 329.
40 Huch, Wallenstein. 1968, S. 607: »Die vorherrschende Meinung war, daß er über Rachepläne brüte«. Huch vermutet dagegen (ebd., S. 609f.), dass das Jahr »von seiner Enthebung vom Amte bis zur zweiten Übernahme desselben [...] das glücklichste seines Lebens war.«

wegzusetzen. Beides hatte Wallenstein; aber ein Drittes ging ihm ab, was die wesentliche Bedingung des Handelns ist, Kraft nämlich, Sicherheit und Selbstvertrauen.«[41]

Dieses mangelnde Selbstvertrauen ist, wie wir bereits wissen, Ausdruck seiner unausgewogenen Persönlichkeit und »seelische[n] und geistige[n] Haltlosigkeit«.[42] Die Erklärung für sein Handeln ergibt sich also nicht aus einem von äußeren Anreizen getriebenen affektgesteuerten Handeln, wie es das Rachebedürfnis ist, sondern aus »sein[em] Innere[n]«,[43] wie die Autorin mehrfach betont, also aus seiner besonderen psychologischen Beschaffenheit.

Die Scheu vor Rebellion werde laut Huch ferner durch einen sozialen Minderwertigkeitskomplex verstärkt. Seine Herkunft aus niederem Adel und sein späterer Aufstieg in den Fürstenstand führten dazu, dass die »ungeheure Machtlust«, die auch der von Huch entworfenen Figur Wallensteins gemäß der allgemeinen literarischen Tradition eignet,[44] durch ein Bedürfnis nach Legitimität gebremst wird.[45] Im Gegensatz zu Vertretern des alten Reichsadels hätte er, der den »Fehler der Geburt nicht durch Kraftgefühl ersetzte«, es niemals ertragen, vom Kaiser als Rebell betrachtet zu werden.[46] Als er sich am Ende doch auflehnt und sich viel zu spät für eine Allianz mit dem sächsischen Kurfürsten entscheidet, geschehe dies nach langem Zögern und gleichsam gegen seine innere Natur: Er war »hoffnungslos, als er der legitimen Macht sich entgegenstellend, Rebell wurde«, befindet Huch gleichsam in Abwandlung des oben zitierten bekannten Diktums von Schiller.[47]

## Fazit und Ausblick

Ricarda Huch erfindet Wallenstein nicht neu. Aber in kreativer Auseinandersetzung mit der klassischen Erinnerungstradition stellt sie ihn in das Licht der Moderne. Die Figur des Feldherrn dient ihr dabei als Experimentierfeld, um ihre eigene Persönlichkeitstheorie und erste Grundzüge ihres sich in dieser Zeit neuprofilierenden Geschichtsdenkens an einem bedeutenden historischen Fallbeispiel zu erproben. Die Popularität des Wallenstein-Stoffes garantiert, dass

---

41 Huch, Wallenstein, 1968, S. 527. Ähnlich auch ebd., S. 614, S. 617 oder S. 655.
42 Ebd., S. 637.
43 Ebd., S. 632 und S. 634.
44 Huch, Wallenstein. 1968, S. 613. Auch zeigt er einen großen »Expansionsdrang« (ebd., S. 532 und S. 609). Insbesondere Schillers Trilogie stattet Wallenstein bekanntlich mit den Attributen der Gewalt und Macht aus. Siehe dazu z. B. Luserke-Jaqui, Mathias: Friedrich Schiller. Tübingen: Francke 2005, S. 288.
45 Huch, Wallenstein. 1968, S. 614.
46 Ebd.
47 Ebd., S. 554.

ihre Stimme nicht ungehört verhallt und ihre historische Prosaarbeit als intellektuell und weltanschaulich profilierter Beitrag zum nationalen Erinnerungsdiskurs wahrgenommen wird. In dieser Hinsicht weist die Charakterstudie zu Wallenstein sogar bereits auf gesellschaftliche und politische Positionen voraus, die Huch erst später, in der Zeit der Weimarer Republik engagierter vertreten wird. Denn über die nachgezeichnete erinnerungsgeschichtliche Neuakzentuierung der Figur Wallensteins hinaus enthält die Studie auch eine politische Bewertung ihres Handels. Wallensteins Scheitern erscheint als eine Art staatsmännisches Versagen vor dem Reich. Die Autorin schreibt ihm – wie übrigens auch Gustav Adolf – die Absicht zur Erringung der Kaisermacht im Deutschen Reich zu, und zwar explizit entgegen der historischen Quellenlage.[48] Als Wallenstein jedoch nach der Reichskrone greifen könnte, hält ihn, wie bereits erwähnt, ein Gefühl mangelnder Rechtsbefugnis zurück. Im entscheidenden Augenblick gelingt es ihm nicht, die Angst vor einem eingebildeten Legitimitätsdefizit zu überwinden, um aus einem Gefühl rechtmäßiger Berufung heraus zu handeln und sich wirklich zum »Retter der gesunkenen Kaisermacht« aufzuschwingen.[49] Denn im Gegensatz zu einem Napoleon, mit dem er gleich zu Beginn der Studie verglichen wird, schaffe er es nicht, so Huch, die ihm verliehene »gottähnliche Gabe zu herrschen« gänzlich zu entfalten und durch »unbedenkliche Tatkraft« zu Ruhm zu gelangen, das heißt wie jener sich zur Führerschaft aufzuschwingen.[50]

Es handelt sich um ein Erklärungsmuster, das Huch in ganz ähnlicher Weise zehn Jahre später auch dem Handeln des Freiherrn vom Stein unterlegen sollte, dem sie 1925 eine Biographie widmete.[51] Vor Stein erscheint also bereits Wallenstein als ein verhinderter Retter des sich auflösenden Reiches. Hier klingt erstmals der Gedanke an, dass sich politische Herrschaft aus »der schicksalhaften

---

48 Eine Prämisse, die sie gleich zu Beginn der Charakterstudien aufstellt, siehe Huch, Wallenstein. 1968, S. 525: »Obwohl kein unwidersprechliches Zeugnis dafür vorliegt, hat doch sicherlich die allgemeine Meinung recht, die Gustav Adolf und Wallenstein zu Lebzeiten nachsagte, dass sie nach der Kaiserkrone strebten, dem glänzendsten Diadem der Christenheit, das von den Habsburgern aufgegeben worden war.«
49 Ebd., S. 575.
50 Ebd., S. 534 f.: »Wallenstein war ein geborener Herrscher; das zeigte sich, wo er nicht kämpfen musste, sondern die Herrschaft rechtmäßig besaß. Die legitimen Fürsten stützten sich meistens auf den Adel, zuweilen auch auf die Kirche, in gewissen Fällen auch auf das Volk. Wallenstein stand nach Gefühl und Einsicht über allen Parteien und Ständen. Dies unterschied ihn von so vielen ehrgeizigen und habsüchtigen Zeitgenossen: Die gottähnliche Gabe zu herrschen war ihm angeboren und macht sein Auftreten merkwürdig und glanzvoll. Hätte er Napoleons unbedenkliche Tatkraft gehabt, würde er trotzdem, wie jener tragisch geendet haben; aber er hätte andere Werke und einen anderen Ruhm hinterlassen.«
51 Vgl. Wiedemann, Kerstin: Scheitern als Verheißung? Die Neukonfigurierung einer Heldenfigur in Ricarda Huchs biographischem Essay Stein (1925) angesichts der Katastrophe von 1918. In: helden. heroes. héros. E-Journal zu Kulturen des Heroischen, 5, 2017, H. 1, S. 51–58.

Gunst der Geschichte und aus dem Glauben des Volkes« legitimiere, wie es Claudia Bruns formuliert.[52] Er birgt im Kern eine zentrale politische Vorstellung Ricarda Huchs, die sich in der Weimarer Zeit dann deutlicher herausschälen wird, nämlich ihren nicht unproblematischen Versuch, das als »genuin *demokratisch*« bezeichnete Prinzip charismatischer Führerschaft als einen »dritten Weg zwischen Parlamentarismus und Diktatur« zu etablieren.[53]

---

52 Bruns, Claudia: Ricarda Huch und die konservative Revolution. In: WerkstattGeschichte 25, 2000, S. 5–33, hier S. 25.
53 Ebd., S. 24.

Fiona McIntosh-Varjabédian

# Wallenstein de Schiller ou les loyautés problématiques : réflexions historiques, politiques et dramaturgiques

Friedrich Schiller rédige son « Histoire de la guerre de Trente Ans » (« Geschichte des dreißigjährigen Krieges ») en 1790–1792, la trilogie de « Wallenstein » entre 1796 et 1799. Le contexte révolutionnaire y est évident, entre contagion des idées, réaction princière et expansion française. Au moment où se jouent la dissolution du Saint Empire Romain germanique et son avenir possible, les désastres du XVII$^e$ siècle, marqués par le déploiement de forces étrangères dans l'espace allemand provoquent un effet de miroir avec l'actualité, effet qui est accentué par l'aspiration à la liberté des hommes qui s'exprime dans les pièces et par la question de la liberté religieuse dans le traité historique. Le contexte politique se double des changements esthétiques qui ont déjà été amorcés sur la scène allemande et d'une réflexion globale sur la nature de l'Histoire. On assiste ainsi à une perméabilité des genres entre narrativisation de la poésie dramatique, et dramatisation morale du récit historique lui-même.

Il s'agit, en effet, dans un cas comme dans l'autre, de surmonter les difficultés de représentation de la Guerre de Trente Ans elle-même. L'opposition entre Wallenstein et Gustave-Adolphe concentre ainsi l'essentiel de l'action ramenant le conflit entre la Ligue et les Princes protestants au contraste de deux guerriers hors pairs. Si dans un premier temps, c'est bien le roi de Suède qui apparaît dans le récit historique comme le plus héroïque des deux, Schiller ne manque pas de faire entendre des voix discordantes à son sujet. Comme l'a fait remarquer Henri Schmidt en 1890, Schiller règle le sort du monarque de façon curieuse, au moment de sa mort, qui arrive, nous dit l'auteur, au bon moment pour la survie de l'Allemagne[1]. Pour ce qui est de Wallenstein, le cas est plus compliqué encore. Si Schiller retient l'image du fléau de l'Allemagne et retient son ingratitude envers l'empereur, il relève à la fin de la quatrième partie de l'« Histoire de la guerre de Trente Ans » que son histoire a été écrite par les vainqueurs et donc par ceux qui

---

[1] Henri, Schmidt : Notice sur l'Histoire de la Guerre de Trente Ans. In : Schiller, Friedrich : Histoire de la Guerre de Trente Ans. Trad. Adolphe Reignier d'après Jacques Porchat, Paris : Hachette 1890, p. XII.

ont ordonné son assassinat et avaient intérêt à le noircir. Si on met bout à bout son absence de fanatisme religieux, l'illégitimité de l'empereur lui-même et l'héroïsation de la lutte protestante pour la sauvegarde de la liberté religieuse, un autre Wallenstein apparaît en contradiction avec les jugements moraux qui sont portés sur lui dans le restant du livre. Dans une narration historique, la forme explicative et la prise en compte de la durée permet de développer ces contradictions, liées à la complexité de la matière historique elle-même. Qu'en est-il au théâtre, où la concentration s'avère plus nécessaire ? Comment traduire ce qui est peut-être une des spécificités allemandes de la représentation du pouvoir, à en croire aussi « Götz von Berlichingen », à savoir la double répartition du pouvoir entre, d'une part, celle des princes et des potentats locaux et d'autre part, celle de l'empereur ? Comment représenter l'épineuse question de la loyauté qui découle de cette double répartition du pouvoir et qui mêle à la fois une réflexion politique globale et une dimension morale individuelle et tragique ?

## 1. Narrativisation du poème dramatique et inscription de la durée

Si le lieu de l'action (devant Pilsen pour le « Camp de Wallenstein », dans Pilsen pour les « Piccolomini » et pour les deux premiers actes de la « Mort de Wallenstein ») confère une certaine unité de temps et de lieu à la trilogie, celle-ci renvoie directement à l'ensemble du conflit, faisant écho à des passages entiers de l'« Histoire de la guerre de Trente Ans ». Cette durée inscrite dans les pièces restitue les seize années de guerre (Max Piccolomini prend conscience qu'il n'a rien connu d'autre) et apporte des aperçus sur la longue carrière de Wallenstein. Elle est conforme aux distinctions que Schiller a pu développer sur Egmont dès 1788 entre trois formes de tragédie et sur la spécificité d'une troisième forme, propre aux modernes, centrée sur le caractère et non sur l'action et sur la représentation du personnage dans sa totalité :

> « Si, enfin, c'est au caractère qu'il s'intéresse principalement, il est encore plus libre dans le choix comme dans la combinaison des événements et la représentation détaillée de l'homme *dans sa totalité* lui interdit même d'accorder trop de place à une seule passion. »[2]

> « Ist endlich der Charakter sein vorzüglicheres Augenmerk, so ist er in der Wahl und Verknüpfung der Begebenheiten noch viel weniger gebunden, und die ausführliche

---

[2] Schiller, Friedrich : Sur Egmont, tragédie de Goethe. Introduction. In : Du même : Écrits sur le théâtre. Introduction, trad. et notes Gilles Darras. Paris : Belles Lettres 2012, p. 132.

Darstellung des *ganzen* Menschen verbietet ihm sogar, *einer* Leidenschaft zu viel Raum zu geben. »[3]

La trilogie ne s'étend pas assurément sur une période aussi longue que la première tétralogie shakespearienne, soit trente cinq ans environ : l'action qui commence seize ans après le début des combats est censée, comme le prologue l'indique, placer le spectateur au milieu de la guerre (« In jenes Krieges Mitte stellt euch jetzt / Der Dichter », v. 79-80[4]) et des tourments qu'elle a provoqués, d'où l'ouverture sur le paysan et son fils, symboles de toutes les populations victimes de la folie guerrière. Elle correspond à la retraite de Wallenstein à Pilsen en 1634 dans ses quartiers d'hiver, au moment où celui-ci négocie avec les Suédois et se détourne de l'empereur. Toutefois la lenteur de l'action est soulignée par le poète lui-même : le prologue parle de « suite de tableaux »[5] (« Reihe von Gemälden »[6]) susceptibles de présenter les circonstances et propres à ralentir le dénouement.

La cantinière lors de la scène 6 du « Camp de Wallenstein » remonte à Temeswar (1626[7]), Stralsund (1628), Mantoue (entre 1628 et 1630), Gand (probablement 1632) avant que son itinéraire ne la conduise en Bohême et à Pilsen (1634). Le sommelier à l'acte IV, scène 6 des « Piccolomini » remonte plus loin encore, à la révolte des Hussites, des Taborites et des Utraquistes à l'époque médiévale, car le temps consacre le droit des pères et ce faisant, interroge l'action de l'empereur, nous reviendrons sur ce point. De son côté, Questenberg, notamment à l'acte II, scène 7 de la même pièce, récapitule les faits qui avaient amené l'empereur à confier le commandement à Wallenstein de l'armée et les premières victoires qui s'en sont suivis. Le tour narratif que prend cette dernière scène du deuxième acte, bien au-delà de la traditionnelle exposition donc, est souligné par Wallenstein lui-même :

« Dispensez-vous de nous rapporter en style de gazette ce que nous avons vu nous-mêmes avec horreur[8]. »

« Ersparen Sies, uns aus dem Zeitungsblatt
Zu melden, was wir schaudernd selbst erlebt[9]. »

---

3 Schiller, Friedrich : Über Egmont, Trauerspiel von Goethe. In : Du même : Sämtliche Werke, t. 5. München/Leipzig : Hanser, p. 931 sq.
4 Schiller, Friedrich : Prolog, Wallenstein, Ein dramatisches Gedicht, Wallensteins Lager, Die Piccolomini. Anmerkungen Kurt Rothmann, Nachwort Michael Hofman. Ditzingen : Reclam 2017, p. 9.
5 Schiller, Friedrich : Prologue. In : Du même : Théâtre, Le Camp de Wallenstein, Les Piccolominis, La Mort de Wallenstein. Trad. Xavier Marmier. Paris : Librairie Charpentier s. d., p. 4.
6 Schiller, Prolog. Wallenstein, Ein dramatisches Gedicht. 2017, v. 122, p. 11.
7 La ville de Temeswar (Timisoara) est surtout connue pour la prise de la ville par les Ottomans en 1542, mais l'allusion à Mansfeld qui a mené campagne en Hongrie indiquerait plus logiquement 1626.
8 Schiller, Les Piccolomini. S. d., p. 71.
9 Schiller, Die Piccolominis. 2017, p. 99, v. 1059-1060.

La réponse que fait Questenberg à cette critique où il oppose le blâme à l'éloge (*Anklagen, Lob*) renvoie à la fonction rhétorique de la narration au sein du genre épidictique. C'est bien le procès de Wallenstein qui est fait devant les yeux des spectateurs et celui-ci prend en compte non seulement ce qui est montré sur scène, mais aussi ce qui est raconté et qui renvoie à une action hors-scène.

Si les dialogues font souvent directement référence aux réflexions de l'historien Schiller dans son récit, le dramaturge ajoute des anecdotes qui en sont absentes et qui confèrent une grande cohérence biographique au personnage. Il accentue ainsi la trajectoire remarquable qui est la sienne et la manière dont sa légende s'est formée auprès de son armée.

> « Premier chasseur : Oui, il a commencé par être petit, maintenant le voilà grand ; car à Altdorf, quand il portait l'habit d'étudiant, il était avec votre permission, assez mauvais sujet, et fut sur le point de tuer son serviteur. Là-dessus, messieurs de Nuremberg voulurent le mettre en prison. C'était justement un nid nouvellement construit, et qui devait garder le nom de celui qui entrerait le premier. Que fit Wallenstein ? il laissa passer son chien. C'est là un tour de bon garçon. De toutes les grandes actions du général, celle-ci m'a toujours plu particulièrement. »[10]

> « Ja, er fings klein an und ist jetzt so groß,
> Denn zu Altdorf, im Studentenkragen,
> Trieb ers, mit Permiss zu sagen,
> Ein wenig locker und purschikos,
> Hätte seinen Famulus bald erschlagen.
> Wollten ihn drauf die Nürnberger Herren
> Mir nichts, dir nichts ins Karzer sperren,
> 's war just ein neugebautes Nest,
> Der erste Bewohner sollt es taufen.
> Aber wie fängt ers an ? Er lässt
> Weislich den Pudel voran erst laufen.
> Nach dem Hunde nennt sichs bis diesen Tag ;
> Ein rechter Kerl sich dran spiegeln mag.
> Unter des Herrn großen Taten allen
> Hat mir das Stückchen besonders gefallen. »[11]

La mauvaise tête de Wallenstein étudiant, dont les excès rappellent les frasques de Karl dans « Les Brigands », sert le contraste que dessine le même premier chasseur, la scène précédente, entre la rigueur excessive de Gustave-Adolf, – réflexion que l'historien Schiller avait déjà faite dans son récit – et la liberté, ou plutôt la licence abusive, nous y reviendrons, qui règne parmi les soldats de Wallenstein. L'anecdote permet enfin d'alimenter auprès des hommes la figure du chef protégé par le diable, qui est propre à la pièce, un diable plutôt bon enfant

---

10 Schiller, Le Camp de Wallenstein. S.d., scène 7, p. 19.
11 Schiller, Wallensteins Lager. 2017, siebenter Auftritt, v. 457–471, p. 29 sq.

aux yeux des soldats, qui sourit aux audacieux, un diable tentateur pour Wallenstein (« Wallensteins Tod », III, 18) qui l'entraîne à sa perte.

## 2. Protégé du diable ou de la fortune : entre opportunisme insolent et destinée malheureuse

Il résulte des images et des références que puissance diabolique et bonne fortune ou chance tendent à se confondre dans la pièce. Le vocabulaire, qui tient compte des croyances populaires et des superstitions du camp, des expressions familières conformes à la parlure soldatesque, permet ainsi de glisser entre la reconnaissance d'une forme d'élection, d'une protection qui s'étend à ses hommes et l'aveu d'une faiblesse morale de Wallenstein.

> « Second chasseur : Le bonheur ne le quitte jamais à la guerre, comme il a coutume de quitter les autres. […] [M]ais sous la bannière de Friedland, je suis toujours sûr de la victoire ; il ensorcelle la fortune, elle reste avec lui : quiconque combat sous ses drapeaux est sous la protection d'une puissance particulière, car le monde entier sait que Friedland a un diable de l'enfer à sa solde. »[12]

> « Zweiter Jäger : Ihm schlägt das Kriegsglück nimmer um,
> Wie's wohl bei andern pflegt zu geschehen.
> Der Tilly überlebte seinen Ruhm.
> Doch unter des Friedländers Kriegspanieren
> Da bin ich gewiss zu victorisieren.
> Er bannet das Glück, es muss ihm stehen.
> Wer unter seinem Zeichen tut fechten,
> Der steht unter besondern Mächten.
> Denn das weiß ja die ganze Welt,
> Dass der Friedländer einen Teufel
> Aus der Hölle im Solde hält. »[13]

Ainsi la versification allemande met en avant le pronom *Ihm*, soit Wallenstein, au datif en position initiale. *Kriegsglück* et *Kriegspanieren* se font écho, montrant que succès et engagement sont étroitement liés. Le second terme (*Kriegspanieren*) forme d'ailleurs une rime plate avec *viktorisieren* et vient renforcer le lien. Le succès militaire alimente le soutien des hommes qui, dès lors, y voient une garantie de réussite – ce qui recouvre aussi bien la survie, que la rétribution possible des efforts de guerre par la spoliation – de sorte que l'intérêt personnel prime sur le devoir envers l'Empereur.

---

12 Schiller, Le Camp de Wallenstein. s. d, p. 16.
13 Schiller, Wallensteins Lager. 2017, sechster Auftritt, v. 344–354, p. 25 sq.

La libéralité de Wallenstein qui attache les hommes à sa cause est décrite par Max dans les « Piccolomini » en des termes qui rappellent ce lien magique :

> « Max. Oui, il faut toujours qu'il donne et qu'il rende les autres heureux. […] ne lui dois-je pas tout ? Oh ! tout n'est-il pas pour moi dans ce nom chéri de Friedland ? Tant que ma vie durera, je serai l'esclave de ce nom. C'est lui qui renferme pour moi chaque joie et chaque espérance. Le sort me tient comme par un pouvoir magique enchaîné à ce nom. »[14]

> « Max : Ja, er muss immer geben und beglücken ! […]
> Was dank ich ihm nicht alles – o ! was sprech ich
> Nicht alles aus in diesem teuren Namen Friedland !
> Zeitlebens soll ich ein Gefangner sein
> Von diesem Namen – darin blühen soll
> Mir jedes Glück und jede schöne Hoffnung –
> Fest, wie in einem Zauberringe, hält
> Das Schicksal mich gebannt in diesem Namen. »[15]

Le verbe *bannen*, de même que le nom *Glück* et le verbe formé à partir du nom *beglücken* associent récompense, reconnaissance et attachement irrationnel et magique. Le personnage idéaliste de Max Piccolomini, absent du récit historique, adoucit la part de vénalité de ceux qui s'attachent au duc de Friedland. Le don ici est exprimé en des termes vagues, mais moralement acceptables *geben / beglücken*, alors que « L'Histoire de la guerre de Trente Ans » renvoie plus directement à l'attrait irrésistible de l'or.

Le nom de Wallenstein agit comme un charme dans la pièce (*Zauberring*), tandis que le récit historique qui relève aussi la force perlocutoire du nom du général sur les troupes l'assimile plus prosaïquement à la passion et à l'enthousiasme qu'il suscite (*begeisternder Name*), sans connotation surnaturelle :

> « Mais sans la force toute-puissante de l'or et sans le nom magique d'un chef victorieux, était-il possible de faire sortir une armée qui pût rivaliser en discipline, en esprit belliqueux, en habileté avec les bandes aguerries du conquérant suédois ? Dans l'Europe entière, il n'y avait qu'un seul homme qui eût accompli un tel prodige, et cet homme on lui avait fait un mortel affront. »[16]

> « Welche Möglichkeit aber, ohne die alles zwingende Macht des Goldes und ohne den begeisternden Namen eines siegreichen Feldherrn eine Armee aus dem Nichts hervorzurufen – und eine Armee, die es an Mannszucht, an kriegerischem Geist und an Fertigkeit mit den geübten Schaaren des nordischen Eroberers aufnehmen konnte ? In

---

14 Schiller, Les Piccolomini. S. d., p. 63.
15 Schiller, Die Piccolominis. 2017, p. 87.
16 Schiller, Histoire de la Guerre de Trente Ans. 1890, p. 309.

ganz Europa war nur ein einziger Mann, der solch eine That gethan, und diesem Einzigen hatte man eine tödtliche Kränkung bewiesen ».[17]

La fortune sourit aux audacieux, à ceux qui savent la saisir au bon moment. Butler le rappelle dans les « Piccolomini » à l'acte, IV, scène 5. « L'Histoire de la guerre de Trente Ans » ne le dément pas, car pièce et récit s'accordent pour voir dans la bataille le lieu où tout se joue, où les circonstances peuvent faire basculer l'issue d'un côté comme de l'autre.

En cela, Schiller s'inscrit dans un schéma traditionnel que l'on trouve également chez Shakespeare, notamment dans la première tétralogie. Toutefois, l'art dramatique permet à l'auteur allemand d'explorer les ambiguïtés morales de la réussite. Politique du fait accompli, ou forme d'ordalie ? Les deux interprétations cohabitent, ne serait-ce que de façon ironique. En effet, au premier acte de la « Mort de Wallenstein », alors que le duc de Friedland se montre encore hésitant, la comtesse Terzky elle-même voit dans le succès une forme d'onction divine qui légitime l'action, de façon négative du moins, car elle entraîne davantage le pardon (*verzeihen*) qu'une sanction positive comme le laisserait entendre la traduction :

> « Comtesse : Former un projet n'est qu'un crime vulgaire, l'accomplir est une œuvre immortelle ; si elle réussit, elle est légitime, car tout succès est un jugement de Dieu. »[18]

> « Gräfin : Entworfen bloß, ists ein gemeiner Frevel,
> Vollführt, ists ein unsterblich Unternehmen ;
> Und wenn es glückt, so ist es auch verziehn,
> Denn aller Ausgang ist ein Gottes Urtel. »[19]

À un premier niveau, l'opinion justifie le culte de la fortune et de la réussite que les partisans de Wallenstein invoquent afin de le pousser à agir. Le duc y voit même une tentation destinée à l'entraîner malgré lui. À un second niveau, plus chargé d'ironie, elle se vérifie contre Wallenstein, qui meurt assassiné sur l'ordre de l'empereur, aveuglé par les étoiles et par des sentiments qui ressemblent à de l'*hubris*. Son entreprise a échoué, son action est dès lors réprouvée. La thématique de l'*hubris* est présente dans le récit historique, non seulement pour Wallenstein, mais aussi pour Gustave-Adolphe dont l'héroïsme se teinte progressivement d'orgueil et d'aveuglement au fur et à mesure que le récit s'approche de sa mort.

Conformément au schéma traditionnel, la roue de la fortune que Butler évoque à l'acte IV, scène 7 de « Wallensteins Tod » (« Glückes Rad », v. 2789) humilie celui

---

17 Schiller, Friedrich : Geschichte des dreißigjährigen Kriegs – Drittes Buch. In : Du même : Schillers Sämmtliche Werke, t. 8. Stuttgart : G. Cotta'sche Buchhandlung 1844, p. 238.
18 Schiller, La Mort de Wallenstein. S. d., p. 138.
19 Schiller, Friedrich : Wallensteins Tod. Ein dramatisches Gedicht. Nachwort von Michael Hofmann, Anmerkungen von Kurt Rothmann. Ditzingen : Anton Philipp Reclam, 2017, v. 470–473. p. 25.

qui était au faîte de la puissance, c'est une règle à laquelle ni Wallenstein ni Gustave-Adolphe ne peuvent échapper. La loi du renversement confère un démenti cinglant à Wallenstein qui voit dans l'action une « semence de la fatalité », « Aussaat von Verhängnissen » (v. 990), que les hommes doivent savoir planter au bon moment (« Piccolominis », acte II, 6), comme le paysan qui doit tenir compte des saisons. Cette loi apporte une certaine amertume involontaire aux éloges de ses partisans sur sa capacité effective à maîtriser les circonstances. Elle teinte enfin de désespérance les propos de Gordon à l'acte V, scène 4 (« Wallensteins Tod ») qui annonce à Wallenstein que, désormais, il ne peut connaître que le malheur après le succès, tandis que celui-ci croit à tort qu'avec la mort de Max il a déjà atteint le comble de ce qui peut lui arriver de pire. Le concours de circonstances qui amène Butler à frapper alors que les Suédois n'entrent pas dans la ville d'Egra (acte V, 10) et alors qu'Octavio Piccolomini reçoit trop tard une lettre de l'empereur, probablement pour arrêter le complot contre Wallenstein, témoigne ainsi d'un enchaînement fatal qui broie aussi bien le duc que ceux qui ont attenté à sa vie au nom du pouvoir impérial.

Le schéma tragique qui s'étend tout au long de la trilogie fait donc évoluer le personnage du duc. Du guerrier actif, maître de son action et de ses décisions, à qui tout réussit, nous l'avons vu, il devient celui qui subit les circonstances. Les hésitations que Wallenstein exprime dans un long monologue dans *La Mort de Wallenstein*, seul face au public, témoignent d'un homme progressivement broyé par une mécanique qu'il ne maîtrise plus :

> « Wallenstein, se parlant à lui-même. Serait-il possible ? Ne pourrais-je plus faire ce que je veux, revenir en arrière, si tel est mon plaisir ? Faut-il que j'accomplisse un fait parce que j'y ai pensé, parce que je n'ai pas éloigné de moi la tentation, parce que mon cœur s'est nourri de songes, parce que je me suis ménagé les moyens d'une exécution incertaine, parce que j'ai simplement, à toute occasion, tenu la route ouverte devant moi ? Dieu du ciel ! Mais ce n'était pas une pensée sérieuse, mais ce ne fut jamais un plan résolu ».[20]

> « Wallenstein (mit sich selbst redend) : Wärs möglich ? Könnt ich nicht mehr, wie ich wollte ?
> Nicht mehr zurück, wie mirs beliebt ? Ich müsste
> Die Tat vollbringen, weil ich sie gedacht,
> Nicht die Versuchung von mir wies – das Herz
> Genährt mit diesem Traum, auf ungewisse
> Erfüllung hin die Mittel mir gespart
> Die Wege bloß mir offen hab gehalten ? –
> Beim großen Gott des Himmels ! Es war nicht
> Mein Ernst, beschloßne Sache war es nie. »[21]

---

20 Schiller, Mort de Wallenstein. S. d., acte I, scène 4, p. 128.
21 Schiller, Wallensteins Tod, 2017, v. 139–146, p. 12 sq.

Les rejets (« Erfüllung », « Mein Ernst ») et les contrerejets (« Ich müsste », « Das Herz ») sont la manifestation d'une action et d'une pensée à contretemps. L'effacement de tout écart entre le vague dessein et la réalisation de cette intention imparfaitement formée, loin d'être signe de toute-puissance de l'esprit du duc, à qui il suffirait de vouloir pour pouvoir, témoigne de décisions qui échappent au protagoniste et d'un entraînement fatal qui l'écrase lui et ses proches.

La forme du monologue puis du soliloque est essentielle pour que le spectateur ait accès au « vrai » Wallenstein qui s'exprime selon sa conscience. À la différence de Richard III ou de Franz dans les « Brigands », il ne revendique pas ses pensées criminelles lors du monologue. Aussi Schiller ménage-t-il dans la pièce une sorte d'espace mental dans lequel le protagoniste n'est pas tout à fait coupable, sans être tout à fait innocent. En cela, Schiller est fidèle à la « Poétique » d'Aristote, tout en reflétant une incertitude historique qui est centrale dans les livres 2 et 3 de l'« Histoire de la guerre de Trente Ans ». Si la fortune a une dimension clairement tragique dans « Les Piccolomini » et dans « La Mort de Wallenstein », et renvoie à une rétribution terrestre des fautes passées, le récit historique schillerien, en laissant la part belle au hasard et à la contingence, désacralise l'Histoire, tout en conservant malgré tout, et c'est là le paradoxe, pour les deux héros Gustave-Adolphe et Wallenstein, une dimension tragique, en raison de leur aveuglement.

Schiller semble annoncer cette désacralisation dès les premières pages, presque de façon programmatique, alors que ses sympathies religieuses pro-protestantes et anticatholiques s'expriment de façon très claire :

> « Heureuses, cependant, les nations, que leur intérêt se trouvât cette fois étroitement lié à leurs princes ! C'est à ce hasard seulement qu'elles doivent leur délivrance de Rome. Heureux aussi les princes que le sujet, en combattant pour leur cause, combattît aussi pour le sien ! »[22]

> « Und Wohlthat genug für die Völker, daß diesmal der Vortheil der Fürsten Hand in Hand mit dem ihrigen ging ! Diesem Zufall allein haben sie ihre Befreiung vom Papstthum zu danken. Glück genug für die Fürsten, daß der Unterthan für seine eigene Sache stritt, indem er für die ihrige kämpfte ! »[23]

Quelques lignes plus loin, il évoque aussi « un singulier enchaînement des choses » (« eine sonderbare Verkettung der Dinge »[24]), l'histoire relève bien pour Schiller de la contingence, il s'en faut de peu pour que les princes protestants s'opposent au pouvoir impérial et papal. Et non sans malice, l'auteur suggère que les intérêts particuliers ont joué un rôle aussi important que les convictions affichées. On est dans le registre des conséquences inattendues ou non intentionnelles (*unintended consequences*), qui parcourt l'historiographie écossaise très influente en

---

22 Schiller, Histoire. 1890, p. 5.
23 Schiller, Geschichte. 1844, p. 7.
24 Schiller, Geschichte. 1844, p. 8.

Allemagne (songeons à William Robertson dont l'« Histoire d'Ecosse » avait été traduit en allemand dès 1762 et à « L'Histoire du règne de Charles V » depuis 1770)[25] et dont Schiller avait aussi été, semble-t-il, un vecteur. La notion est importante car elle permet de faire cohabiter une lecture providentielle des événements sur le long terme, avec l'enchaînement de causes accidentelles sur le court terme. L'aboutissement des faits dépasse ce que les individus ont pu vouloir ou rechercher, c'est selon ce double point de vue que l'action doit être jugée.

## 3. Le jugement de l'histoire : une question double

« Les Piccolomini » et « La Mort de Wallenstein » tournent autour de la question tant débattue de savoir si le duc de Friedland est un traître ou non. Pour Octavio, il n'y aucun doute. Il prononce même le terme dans « La Mort de Wallenstein » à l'acte II, scène 5 (« Verräter », v. 1016, parjure : « Abschwören », v. 1019), il en est de même pour Isolani qui parle de trahison (« Verrat », v. 1015, 1026). Même Wrangel assimile l'engagement des armées du duc de Friedland aux côtés des Suédois (acte I, 5, « Wallensteins Tod ») à un parjure (« Treubruch », v. 295), puis à une félonie (« Felonie », v. 325). Pour Questenburg, l'envoyé de Vienne, le doute n'est pas permis et la traîtrise est liée à la situation respective du général vis-à-vis de son maître, au fait que puissant militairement, Wallenstein a oublié son statut de sujet. Sa position revient donc à renverser l'ordre hiérarchique de l'Empire, parce que le salut du monarque dépendait entièrement de celui qui a su lever une armée puissante pour lui :

> « Questenberg : Ici, il n'y a plus d'empereur, c'est le prince qui est empereur ! [...] Ah ! quelle imprudence nous avons commise, en confiant l'épée à cet audacieux, en remettant une telle force en de telles mains ! La tentation était trop forte pour ce cœur pervers ; elle aurait été dangereuse même pour un homme vertueux. Je vous le dis, il refusera d'obéir aux ordres de l'empereur. »[26]

> « Questenberg : Hier ist kein Kaiser mehr ! Der Fürst ist Kaiser ! [...]
> Wo war die Überlegung,
> Als wir dem Rasenden das Schwert vertraut,
> Und solche Macht gelegt in solche Hand !
> So stark für dieses schlimmverwahrte Herz
> War die Versuchung ! Hätte sie doch selbst
> Dem bessern Mann gefährlich werden müssen !

---

25 Liebel-Weckowicz, Helen : Translating the Enlightenment: Scottish Civic Discourse in Eighteenth-Century Germany. In : The American Historical Review 1, 1997, p. 120 sq.
26 Schiller, Les Piccolomini. S. d., p. 48.

> Er wird sich weigern, sag ich Ihnen,
> Der kaiserlichen Ordre zu gehorchen. »[27]

Même les personnages qui démentent l'accusation de traîtrise sur scène, confirment en creux les devoirs de Wallenstein. Ainsi, lorsque le Sous-officier ne considère pas que le duc soit un traître et voit dans l'accusation un complot des Espagnols (acte III, scène 15), il met au centre de son discours l'obéissance que le duc devrait à l'empereur, manière de montrer que les hommes ne mettent pas en cause leur allégeance à Ferdinand II, qu'ils voient au contraire une continuité entre l'autorité du général et celle du monarque. Wallenstein doit donc renverser l'accusation, afin de garder le soutien de ses hommes : la trahison viendrait donc de Ferdinand II qui aurait sacrifié celui à qui il doit son pouvoir dans l'empire. L'ingrat c'est lui, non pas son général.

Comment ce renversement peut-il être soutenu dans la pièce ? Car le choix de Schiller est bien de rendre le point de vue de l'accusé acceptable jusqu'à un certain point et d'éviter le manichéisme. Le nœud argumentatif dans cette scène délibérative vient du fait que nominalement l'empereur a certes attribué à Wallenstein une armée, mais que, en pratique, cette armée lui a été fournie par Wallenstein lui-même : dans ce lien de reconnaissance qui lie cette fois l'empereur au duc, ce serait le monarque qui serait redevable et manquerait d'honneur en ne reconnaissant pas sa dette. Par ailleurs, contrairement au Sous-officier, Butler souligne dès le premier acte, scène 2 des « Piccolomini », que les hommes que Wallenstein a su s'attacher sont des soldats de fortune, des mercenaires sans aucune attache patriotique à l'Empire ni à son représentant, l'empereur lui-même :

> « Butler : Ce n'est pas de l'empereur que nous tenons Wallenstein pour général ; non, non, ce n'est pas de lui ; c'est de Wallenstein que nous tenons l'empereur pour maître ; c'est lui, lui seul qui nous attache à ces drapeaux. »[28]

> « Butler : [...] Von dem Kaiser nicht,
> Erhielten wir den Wallenstein zum Feldherrn.
> So ist es nicht, so nicht ! Vom Wallenstein
> Erhielten wir den Kaiser erst zum Herrn,/
> Er knüpft uns, er allein, an diese Fahnen. »[29]

L'inversion de l'ordre canonique sujet-verbe-complément met en avant ici la négation, à savoir ce qui n'est pas dû au monarque mais au général. Le rapport ici de l'armée à l'empereur révèle le double niveau de loyauté inhérent à l'organi-

---

27 Schiller, Die Piccolomini. 2017, p. 68, v. 294–310.
28 Schiller, Les Piccolomini. S. d., p. 47.
29 Schiller, Die Piccolomini. 2017, acte I, scène 2, p. 66, v. 251–257.

sation politique et militaire du Saint Empire et le fait que l'un n'est pas le prolongement automatique de l'autre.

La narration historique de Schiller met en avant cette dissociation possible qu'il semble, au-delà du cas de Wallenstein, interpréter en des termes proches de l'idée chère à Montesquieu et au « check and balance » des Anglo-Saxons de limitation des pouvoirs :

> « En Allemagne, le schisme dans l'Église, eut pour conséquence un long schisme politique, qui livra, il est vrai, ce pays à la confusion durant plus d'un siècle, mais qui éleva en même temps un rempart contre la tyrannie. »[30]

> « Die Trennung in der Kirche hatte in Deutschland eine fortdauernde politische Trennung zur Folge, welche dieses Land zwar länger als ein Jahrhundert der Verwirrung dahingab, aber auch zugleich gegen politische Unterdrückung einen bleibenden Damm aufthürmte. »[31]

Schiller s'en prend violemment aux tentations despotiques de Philippe II, de son fils, de Rodolphe II et de Ferdinand II. Pour l'Autriche et la question de l'équilibre entre états protestants et états catholiques dans le Saint Empire Romain Germanique, il va plus loin encore en considérant que la monarchie autrichienne, mue par une volonté hégémonique, cherchait à confisquer les libertés allemandes et notamment la liberté de pensée et à conquérir en quelque sorte l'Allemagne. L'armée impériale levée par Wallenstein concrétise ce désir hégémonique, mais Schiller précise que le projet n'était pas beaucoup plus réjouissant pour les Catholiques, car le duc de Friedland et ses amis puisent leurs ressources des terres ennemies et amies qu'ils traversent.

La Guerre doit nourrir la guerre et, ce faisant, elle distend encore plus les liens du pays avec le monarque que Wallenstein est censé représenter, car les cruautés de l'un ne peuvent rejaillir que sur l'autre, même si Schiller assure que Ferdinand ne connaissait pas l'étendue des atrocités commises sous son nom. En fait, les projets absolutistes des empereurs autrichiens se heurtent aux réalités des divisions princières, aux jalousies et aux ambitions des uns et des autres. La libéralité, vertu du prince, n'attache plus : c'est vrai pour Wallenstein et pour l'empereur qui lui avait donné la Bohême, c'est vrai pour Butler, mais aussi pour Deveroux et MacDonald qui se donnent au plus offrant (« Wallensteins Tod », V, 2). L'ingratitude du duc sert donc de modèle à ses hommes et l'assassinat qu'ils accomplissent est en somme le miroir de la trahison ducale. Le parallèle affaiblit singulièrement les justifications morales que Wallenstein se donne. La fidélité à soi-même que la Comtesse invoque en guise de sens de l'honneur, pour pousser le duc à se faire roi de Bohême, n'est que le droit de la force et de la violence. Elle

---

30 Schiller, Histoire de la guerre. 1890, p. 2.
31 Schiller, Geschichte. 1844, p. 5 sq.

scelle la réversibilité totale du juste et de l'injuste dans la pièce dès lors que le droit est édicté par une personne et non par des principes intangibles.

> « Le caractère qui est toujours d'accord avec lui-même ne mérite point de reproche ; il n'a de torts que lorsqu'il se contredit […] Ce qui était juste alors, parce que vous agissiez pour lui, deviendrait-il tout à coup honteux, parce que vous le tourneriez contre lui. »[32]

> « Denn Recht hat jeder eigene Charakter,
> Der übereinstimmt mit sich selbst, es gibt
> Kein andres Unrecht als den Widerspruch. […]
>                     Was damals
> Gerecht war, weil du's für ihn tatst, ist's heute
> Auf einmal schändlich, weil es gegen ihn
> Gerichtet wird ? »[33]

Wallenstein reconnaît que la guerre a été un crime contre l'ordre et si Schiller utilise le vocabulaire de la liberté dans les pièces, c'est le plus souvent dans une version dégradée la liberté du soldat, celle du désordre et de la licence, et non cette liberté religieuse qui, nous l'avons vu, pouvait donner un sens à la guerre dans le récit historique. Même lorsque le duc de Friedland parle de liberté d'opinion (« Wallensteins Tod », III, 15), son but est d'inciter le sous-officier à le suivre contre l'empereur et les troupes espagnoles. Aussi le principe dont il se réclame peut-il être rangé comme argument spécieux.

Il y a pourtant esquissée dans « Les Piccolomini », une autre forme de fidélité à soi-même qui est liée justement à la liberté des croyances et à la fidélité aux aïeux. Revenons, en effet, au sommelier à l'acte IV, scène 5. La coupe aux armes de Bohême renvoie aux combats des Hussites et des utraquistes contre l'église papale, pour le privilège de pouvoir communier sous les deux espèces, de sonner les cloches à égalité avec les Catholiques. La guerre de Trente Ans est présentée comme une réaction contre ceux qui n'ont pas respecté la parole donnée par l'empereur Rodolphe. Le banquet auquel Wallenstein a convié ses hommes pour le suivre pourrait être l'occasion de renouer avec cet idéal. En fait, la conspiration se noie dans la beuverie. Le moment propice a été manqué et les hommes n'ont pas été à la hauteur de ce qu'ils auraient dû représenter.

Si la guerre de Trente Ans est introduite par Schiller comme un conflit qui a servi la liberté religieuse allemande, elle se traduit en des termes beaucoup plus désabusés à la fin de la trilogie. Wallenstein y est transformé en un aventurier aux aspirations usurpatrices. Il n'y a pas de sacralité autour du pouvoir impérial. La délégitimation de la cour de Vienne et de Ferdinand sape le droit que celui-ci serait censé incarner. Le double niveau du pouvoir au sein du Saint Empire entraîne des problèmes de loyauté qui ne peuvent être résolus ni par le simple

---

32 Schiller, Mort de Wallenstein. S. d., acte I, scène 7, p. 141–142.
33 Schiller, Wallensteins Tod. 2017, p. 29, v. 600–602 ; p. 30, v. 604–607.

respect de la hiérarchie monarque/sujet ni par un quelconque droit du sujet à disposer de lui-même en son âme et conscience. Malgré les sympathies de l'auteur pour les princes protestants et leur cause, Schiller se plaît à souligner que l'Allemagne ne saurait être vaincue que si elle est divisée, la question est donc de savoir qui est, *in fine*, responsable de la division : l'empereur, Wallenstein ou les princes protestants ? Le pouvoir de l'empereur lui-même est loin d'être fondé sur une conception abstraite d'un empire qui le transcenderait ; il s'appuie sur des relations qui restent encore très féodales dans leur esprit, puisqu'il s'agit, comme le montre Wallenstein, d'une fidélité interpersonnelle entre les Grands d'une part, dont Wallenstein est l'exemple type, et le monarque lui-même de l'autre.

# Vitae

**Giulia Frare** ist Lehrbeauftragte an der Università degli Studi di Trieste und Fachexpertin (cultrice della materia) für Germanistik an der Università Ca' Foscari Venezia. Sie hat in Venedig mit einer Dissertation über die Barockrezeption in Werken W. Benjamins, B. Brechts und A. Döblins promoviert und hat u. a. Beiträge zu F. Kafka, A. Döblin, B. Brecht und R. M. Rilke veröffentlicht.

**Marie Helen Klaiber** ist Doktorandin an der Friedrich Schlegel Graduiertenschule für literaturwissenschaftliche Studien an der Freien Universität Berlin. Sie studierte Germanistik, Politikwissenschaft und Deutsche Literatur in Tübingen. Ein Studienjahr verbrachte sie in den USA im Carolina Duke Graduate Program in German Studies. Am Institut für Deutsche und Niederländische Philologie der Freien Universität Berlin war sie von 2018–2023 als wissenschaftliche Mitarbeiterin tätig. Veröffentlichung: »›Durch Rost der stillen Zeit‹ – Martin Opitz' Zlatna zwischen Geschichte und Überzeitlichkeit«. In: Bildbruch. Beobachtungen an Metaphern 4, Herbst 2022, S. 114–132.

**Małgorzata Kosacka**, Dr. phil., Institut für Germanistik der Universität Warschau; Stipendiatin LANDIS & GYR Stiftung; Forschungsschwerpunkte: Märchenoper, Librettoforschung, Gattungs- und Kulturtransfer, Intermedialität; Publikationen: Märchen als Libretto. Zur Entwicklung der Märchenoper in den deutschsprachigen Ländern im 19. und 20. Jahrhundert. Warszawa: Institut für Germanistik 2007; Märchen in der Oper – am Beispiel des Großen Theaters in Warschau, »Fabula« 2020, 61, S. 138–168; Zur Entwicklung des Kinder- und Jugendmusiktheaters in der Schlesischen Oper in Bytom, in: Gedächtnisraum Schlesien in der deutschen Kinder- und Jugendliteratur, Hrsg. von E. Białek et al., Wiesbaden: Harrassowitz Verlag 2023, S. 253–263.

**Fiona McIntosh-Varjabédian** ist Professorin für Allgemeine und Vergleichende Literaturwissenschaft an der Universität Lille und Mitglied der ULR 1061 – ALITHILA – Analyses Littéraires et Histoire de la Langue. Sie arbeitet über

Walter Scott und die Historiker des 19. Jahrhunderts und hat zahlreiche Arbeiten über die Geschichtsschreibung, insbesondere in historischen Romanen und Dramen, durchgeführt. Zusammen mit Anne Duprat, Anne-Gaëlle Weber leitet sie das ANR-Projekt ALEA über die Darstellung von Zufall und Glück, aus dem der Artikel in diesem Band teilweise stammt.

**Emily Sieg Barthold** (Ph.D.), geb. 1990, ist akademische Mitarbeiterin an der Zentralen Einrichtung Sprachen an der Brandenburgischen Technischen Universität Cottbus-Senftenberg. Sie promovierte 2019 an der Georgetown University in Washington D.C. mit der Dissertation »The Thirty Years' War as Unifying Heritage: Historical Fiction, Ecumenism, and German Nation-Building (1871–1920)«. Sie forscht u. a. zu historischen Romanen des 19. und 20. Jahrhunderts, Visual Literacy und deutschsprachigen Comics.

**Christoph Schmitt-Maaß**, German Tutor and Fellow am Lincoln College der University of Oxford; Promotion zur deutschsprachigen Ethnopoesie 2007 an der Universität Basel, Habilitation 2017 zur deutschsprachigen Rezeption von Fénelons *Télémaque* im 18. und 19. Jahrhundert an der Universität Potsdam; wissenschaftlicher Mitarbeiter an der LMU München (Lehrstuhl Friedrich Vollhardt); Hrsg. mit Fabian Lampart u. Dieter Martin: Der Zweite Dreißigjährige Krieg. Deutungskämpfe in der Literatur der Moderne. Würzburg: Ergon 2019 (Klassische Moderne Bd. 38).

**Andreas Solbach**, bis zu seiner Emeritierung Professor für Neuere Deutsche Literatur an der Johannes Gutenberg-Universität Mainz. Zuvor hatte er u. a. von 1996 bis 1999 die Professur für German and Comparative Literature an der University of Toronto inne. Forschung und Arbeitsgebiete: Literatur der Frühen Neuzeit; Literatur des 19. und 20. Jahrhunderts; Medien- und Kulturwissenschaften; Narratologie; Rhetorik. Letzte Veröffentlichungen u. a.: Hermann Hesse. Die Poetologische Dimension Seines Erzählens. Winter 2012. Hermann Hesse. Ein Schriftsteller auf der Suche nach sich selbst. WGB 2022.

**Frédéric Teinturier**, Maîtres de conférences an der Universität Lothringen (Metz) und Mitglied des CEGIL (UR 3944). Forschungsschwerpunkte: Die deutschsprachige Novelle. Heinrich Mann (Kritik und Interpretation). Lion Feuchtwanger (Kritik und Interpretation). Exilforschung. Veröffentlichungen: »Zwischenfälle, die manchmal das Beste waren«. Heinrich Mann et la nouvelle. Pratiques d'un genre entre roman et théâtre. Peter Lang 2008; Hrsg. mit Bernard Banoun u. Dirk Weissmann : Istanbul-Berlin. Interculturalité, histoire et écriture chez Emine Sevgi Özdamar, L'Harmattan, 2019; Hrsg. mit Daniel Azuélos u. Andrea Chartier-Bunzel: Feuchtwanger und die Erinnerungskultur in Frankreich. Frankreich als Gastland der deutschsprachigen, insbesondere der deutsch-jüdischen und österreichisch-jüdischen Emigration zwischen 1933 und 1940: Formen und Medien öffentlicher Erinnerungskultur. Peter Lang 2019.

**Johannes Waßmer**, geb. 1983, Associate Professor (Spec. App.) an der Osaka University, Promotion 2017 an der Heinrich-Heine-Universität Düsseldorf, Studium der Neueren und Älteren deutschen Literaturwissenschaft und der Philosophie; Publikationen u. a.: »Die neuen Zeiten im Westen und das ästhetische Niemandsland. Phänomenologie der Beschleunigung und Metaphysik der Geschichte in den Westfront-Romanen des Ersten Weltkriegs«, Rombach: litterae Bd. 237, 2018; weitere Veröffentlichungen und Herausgaben zu Literatur und Krieg sowie u. a. zu Ästhetik, Semiotik und Medientheorie. Aktuelle Herausgabe: »Epistemologien der Geste. Körper, Medien, Künste«; Buchprojekt: »Schrift als Präsenz. Metaphysik – Magie – Materialität«.

**Kerstin Wiedemann**, Maîtres de conférences an der Universität Lothringen (Nancy) und Mitglied des CERCLE (Centre de recherches sur les Cultures et Littératures Européennes). Forschungsschwerpunkte: Literatur von Frauen im 19. und 20. Jahrhundert, Rezeptionsdynamiken im deutsch-französischen Feld, Formen von Interkulturalität in der Literatur. Publikationen: Zwischen Irritation und Faszination. George Sand und ihre deutsche Leserschaft im 19. Jahrhundert (2003); Hrsg. mit Elisa Müller-Adams: Wege aus der Marginalisierung. Geschlecht und Schreibweisen in deutschsprachigen Romanen von Frauen 1780–1914 (2013) ; Hrsg. mit Claire Mckeown u. Jeremy Tranmer: Nord magnétique: le Nord et ses acceptions multiples dans les cultures européennes du XIXe siècle à nos jours (in Vorbereitung).